MG

Weidenmann · Handbuch Active Training

Konzept und Beratung »Beltz Weiterbildung«:

Prof. Dr. *Karlheinz A. Geißler*, Schlechinger Weg 13, D-81669 München.
Prof. Dr. *Bernd Weidenmann*, Weidmoosweg 5, D-83626 Valley.

Bernd Weidenmann

Handbuch Active Training

Die besten Methoden für lebendige Seminare

Unter Mitarbeit von Frank Busch

2. Auflage

Beltz Verlag · Weinheim und Basel

Prof. Dr. Bernd Weidenmann, Jg. 1945, Universitätsprofessor für Pädagogische Psychologie, ist Experte für Train-the-Trainer-Seminare. Als Autor der Trainingsbestseller »Erfolgreiche Kurse und Seminare«, »Gesprächs- und Vortragstechnik«, »100 Tipps & Tricks für Pinnwand und Flipchart« ist er der Zielgruppe bestens bekannt.

Das Werk und seine Teile sind urheberrechtlich geschützt.
Jede Nutzung in anderen als den gesetzlich zugelassenen Fällen
bedarf der vorherigen schriftlichen Einwilligung des Verlages.
Hinweis zu § 52a UrhG: Weder das Werk noch seine Teile dürfen
ohne eine solche Einwilligung eingescannt und in ein Netzwerk
eingestellt werden. Dies gilt auch für Intranets von Schulen
und sonstigen Bildungseinrichtungen.

2., erweiterte Auflage 2008

Lektorat: Ingeborg Sachsenmeier

© 2006 Beltz Verlag · Weinheim und Basel
www.beltz.de
Herstellung: Klaus Kaltenberg
Satz: Druckhaus »Thomas Müntzer«, Bad Langensalza
Druck: Druckhaus Beltz, Hemsbach
Umschlaggestaltung: glas ag, Seeheim-Jugenheim
Umschlagabbildung: Florian Mitgutsch, München
Zeichnungen: Grafikbüro Christopher Oberhuemer, München
Printed in Germany

ISBN 978-3-407-36460-9

Inhaltsverzeichnis

Vorneweg 11
Warum Sie dieses Buch lesen 11
850 Methoden im Test 11
Wie haben wir gefiltert? 12
Was ist anders an diesem Buch? 12
Vorwort zur 2. Auflage 13

Active Training: So geht es!

Lassen Sie die Teilnehmer aktiv werden 16
Verwöhnte Teilnehmer? 16
Was Trainer falsch machen können, wenn sie Teilnehmer aktivieren ... 16
Accelerated Learning 18
»Warum mache ich als Trainer so viel selbst?« 20
Anregungen für die Teilnehmeraktivierung 21
Und wenn Teilnehmer trotzdem nicht wollen? 22

      Anstelle von Standardmethoden etwas anderes einsetzen 25
      Murmelgruppenmethode statt Lehrgespräch 25
      Expertenbefragung statt Lehrvortrag 26
      Archäologenkongress statt Pauken mit Texten 29
      Eier legen statt Redeschlacht 31

Wozu passt welche Methode? 33

Papier

Moderationskarten: farbig und robust 47
Beispiele für den Einsatz bei Active Training 47
Ideen für weitere Einsatzmöglichkeiten 48

Papier im Trainingseinsatz 50
Papier in Ritualen 50
Wenn Papier fliegt 50
Papier für Requisiten 51
Papier lebt! 52

Methoden und Übungen

Luftpost 53
Jobkarten 54
Hausbriefkasten 56
Häuptlingsfedern 58
Kartenständer 61
Das Haar in der Suppe 64
Aasgeier und Trüffelschwein 66
Abfragen mit Aktion 69
Schneeballschlacht 71
Rückenpost 73
Wir gründen ein Unternehmen 75
Tomaten auf den Augen 77
Das fehlende Stück 78
Wer bin ich? 80
Vorstellung mit Vorlage 82
Tischtuch-Protokoll 84
Überraschungsfragen 86
Was fehlt? 88
Wer ist das denn? 89
Wandernde Fragen 91
Ich schreib' dir einen Brief 93
Hand zeichnen 96

Dinge

Objekte einmal ganz anders 101
Beispiele für den Einsatz bei Active Training 101
Weitere Ideen 102
Gegenstände schalten die Sinne ein! 103
Achtsamkeit, nicht nur für Zen-Anhänger 103
Dinge sagen mehr als Worte 105
Inspirierende Dinge 106
Sammeln Sie Gegenstände 107

Zum Verzweifeln 108
　　Ein Gegenstand findet mich 111
　　Trainingswürfel 114
　　Bevor der Finger brennt 116
　　Das fliegende Ei 118
　　Der Münzentrick 120
　　Das Schachtelwunder 121
　　Wer hat das Mikrofon? 123
　　Nichts gesehen 126
　　Taschentheater 128
　　Die verflixten Dreiecke 131
　　Zauberglas 132
　　Zollstock mit Tücken 134
　　Waagschale 136
　　Es grünt! 139
　　Geldvermehrung 141
　　Strohhalm und Kartoffel 143

Seil, Schnur und Faden

Hält es? 147
Beispiele für den Einsatz bei Active Training 147
Seile erinnern an Erfahrungen 148
Eine Seilgeschichte zum Vorlesen 149

　　Wäscheleine 151
　　Knoten mit Inhalt 152
　　Das Unterstützer-Netz 154
　　Roter Faden 157
　　Das Seil reicht nicht für alle 159
　　Die Seilbrücke 162

Stühle

Ein Stuhl ist mehr als eine Sitzfläche 167
Stuhl und Körper 167
Stuhl und Raum 169
Beispiele für den Einsatz bei Active Training................................. 170
Der leere Stuhl 170
Der Stuhl ist heiß! 171

Quasselliege 173
　　　　Chaos 176
　　　　Trainings-Karussell 178
　　　　Seminarberater 180
　　　　Telefonbefragung 182
　　　　Eier kochen 184
　　　　Kippstuhl 186
　　　　Tankstelle 188

Figuren

Wie Figuren lebendig werden 193
Mein Seminar ist doch kein Kindergeburtstag! 193
So nicht 194
Wo bekomme ich die Figuren her? 194
Einige Tipps für den Umgang mit einer Fingerpuppe oder Figur 195
Figuren als Stellvertreter für Personen 196
Lustige Figuren 196
Wie funktioniert Bauchreden? 197

   Sag's durch die Puppe! 198
　　　　Der Zoo 200
　　　　Intimus 203
　　　　Figurenkabinett® 204

Körper

Körper: ein fast vergessenes Medium 209
Bleib mir vom Leib! 209
Beispiele für den Einsatz beim Active Training 211
Körper und Gefühle 212
Der Körper des Trainers 213
Anfassen oder Finger weg? 214

   Stimme verloren 216
　　　　Sommergewitter 219
　　　　Kurz zu lang 221
　　　　Die da oben 223
　　　　Lebender Katalog 225

Ballberührung 227
　　　Schockgefroren 229
　　　Macht des Geistes 231

Raum

Umgebung, Terrain, Revier 235
Dem Raum Bedeutung geben 237
Raumteiler 238
Wände 238
Beispiele für den Einsatz bei Active Training 239

   Hier stehe ich! 240
　　　4 Ecken 244
　　　Begrüßungs-Kugellager 247
　　　Promi und Networker 249
　　　Fern gesteuert 252
　　　Innere Uhr 254
　　　Krokodilfluss überqueren 256
　　　Zukunftsspaziergang 258
　　　Lauscher an der Wand 260

Fantasie

Fantasie öffnet Türen im Kopf 265
Beispiele für den Einsatz bei Active Training 265
Kopfkino und Gehirn 265
Fantasie als Möglichkeitssinn 266
Fantasie und Ziele: »Wo will ich hin?« 267
Fantasie sichtbar machen 267
Wem liegt Fantasie? 268

   Der Fremde 270
　　　Wortkarg 272
　　　Die Fee 274
　　　Gedanken lesen 276
　　　Konferenz inneres Team 279
　　　Das Geheimnis der Namen 282
　　　Alles in einem Satz 285

Roboter und Chefs 287
Schon daheim 289
Batterie aufladen 291
Typisch wir! 293
Flusslauf 295
Schutzengel 297

Geschichten

Die Kraft einer guten Geschichte 301
Geschichten brauchen Zeit 303
Atmosphäre 303
Wie finde ich gute Geschichten? 304
Story Telling 304
Unternehmenstheater 305

Seminargeschichten 306
Mini-Mysteries 309
Brainjogging 311
Der Bücherwurm 315

Hinterher

Wann fangen Sie an? 318
Der innere Schweinehund 318
Wie können Sie sich mit Ihrem inneren Schweinehund einigen? 320

Literaturverzeichnis 322

Die Ideengeber 323

Vorneweg

Warum Sie dieses Buch lesen

Sie wollen Ihre Seminare lebendiger gestalten, die Teilnehmenden aktivieren, sie in Bewegung versetzen. Dazu brauchen Sie einen Koffer voll von zündenden und erprobten Methoden. Sie haben vielleicht schon die eine oder andere Methodensammlung gelesen: mit Spielen zum Kennenlernen, mit Verfahren zum Feedback geben, mit Methoden zum Abfragen von Gelerntem und Transfer oder solchen, die Sie in bestimmten Situationen wie Seminaranfang oder -schluss einsetzen können. Warum lesen Sie nun dieses Buch?

Ich vermute, dass Sie mit den meisten Methodensammlungen die gleiche Erfahrung gemacht haben wie ich. Es gab einige wirkliche Rosinen unter den Methoden, etliche brauchbare und leider auch viele zum Abhaken, weil sie weder zu mir noch zu meinen Teilnehmern passten.

850 Methoden im Test

Mein Kollege Frank Busch und ich entwickelten den Plan, für das Buch »Active Training« aus dem riesigen Angebot an aktivierenden Methoden nur die Rosinen herauszupicken. Mehrere Monate lang katalogisierten wir sämtliche Methoden, die uns in der Literatur unter die Augen kamen. Am Ende waren es über 700. Gleichzeitig starteten wir mit Unterstützung des Beltz Verlages einen Methoden-Call unter Trainern. Wir hofften, damit auch Methoden aufzuspüren, die jemand selbst entwickelt hatte. So kamen noch einmal fast 150 Einsendungen hinzu.

Die Ernte aus diesen Aktionen war üppig. Aber zu unserer Enttäuschung fanden wir das gleiche Ergebnis vor wie in den Methodenbüchern. Nur wenige Methoden gefielen uns so gut, dass wir sie sofort in unseren Trainings eingesetzt hätten. Viele gehörten zum Standardrepertoire, das sich von Buch zu Buch, von Seminar zu Seminar wiederholte. Und überraschend viele Methoden hätten wir nie und nimmer in unseren Seminaren verwendet. Entweder weil sie unerwünschte Nebenwirkungen befürchten ließen oder weil sie eher in die Rubrik »Kindergeburtstag« gehörten. Von Goethe, einem Freund und Kenner des Rebensaftes, stammt der bekannte Spruch: »Das Leben ist zu kurz, um schlechten Wein zu trinken.« Als Trainer muss man ihn nur leicht abwandeln: »Das Seminar ist zu kurz, um schlechte Methoden zu verwenden.«

Wie haben wir gefiltert?

Nach der Phase des Konzipierens und des Sammelns musste leider Frank Busch als Co-Autor aussteigen, weil er neben seinen Projekten keine Zeit mehr für das Schreiben fand. Ich habe dann aus den vielen Hundert Methoden folgende Auswahl für dieses Buch getroffen:

- Neue Methoden, die wir uns oder andere Trainer sich ausgedacht hatten. (Wenn die Idee von einem Trainer kam, ist dies jeweils vermerkt. Die Beschreibungen, Kommentare und Varianten gehen auf meine Kappe.)
- Bereits bekannte Methoden, wenn sie durch neue Varianten oder Interpretationen einen interessanten Dreh bekamen.
- Methoden ohne Risiko für die Persönlichkeit einzelner Teilnehmer und für die Gruppendynamik.
- Methoden, die jeder Trainer ohne viel Vorbereitung in kurzer Zeit (meistens weniger als 15 Minuten) auch spontan starten kann.
- Methoden, die wir selbst ausprobiert und für gut befunden hatten.

Das wichtigste Kriterium für die Auswahl war aber die Passung der Methoden zu meiner Idealvorstellung von Erwachsenenbildung als »Active Training«. Was das genau bedeutet, lesen Sie im ersten Kapitel.

Was ist anders an diesem Buch?

Im Unterschied zu den uns bekannten Methodenbüchern haben wir uns von vornherein als Ziel gesteckt, in der Beschreibung jeder Methode herauszuarbeiten, welches Potenzial in ihr steckt. Das macht es Ihnen leichter, jede Methode fair zu beurteilen und zu entscheiden, ob sie Ihnen liegt.

Die Gliederung der Methoden unterscheidet sich ebenfalls von denjenigen anderer Bücher. Die meisten Autoren ordnen die Methoden nach Situationen oder Verwendungszwecken: Methoden für Seminareinstiege, als Muntermacher, zur Wissenskontrolle, für Schlusssituationen und Ähnliches. Wir haben uns ganz bewusst für eine Einteilung nach Zutaten für Methoden entschieden.

Viele Kochbücher sind ebenso nach Zutaten gegliedert. Es gibt Kapitel für Gemüse, Fleisch, Nudeln, Reis und so weiter. Nach diesem Vorbild heißen die Kapitel in diesem Handbuch:

- Papier,
- Dinge,
- Seil, Schnur und Faden,
- Stühle,
- Figuren,
- Körper,
- Raum,
- Fantasie und
- Geschichten.

Hinter dieser Einteilung steckt eine Absicht. Wenn Sie zum Beispiel das Kapitel »Stühle« lesen, wünsche ich mir, dass Sie eine Idee bekommen, was man mit Stühlen alles anstellen kann. Und dass Sie danach selbst die eine oder andere Methode entdecken, bei denen Stühle eine Rolle spielen. Wie jemand, der erst nach Rezept kocht und dann beginnt, mit den gleichen Zutaten kreativ Neues auszuprobieren. Lesen Sie dieses Buch also wie ein Kochbuch. Bekommen Sie dann Lust auf eigene Kreationen!

Übrigens: die Zitate, Witze, Informationen in den Kästen sind nicht nur für Sie allein gedacht. Als Auflockerung können Sie sie auch den Teilnehmern zum Besten geben.

Vorwort zur zweiten Auflage

Das »Handbuch Active Training« hat zahlreiche Trainerinnen und Trainer so neugierig gemacht, dass die erste Auflage bereits vergriffen ist. Es gab viele, ausschließlich positive Rezensionen und E-Mails. In E-Mails und persönlichen Gesprächen wurde ich immer gefragt, ob ich noch andere aktivierende Methoden dieser Qualität kenne. Für die zweite Auflage habe ich daher elf weitere attraktive Methoden hinzugefügt. Mit den Varianten zusammen sind es jetzt über 100 »beste« Methoden für lebendige Seminare.

Gerne habe ich für die zweite Auflage auch eine sehr sinnvolle Anregung eines Rezensenten und mehrerer Trainerkollegen aufgenommen. Sie haben sich konkrete Empfehlungen gewünscht, wann im Seminar welche Methode am besten passt. Daraus ist nun eine Übersicht entstanden, die Ihnen für bestimmte Situationen und Ziele im Training die optimalen Methoden vorschlägt (s. S. 33).

Bernd Weidenmann

(Nach Absprache mit dem Verlag wird im Text der Lesbarkeit halber die männliche Form gewählt. Meine Achtung und Sympathie gegenüber Kolleginnen und Leserinnen wird damit nicht wiedergegeben.)

Active Training: So geht es!

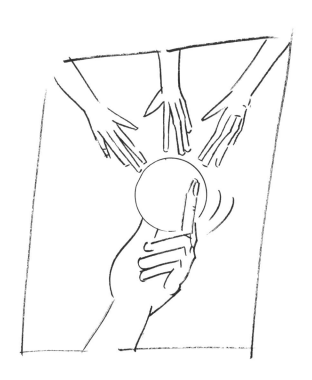

Lassen Sie die Teilnehmer aktiv werden

Verwöhnte Teilnehmer?

Wenn man Trainer fragt: »Was macht Ihnen am meisten zu schaffen?« dann ist die häufigste Antwort: »Die schlechte Motivation der Teilnehmer.« Fragt man nach, bekommt man zu hören: »Die sitzen da und wollen nur konsumieren.«, »Sie sind verwöhnt.«, »Sie wollen permanent unterhalten werden. Aber ich habe keine Lust, den Entertainer zu spielen.«

Fragt man die Teilnehmer, fallen die Antworten ganz anders aus. Sie geben zu, dass sie im Training etwas erleben wollen, dass es Spaß machen muss und unterhaltsam sein soll. »Passiv konsumieren« ist nicht ihre Absicht. Im Gegenteil: Sie wollen aktiv lernen. Aber sie mauern bei Gruppenarbeiten, in denen sie keinen Sinn erkennen. Erwachsene sind so. Sie wollen überzeugt werden, bevor sie sich engagieren.

Was Trainer falsch machen können, wenn sie Teilnehmer aktivieren

Die häufigsten Methoden, mit denen in Trainings und Seminaren die Teilnehmenden aktiviert werden, sind das Lehrgespräch anstelle eines Dozentenmonologs sowie die Gruppenarbeit. Die erste Methode ist dozentenzentriert, die zweite teilnehmerzentriert.

Das Lehrgespräch

Im Lehrgespräch wird Wissen vermittelt. Aber im Unterschied zum Referat (mit oder ohne Beamer) streut der Trainer immer wieder Fragen an die Teilnehmer ein. Jeder kennt das aus dem Schulunterricht zur Genüge. Diese Technik verrät zwar die gute Absicht, in der Praxis jedoch geht vieles schief.

- Es melden sich immer wieder die gleichen Teilnehmer. – »Wie kann ich die ausbremsen, ohne dass sie frustriert sind?«
- Es meldet sich gar niemand. – »Habe ich die falsche Frage gestellt oder wollen die nicht?«
- Die Antwort ist falsch. – »Soll ich jetzt den Teilnehmer vor allen anderen bloßstellen?«

- Der Trainer »nimmt« gezielt Teilnehmer »dran«. – »Ist das gut oder schlecht? Fühlt sich jemand auf den Schlips getreten, wenn ich ihn aufrufe?«
- Manche Teilnehmer geben sehr lange Antworten. – »Was mache ich mit Vielrednern?«
- Manche Antworten nehmen etwas vorweg, was der Trainer erst später auf seinem Plan hat. – »Soll ich unterbrechen?«

Dazu kommt die Unsitte, dass viele Trainer jede Äußerung eines Teilnehmers wie ein Automat kommentieren. »Gut«, manche sagen sogar »Super!« oder »Danke«. Wenn eine Antwort daneben war, hört man: »Neeeein!« oder »Noch nicht ganz« oder »Ich meine etwas anderes«. Der Trainer wird zum Rätselonkel, die Trainerin zur Rätseltante. Einige Teilnehmer raten dann noch ein Weilchen, bis es endlich heißt: »Genau!« Kann keiner der Teilnehmenden die Frage beantworten, dann gibt es die richtige Antwort vom Trainer.

Gruppenarbeiten

Der typische Fehler bei Gruppenarbeiten ist, dass der Trainer nicht darüber nachgedacht hat, ob die Aufgabe für die Teilnehmer wirklich Sinn macht. Diese bekommen dann die Instruktion zu hören und erfahren noch die Zeit, die sie für die Übung zur Verfügung haben.

> Beispielsweise wird folgendermaßen instruiert: »Wir (!) machen jetzt eine Gruppenarbeit. Teilen Sie sich in Vierergruppen auf. Überlegen Sie sich … Benutzen Sie die Flipcharts. Sie haben 30 Minuten Zeit.«

Das war es dann mit der Motivation. Was die Teilnehmer nicht wissen:

- Welchen Nutzen habe ich davon?
- Wie arbeiten wir mit den Ergebnissen weiter?

Nach meinen Erfahrungen schätze ich, dass in 90 Prozent der Einleitungen von Gruppenarbeiten zu diesen beiden Punkten nichts gesagt wird. Kein Wunder, dass Teilnehmer so oft das Gefühl haben, die Gruppenarbeit eher dem Trainer zuliebe zu machen. Das kollegiale »wir« aus dem Trainermund bestärkt diese Einstellung. Wer keinen Nutzen für sich sieht, der macht nur das Nötigste. Das sind dann Gruppen, die schnell fertig sind, sich lieber noch ein Päuschen gönnen und mäßige Ergebnisse abliefern. Kann man doch verstehen, oder?

Monoton ist die Auswertung der Gruppenarbeiten, wenn die Gruppen im 15-minütigen Monolog Punkt für Punkt ihre Ergebnisse herunterleiern. Ist diese Pflichtübung abgehakt, geht es schnell zum nächsten Thema.

Wenn Sie also Teilnehmer aktivieren wollen, dann machen Sie immer – und möglichst konkret – den *Nutzen* für die Teilnehmer deutlich.

- Eine Gruppenarbeit kann zum Beispiel durch das Üben sicherer machen, Tipps für den Alltag in der Praxis erbringen, ein drängendes Problem lösen, hilfreiches Feedback liefern, Neues kann ausprobiert werden.
- Lernspiele können Wissenslücken aufdecken und schließen, das Gelernte ankern, einen souveräner mit dem Wissen arbeiten lassen.
- Kicks, Bewegungsspiele und Ähnliches machen gute Laune, erfrischen, wecken auf, fördern die Konzentration oder die Wahrnehmung, mobilisieren Energie im Wettbewerb.
- Kennenlernmethoden öffnen Teilnehmer, erleichtern den Kontakt, decken interessante Seiten der Teilnehmer auf, kurbeln die Gruppenentwicklung an, lassen Gemeinsamkeiten erkennen.
- Feedbackmethoden zeigen, wie man sich gegenseitig wahrnimmt; schaffen ein Klima der Offenheit und des Vertrauens, fördern das Wir-Gefühl.
- Reflexionsmethoden zum Seminarverlauf und zum Trainer helfen dem Trainer, sich auf die Teilnehmer einzustellen; geben den Teilnehmern Einfluss auf das Seminar, nehmen sie in die Verantwortung.

Es reicht nicht, wenn Sie als Trainer diese nützlichen Wirkungen kennen. Die Teilnehmer selbst sollten erfahren, was sie davon haben. Machen Sie also den Teilnehmern den Nutzen klar. Machen Sie es wie die Profiverkäufer. Diese argumentieren kundenbezogen. Sagen Sie also nicht: »Diese Übung dient dem Sichern des Gelernten.« Sondern: »Nach dieser Übung werden Sie bemerken, dass Sie jetzt alles verstanden haben. Und dass das Wissen ›sitzt‹. Jetzt ist es immer da, wenn Sie es brauchen.«

> Nicht weil ich besonders stark, ausdauernd, kühn wäre, bin ich erfolgreich. Ich mache mir mein Tun zuerst sinnvoll.
>
> *Reinhold Messner*

Machen Sie es sich zur Gewohnheit, dass Sie bei der Vorbereitung eines Seminars genau überlegen, wie Sie den Nutzen von Gruppenarbeiten und anderen Aktivitäten plastisch und teilnehmerorientiert darstellen. Das sollte man nicht so aus dem Ärmel schütteln. Denn hier geht es um Teilnehmermotivation pur. Man tut etwas gern, wenn man einen Sinn darin erkennt.

Accelerated Learning

Im Jahr 2004 erschien im Verlag managerSeminare die deutsche Übersetzung des Bestsellers von Dave Meier »Accelerated Learning«. Meier zeigt darin an vielen Beispielen aus der Trainingspraxis, dass Aktivität der Teilnehmer das Lernen nicht nur interessanter und nachhaltiger macht, sondern es auch beschleunigt. Er nimmt Bezug auf die bekannte Unterscheidung von drei Gehirnteilen: Reptilienhirn, Neokortex und Mittelhirn. Das Reptilienhirn heißt so, weil auch Reptilien darüber verfügen. Es regelt die Grundfunktionen zum Überleben. Das Reptiliengehirn funktioniert automatisch, routiniert. Der Neokortex ist zuständig für höhere Funktionen wie Denken, Sprechen, Rechnen, Planen, Feinmotorik und Kreativität. Das Mittelhirn, vor allem das limbische System, ist das soziale und emotionale Gehirn.

Ein Training, bei dem die Teilnehmer ihren Körper bewegen, ihr Denken zum Bearbeiten von Herausforderungen anstrengen, dabei Gefühle erleben sowie Erfahrungen einbringen, nutzt alle diese Segmente. Wie reduziert ist dagegen das Lernen, wenn man auf seinem Stuhl sitzt und abstrakten, von sinnlicher Erfahrung gereinigten Ausführungen folgen muss! Nach Dave Meier gibt es eine einfache Regel für die Gestaltung von Trainings und Seminaren. Er empfiehlt den SAVI-Ansatz:

S = Somatisch: Beim Lernen sollen sich die Teilnehmer bewegen, etwas tun.
A = Auditiv: Sie sollen hören und sprechen.
V = Visuell: Sie lernen durch Beobachten und innere Bilder (Kopfkino, Imagination).
I = Intellektuell: Sie lösen Probleme und reflektieren.

SAVI können Sie als Checkliste benutzen. Prüfen Sie doch einfach einmal nach, ob in Ihren Trainings alle vier Bereiche optimal entfaltet sind. Stellen Sie sich folgende Fragen:

- Wie viel Bewegung lasse ich in meinen Trainings zu?
- Dominiert das Hören oder haben meine Teilnehmer ausreichend Gelegenheit, selbst zu sprechen und miteinander zu reden?
- Wie oft tun die Teilnehmer etwas selbstständig?
- Arbeite ich häufig genug mit Visualisierungen?
- Wie oft rege ich die Teilnehmer an, sich etwas vorzustellen, ihr »inneres Auge« zu nutzen?
- Gibt es in meinen Seminaren ausreichend Probleme, für die meine Teilnehmer Lösungen suchen, planen, kooperieren und ausprobieren können?
- Wie viel Raum gebe ich dem Nachdenken über die Erfahrungen aus den Aktivitäten, also über Lösungswege, Fehler, Unterschiede zwischen den Teilnehmern?

Wenn Sie Schwachstellen in Ihren Seminaren oder Trainings entdecken, versuchen Sie, Methoden zu finden, die das Defizit beheben. Fragen Sie immer: »Möchte ich Teilnehmer an meinem Seminar sein? Möchte ich so lernen?«

Dave Meier meint, der Ball müsse in 70 Prozent der Zeit im Feld der Lernenden sein. Zwei Drittel der Zeit sollten also Ihre Teilnehmer aktiv sein und sich mit dem Thema selbstständig beschäftigen. Die wichtigsten Unterschiede zwischen der konventionellen und der modernen Lernkultur sind für ihn folgende:

Konventionelles Lernen	Accelerated Learning
steif	flexibel
ernst und trist	freudvoll
einkanalig	mehrkanalig
mittelorientiert	nutzenorientiert
Wettbewerb	Zusammenarbeit
behavioristisch	humanistisch
verbalisierend	multisensorisch
kontrollierend	umsorgend
Schwerpunkt auf Unterlagen	Schwerpunkt auf Aktivitäten
kognitiv	kognitiv + emotional + physisch
zeitorientiert	ergebnisorientiert

Die Methoden, die ich in diesem Buch für das Active Training zusammengetragen habe, erfüllen die Kriterien, die Meier für sein Accelerated Learning aufgestellt hat. Die beiden Bücher ergänzen sich deshalb sehr gut.

»Warum mache ich als Trainer so viel selbst?«

Die meisten Trainer verschenken wertvolle Möglichkeiten, ihre Seminarteilnehmer zu aktivieren, weil sie viel zu viel selbst machen. Dieses Verhalten nach dem Drehbuch »fürsorgliches Eltern-Ich« ist vielschichtiger als es auf den ersten Blick scheint. Es ist eine Melange aus

- Kontrolle (»Wenn ich das mache, klappt es auch.«),
- Fürsorge (»Ich nehme den Teilnehmern Arbeit ab.«),
- Zuneigungswunsch (»Die mögen mich, wenn ich vieles selber mache.«).

Das klingt mehr nach Egoismus aus als nach Teilnehmerorientierung. Man darf getrost davon ausgehen, dass die meisten Teilnehmer das genau so sehen oder zumindest fühlen. Der überaktive und damit überbehütende Trainer wird also vergeblich auf Belohnung und Anerkennung warten. Die bekommt »leider« der Trainer, der seine Teilnehmer handeln lässt, ihnen Aufgaben überträgt, sie aktiv hält.

> Wer dem Publikum hinterher läuft, sieht nur noch dessen Hinterteil.
> *Johann Wolfgang von Goethe*

Anregungen für die Teilnehmeraktivierung

Es gibt so viele Möglichkeiten, Teilnehmer einzubeziehen. Vielleicht ist in der folgenden Liste die eine oder andere für Sie dabei:

- Fordern Sie die Teilnehmer schon ein paar Wochen vor dem Seminar auf, Wünsche zum Thema, vielleicht auch schon zu den Arbeitsformen zu nennen. Wundern Sie sich nicht, wenn Sie zu den Arbeitsformen zuerst einmal Negatives zu lesen bekommen (»Bloß keine Rollenspiele!«). Wenn die Teilnehmer im Seminar Vertrauen entwickelt haben, ist das meistens kein Problem mehr. Aber durch die Vorabfrage können Sie sich auf Aversionen gegenüber bestimmten Methoden schon einmal einstellen.
- Lassen Sie die Teilnehmer den Raum einrichten. Sie sollen entscheiden, ob sie lieber einen Stuhlkreis oder Tische oder beides haben wollen.
- Verteilen Sie gleich zu Beginn Jobs (Methode »Jobkarten«, s. S. 54).
- Fragen Sie zu Beginn jeden Teilnehmer, was er oder sie nach dem Training unbedingt (besser) können möchte (Methode »Fee«, s. S. 274).
- Pinnen Sie bei Kartenabfragen die Karten nicht selbst an die Pinnwand. Lassen Sie es die Teilnehmer tun.
- Lassen Sie bei Kartenabfragen die Karten durch die Teilnehmer an einer zweiten Pinnwand ordnen (»clustern«). Halten Sie sich heraus.
- Legen Sie die Zeit für Gruppenarbeiten oder Pausen nicht selbst fest. Fragen Sie die Teilnehmer: »Wie lange brauchen Sie für die Gruppenarbeit?« Oder »Wie viel Zeit benötigen Sie, um sich zu erholen?« Wenn die Schätzung der Zeit für Gruppenarbeiten Ihrer Meinung nach zu knapp ausfällt, mischen Sie sich nicht ein. Gehen Sie stattdessen nach der Frist zu den Gruppen und fragen Sie, ob sie noch mehr Zeit brauchen. Schätzen die Gruppen die Zeit Ihrer Meinung nach zu üppig, gehen Sie nach der Zeit, die Sie für richtig halten, herum und schauen Sie, wie weit die Teams sind.
- Reduzieren Sie bei der Wissensvermittlung Ihren Redeanteil. Prüfen Sie, welche Inhalte Sie durch gut aufbereitete Handouts oder Dokumente vermitteln können, die Sie den Teilnehmern ausgeben und mit bestimmten Fragestellungen bearbeiten lassen. Verwenden Sie Methoden wie »Murmelgruppe« (s. S. 25) und »Expertenbefragung« (s. S. 26).
- Lassen Sie nach einem Seminarabschnitt die Teilnehmer öfter selbst darüber nachdenken, wie sie das Gelernte üben, überprüfen, vertiefen wollen. Sie werden sich wundern, wie viel didaktische Fantasie sich dabei entwickelt. Und die selber »erfundene« Methode wird dann auch gerne durchgeführt.
- Lassen Sie in Ihrer Zeitplanung Fenster (zum Beispiel eine Stunde pro Tag), in denen die Teilnehmer selbst entscheiden, was sie jetzt noch bearbeiten möchten und wie.
- Lassen Sie bei Rollenspielen Situationen und Figuren durch die Teilnehmer selbst erfinden. Es geht ja um deren Praxis.

- Lassen Sie Zuruflisten am Flipchart durch Teilnehmer notieren. Bringen Sie ihnen als erstes die Pinnwandschrift bei.
- Starten Sie jeden Seminartag mit einem (möglichst aktivierenden) Rückblick, gestaltet durch zwei Teilnehmer, in dem wichtige Ergebnisse des Vortags festgehalten werden.
- Spielen Sie in den Pausen die Musik, die die Teilnehmenden wünschen. Jedes Laptop hat heute einen CD-Player, den Sie nutzen können.
- Überlassen Sie die Freizeitgestaltung den Teilnehmern.
- Handeln Sie nach dem Prinzip: »Wer das Problem hat, hat auch die Verantwortung, es zu lösen.« (Beispiel: Ein Teilnehmer beschwert sich bei Ihnen, dass ihn der Schweißgeruch seines Nachbarn stört und bittet Sie als Trainer, Abhilfe zu schaffen. Antworten Sie: »Ich verstehe, dass Sie das stört. Sagen Sie es Ihrem Nachbarn.«)
- Etablieren Sie nach Seminarabschnitten oder zum Tagesabschluss »Transferrunden«, in denen die Teilnehmer konkretisieren, was sie davon und wie für ihre Praxis nutzen wollen.
- Schalten Sie bei Problemen und Krisen die Teilnehmer ein. Beispiele: Kartenabfrage zu Lösungen; Einrichtung eines »Krisenstabes«, welcher der Gruppe nach Beratung Vorschläge unterbreitet; Aufstellen der Teilnehmer zwischen Pinnwänden, auf denen die kontroversen Positionen stehen, dann Diskussion vom jeweiligen Standpunkt aus (Methode »Hier stehe ich«, s. S. 240).

Die Botschaft all dieser Maßnahmen lautet: »Dieses Seminar ist euer Seminar!« – Das heißt auch: »Ihr habt – mit mir zusammen – die Verantwortung für Misslingen oder Gelingen.« Das ist erwachsenengemäß. Klar wird auch, was das Seminar ist: Keine Veranstaltung, die man besucht und die einem gefällt oder nicht, sondern gemeinsame zielorientierte Arbeit. »Active Training« ist nicht Selbstzweck oder Motivationstrick, sondern erwachsenengerechte Zusammenarbeit, um besser zu werden.

Und wenn Teilnehmer trotzdem nicht wollen?

Passivität ist in unserem Bildungssystem die Regel, Aktivität die Ausnahme. Lernende sind die meiste Zeit stumm. Es sei denn, sie werden aufgerufen oder melden sich. Das Bienenkorbgeräusch redender Teilnehmer hört man nicht an den Lernorten, sondern in den Kaffeepausen oder abends an der Bar. Mit den Jahren hat man sich als Lernender in dieser Rolle eingerichtet, es sich darin vielleicht sogar gemütlich gemacht. Wenn ein Trainer jetzt plötzlich Aktivität verlangt, ist das ein harter Wechsel. Schluss mit dem Sich-Berieseln-Lassen und dem Abschalten zwischendurch. Schluss mit der bequemen Haltung des Zuhörers, der selber nichts beiträgt und deshalb umso lockerer den Trainer loben oder kritisieren kann. Schluss mit der verführerischen Illusion, man habe ja das Wichtigste verstanden und könne das meiste schon. Denn jetzt ist man selbst an der Reihe, soll etwas beitragen, Stellung beziehen, Neues erproben, sich mit anderen zusammenraufen, Ergebnisse präsentieren, Feedback annehmen und Feedback geben, im Wettbewerb stehen und Probleme lösen. So muss sich ein Couchpotato fühlen, wenn er einem Fitnesstrainer in die Hände fällt.

Aber es gibt auch aktivitätsgeschädigte Teilnehmer. Sie hatten das Pech, in Trainings von Pseudo-Aktivisten geraten zu sein. Das sind Trainer, bei denen immer etwas »los« sein muss. Sie erinnern an Animateure in den Ferienclubs, denen die Angst im Nacken sitzt, die Gäste könnten sich langweilen. Ebenso wie die Animateure arbeiten diese Trainer mit einer unwiderstehlichen Mischung aus Liebenswürdigkeit und Penetranz. Und wie im Ferienclub erinnern die Spiele mehr an Kindergeburtstage als an Erwachsenenunterhaltung. Kein Wunder, dass Teilnehmer mit solchen Erfahrungen erst einmal den Kopf einziehen, wenn Sie eine »spannende Übung« oder einen »starken Kick« ankündigen.

Bedenken Sie auch, dass Teilnehmer je nach Typ unterschiedlich auf aktivierende Methoden reagieren. Pragmatiker blühen bei Aktivität auf, Theoretiker brauchen noch mehr Hintergrundinformation. Dies bedeutet nicht, dass eher theorie- oder faktenorientierte Menschen keine aktivierenden Methoden mögen. Aber sie müssen durch gute Information »eingefädelt« werden. »Just for fun« lehnen sie ab.

Widerstände – aus welchem Grund auch immer – sind zu erwarten, wenn Sie sich für ein konsequentes Active Training entscheiden. Aber Ihre Chancen sind nicht schlecht, dass die Teilnehmer bald mitziehen.

Hier einige Tipps zum Umgang mit Teilnehmern, denen Active Training suspekt ist:

- Überlegen Sie sorgfältig, welche Methode zu den Teilnehmern passt.
- Beginnen Sie mit kurzen Übungen in kleinen Gruppen. Methoden in größeren Gruppen und längerem Zeitbedarf sollten Sie erst später einsetzen.
- Sagen Sie jedes Mal so konkret wie möglich, welchen Gewinn die aktivierende Methode den Teilnehmern bringen wird.
- Achten Sie auf eine gute Dramaturgie: Auf Aktivität und Anspannung folgt eine ruhige Phase, nach der Gruppenarbeit ist Zeit für Einzelarbeit und Besinnung, nach Pausen macht ein kurzer Kick wieder arbeitsfähig, nach Problemen will man etwas Leichtes und Lustiges, nach Konzentration kommt etwas Kreatives oder es folgt einfach Bewegung.
- Aktivierungen müssen vorbereitet werden. Sie brauchen ein »Warm-up«. Ein aktivierender Kick (in diesem Buch gibt es genug) passt perfekt als Ouvertüre für eine aktivierende Methode im Seminar. Die Teilnehmer haben sich ein paar Minuten bewegt, vielleicht gelacht, sind munter. Jetzt können sie loslegen! Trainer halten oft ein langes Referat und wechseln dann abrupt in eine Gruppenarbeit. Das ist ein didaktischer Kunstfehler. Aus dem Stand kann kaum einer vom passiven Zuhörer zum aktiven Teamworker werden.
- Wählen Sie nur Methoden aus, die Sie von Ihrem Seminarplan her begründen können. Wenn man Sie fragen würde: »Warum haben Sie an dieser Stelle diese Methode gewählt?« sollten Sie mehr sagen können als: »Weil die Teilnehmer da aktiv sind.«

- Lassen Sie die Finger von Methoden, bei denen Sie unsicher sind. Fragen Sie sich stets: »Würde ich als Teilnehmer da gerne mitmachen?« (Ich habe die Methoden in diesem Buch danach ausgewählt.) Die Teilnehmer spüren sofort, wenn ein Trainer nicht von einer Methode überzeugt ist.
- Erwarten Sie nicht, dass alle Teilnehmer begeistert jede Methode annehmen. Gründe dafür gibt es genug. Sie liegen in der Regel nicht an der Methode. Vertrauen Sie darauf, dass Ihr Aktivitätskonzept Früchte trägt. Auch der Bauer wartet, bis die Früchte reif sind.
- Gehen Sie flexibel mit Änderungswünschen an Ihren Methoden um. Als Trainer sind Sie nicht der alleinige Methoden-Guru. Die meisten Teilnehmer haben intuitiv eine gute Methodenkompetenz und wissen, wo eine Methode hakt. Zusammen finden Sie die für die Gruppe passende Version.
- Orientieren Sie sich an den Teilnehmern, denen die aktivierenden Methoden liegen, Spaß machen, Gewinn bringen. Nehmen Sie diese als Bestätigung für Ihr Active Training.

Trennen Sie sich von der Illusion, aktivierende Methoden könnten Sie aufs Geratewohl durchführen oder mal so nebenbei ausprobieren. Im Lehrgespräch können Sie vielleicht improvisieren, wenn Sie sich mit dem Thema auskennen. Doch die Methoden in diesem Buch sind eben wie Rezepte in einem Kochbuch. Oder wie Partituren von Musikstücken. Sie schildern einen Ablauf, der sich genau so und nicht anders bewährt hat. Wenn Sie also eine Methode zum ersten Mal ausprobieren wollen, sollten Sie die Beschreibung genau lesen und in Ihrer Vorstellung durchspielen.

Überlegen Sie sich genau, mit welchen Worten Sie die Methode den Teilnehmern vermitteln. Sprechen Sie die Worte in der Vorbereitungsphase laut aus. Antizipieren Sie, wo es Probleme geben könnte. Wenn Sie die Methode dann ein paar Mal erfolgreich erprobt haben, können Sie an der einen oder anderen Stelle variieren. Das mag Ihnen vielleicht zu streng und zu vorsichtig erscheinen. Aber diese Methoden sind nun einmal nur in der beschriebenen Form erprobt. Für die Varianten gibt es keine Gewähr. Wenn Sie eine Methode in den Sand gesetzt haben, wird es das nächste Mal schwerer.

Gleichzeitig sollten Sie sich immer fragen: »Passt diese Methode für mein Thema und für meine Zielgruppe?« Bei der Fülle der Methoden ist für die meisten Situationen etwas dabei. Die Herausforderung ist, die eigene Bequemlichkeit zu überwinden und den eingefahrenen Weg der Standardmethoden zu verlassen.

Anstelle von Standardmethoden etwas anderes einsetzen

Murmelgruppenmethode statt Lehrgespräch

Wenn Sie eine Stunde oder länger neues Wissen dozentenzentriert vermitteln wollen oder müssen, sind zwei Methoden üblich: das Referat (eventuell mit Rückfragen der Teilnehmer) oder das Lehrgespräch (durch häufig eingestreute Fragen beziehen Sie die Teilnehmer in Ihren Vortrag ein). Beide Methoden haben Nachteile. Beim Referat sind die Teilnehmer zu passiv. Beim Lehrgespräch ist es für den Trainer schwer, die Zeit einzuhalten, Vielredner zu bremsen, gute Fragen zu stellen, die Kurve zum Vortrag wieder hinzubekommen und vieles mehr. Beide Methoden strengen an. Eine attraktive und weniger belastende Alternative ist die Murmelgruppenmethode.

Ablauf: Phasen des Vortrags (Input) und Phasen der Teilnehmeraktivität (Aufgabe zum Input) wechseln einander ab. In der Inputphase redet nur der Trainer, in der Murmelphase reden nur die Teilnehmer. Die Inputphasen dauern ungefähr zehn Minuten, die Murmelphasen fünf Minuten. »Murmelphase« bedeutet, dass die Teilnehmer in Kleingruppen gemeinsam an einer Aufgabe arbeiten. In der Regel sind es zwei bis drei Sitznachbarn. Die Teilnehmer bleiben also an ihren Plätzen.

So bereiten Sie eine Präsentation nach der Methode »Murmelgruppe« vor:

- Sie unterteilen Ihr Stoffpensum in kleinere, sinnvoll zusammenhängende Vortragsportionen von etwa 10–15 Minuten. Dann arbeiten Sie eine perfekte Präsentation für diese Portionen aus, die Sie später »ungestört« vortragen können.
- Sie überlegen sich, was eine gute Aufgabe für die Murmelgruppen nach jeder dieser Portionen sein könnte. Das Ziel ist, dass die Aufgabe die Teilnehmer anregt, mit einem wichtigen Inhalt des eben gehörten Inputs etwas zu machen.

Beispielsweise können folgende Aufgaben gestellt werden:

- Ein Inhalt aus dem Input soll einem Laien erklärt werden.
- Der Inhalt soll in einem Praxisbeispiel oder Minirollenspiel angewendet werden.
- Vorgegebene Fragen zum Inhalt sollen beantwortet werden oder die einzelnen Teilnehmer einer Murmelgruppe sollen sich gegenseitig abfragen.

Methoden und Übungen

- Unterschiede zu ähnlichen Inhalten sollen erkannt und beschrieben werden.
- Jeder soll sich Konsequenzen des Gehörten für die eigene Person überlegen.
- Die Murmelgruppen sollen Vorsätze für die Umsetzung entwickeln.

Beginn und Ende der Inputportionen müssen Sie unbedingt vorher festlegen, ebenso die Aufgaben zum Murmeln. Die Aufgaben sollten sich für einen Zeitraum von fünf Minuten eignen, leicht verständlich sein und für die Teilnehmer Sinn machen. Im Seminar erklären Sie den Teilnehmern kurz den Wechsel zwischen den Phasen. Dann starten Sie Ihren ersten Input und schließen die erste Murmelphase an.

Der besondere Tipp: Die Murmelphasen sind keine Gruppenarbeiten wie die sonst üblichen. Es handelt sich dabei um kurze Phasen des Vertiefens, Klärens, Übens von Inhalten des vorangegangenen Inputs. Deshalb lassen Sie die Murmelgruppen auch nicht ausführlich die Ergebnisse präsentieren. Das würde zu viel Zeit kosten. Fragen Sie nur: »Alles klar?«, »Sind noch Fragen offen?« und beginnen dann mit dem nächsten Input. Nicht vergessen: Die Murmelgruppenmethode ist eine Form von trainerzentrierter Wissensvermittlung, keine teilnehmerzentrierte Methode.

Chancen und Gefahren: Wer diese Methode anwendet, wird sofort die Vorzüge erleben. Es ist für Sie als Trainer eine Wohltat, in Ruhe zehn Minuten lang Ihren vorbereiteten Input präsentieren zu können. In der Murmelphase können Sie sich dann entspannen, auf den nächsten Input einstellen und dem emsigen Murmeln zuhören. Gehen Sie nicht zu den Gruppen!

Für die Teilnehmer ist es ebenfalls entspannend. Bei den Inputs konzentrieren sie sich ganz aufs Zuhören. Beim Lehrgespräch müssen sie immer damit rechnen, dass sie mit unerwarteten Fragen konfrontiert werden. Während des Murmelns sind sie ungestört »unter sich«. Beim Lehrgespräch kann immer nur ein Teilnehmer reden.

Lernpsychologisch ist der Wechsel von professionellen Inputs und aktivierenden Murmelphasen ideal: Das Gehörte wird direkt danach mit einer sinnvollen Aufgabenstellung bearbeitet, gesichert und geankert. Gefahren gibt es nicht, wenn Sie zwei Fehler vermeiden: schlechte Vorbereitung und langes Auswerten der Murmelphasen.

Übrigens können Sie diese Methode auch mit vielen Zuhörern durchführen, zum Beispiel bei einer Großveranstaltung.

Expertenbefragung statt Lehrvortrag

In Fachseminaren ist es üblich, dass Referate von Spezialisten gehalten werden. Leider stellen sich die Experten oft nicht auf ihre Teilnehmer ein. Sie über- oder

Methoden und Übungen

unterfordern sie, zumindest zeitweise. Anliegen der Teilnehmer haben keinen Platz. Eine interessante teilnehmerorientierte Alternative zum Fachreferat ist die »Expertenbefragung«.

Ablauf: Bevor der Spezialist auftritt, organisieren Sie eine Kartenabfrage zum Themengebiet. Überschrift: »Das möchte ich wissen!«

Gehen Sie in zwei Schritten vor: Wenn alle Teilnehmer – einzeln oder in kleinen Teams – ihre Fragen zum Thema auf je eine Pinnwandkarte leserlich notiert haben, gehen Sie zu einer ersten Pinnwand und heften die Karten ungeordnet an. Im zweiten Schritt werden diese Karten auf eine zweite Pinnwand umgehängt. Diesmal bilden die Teilnehmer Gruppen mit Karten, die man einem Oberthema zuordnen kann. Man nennt sie in der Fachsprache *Cluster*. Dabei fallen auch Mehrfachnennungen heraus. Wenn diese Arbeit getan ist und die Fragekarten übersichtlich geordnet auf die zweite Pinnwand gewandert sind, heften Sie über die Cluster ovale weiße Überschriftenkarten.

Wenn der Experte eintrifft, schaut er sich die Pinnwand in Ruhe an und beginnt, die Fragen eines Oberthemas zu beantworten. Er entscheidet selbst, womit er beginnt. Danach wendet er sich einem zweiten Cluster zu. Wenn alle Fragekarten beantwortet und die Teilnehmer noch aufnahmebereit sind, kann der Spezialist noch zusätzliche Punkte zur Sprache bringen, die er für das Thema wichtig hält, die aber nicht nachgefragt wurden.

Das Ganze funktioniert aber nur, wenn Sie einige Regeln beachten:

- Bei der Expertenmethode muss immer auch ein Assistent oder Zeitwächter bestimmt werden. Am besten ist es, wenn Sie diese Rolle ausüben, also den Experten begrüßen und dann den Ablauf mit wachem Auge begleiten. Verstehen Sie sich dabei als Anwalt Ihrer Teilnehmer. Funktional ist es, wenn Experte und Assistent links und rechts neben der Fragenpinnwand sitzen.
- Der Assistent vereinbart mit dem Experten, dass er eine farbige Pinnwandkarte hoch hält, sobald er meint, der Spezialist bleibe zu ausführlich bei einer Frage. Die Karte ist ein Signal, dass möglicherweise die Zeit für alle Fragen nicht reichen wird.
- Außerdem markiert der Assistent jede Fragekarte, nachdem sie beantwortet wurde. Tipp: die rechte obere Ecke als Eselsohr umknicken. So können die Teilnehmer die Karte weiterhin noch lesen, sehen aber, dass sie bereits bearbeitet wurde.
- Die Teilnehmer kommen erst wieder zu Wort, wenn alle Karten beantwortet sind. Ohne diese Regel besteht die Gefahr, dass der eine oder andere Teilnehmer noch mehr zu »seiner« Karte wissen will und die Zeit für die anderen fehlt. Störend wären auch Diskussionen.

Der besondere Tipp: Wenn Sie es zeitlich schaffen, mailen Sie dem Referenten vorher die Fragen zu, geordnet nach Clustern (als digitales Foto oder als Liste in den PC getippt). Dann kann er sich darauf vorbereiten. Versuchen Sie, dem Fachreferenten diese Methode zu beschreiben und schmackhaft zu machen. Sagen Sie, dass Sie mit der Expertenbefragung sehr gute Erfahrungen gemacht haben und die Teilnehmer sich freuen, wenn der Experte sich auf sie einstellt.

Chancen und Gefahren: Bei dieser Methode kann der Experte sicher sein, dass er wirklich die Interessen der Teilnehmer am Thema bedient. Ein weiterer Vorteil der Methode: die Teilnehmer sehen jederzeit das ganze Spektrum der Fragen im Überblick. Sie wissen immerzu, welche Fragen behandelt wurden und welche noch offen sind.

Der mögliche Schwachpunkt ist der Experte. Redet er zu lange? Baut er in seine Antworten voller Eifer auch Themen ein, die gar nicht gefragt wurden? Springt er zwischen den Clustern hin und her? – Aus diesem Grund ist ein Assistent Pflicht, der in Absprache mit dem Experten den Job übernommen hat, auf Zeit und Ablauf zu achten. Am besten sind dabei Formulierungen, die nur das Geschehen beschreiben. Also nicht: »Ich bitte Sie, sich kürzer zu fassen!«, sondern »25 Prozent der Zeit sind um, aber nur fünf Prozent der Fragen sind beantwortet.« Auch nicht: »Beantworten Sie bitte erst die Fragen eines Clusters, bevor Sie zum nächsten gehen.«, sondern »Die Frage, die Sie eben beantwortet haben, gehört zu einem neuen Cluster. Das ist später an der Reihe.« Wenn sich Teilnehmer melden oder dazwischen reden, sagen Sie einfach: »So lange Fragekarten noch offen sind, hat nur der Experte das Wort.« Für Gruppen, bei denen der Wissensstand zum Thema sehr heterogen ist, eignet sich diese Methode ganz besonders. Ein Fachvortrag würde hier die einen Zuhörer über- und die anderen unterfordern. Bei der Expertenmethode können aber alle ihre Fragen auf ihrem Niveau stellen.

Die Expertenmethode ist fehl am Platze, wenn die Teilnehmer zu einem Thema noch gar keinen Bezug haben. Dann können sie auch keine sinnvollen Fragen stellen. Aber das ist in Trainings und anderen Bildungsveranstaltungen mit Erwachsenen kaum einmal der Fall.

Varianten: Sie können diese Methode auch ohne externen Spezialisten anwenden. Dann sind Sie eben in Ihrer eigenen Veranstaltung für eine Stunde »Experte«, der Fragekarten beantwortet. Der Assistent ist dann ein Teilnehmer.

Wenn Sie wissen, dass einige Teilnehmer schon sehr gut zum Thema informiert sind, beziehen Sie diese als Co-Experten ein: »Schauen Sie auf die Fragepinnwand. Wenn jemand sicher ist, dass er eine Karte als Experte beantworten kann, dann holt er sich die Karte und nimmt sie auf seinen Platz mit. Wenn ich dann zu dem Cluster komme, bei dem die eine oder andere Karte fehlt, kommen Sie damit zuerst zu Wort.« Wenn einige Teilnehmer sich Karten holen, müssen Sie nicht die ganze Zeit alleine reden. Wenn allerdings eine Teilnehmerantwort nicht ganz korrekt ist, kommen Sie nicht darum herum, dies klar zu stellen, ohne den »Experten« zu blamieren. Sagen Sie dann also nicht: »Das stimmt so nicht«, sondern beginnen Sie einfach mit Ihrer Erklärung oder Information, so als ob der Teilnehmer gar nichts gesagt hätte. Dann erkennt der Teilnehmer selbst den Widerspruch und fühlt sich nicht direkt bloßgestellt.

Archäologenkongress statt Pauken mit Texten

Als Ergänzung zu Vorträgen geben die Trainer manchmal Texte aus, welche die Teilnehmer lesen sollen. An den Universitäten ist es ohnehin üblich, dass die Studenten viel mit Fachtexten und Lehrbüchern lernen.

Lernpsychologisch sollte Lesen immer dann zum Zuge kommen, wenn es um einen schwierigeren Inhalt geht und wenn das Vorwissen der Teilnehmer dazu unterschiedlich ist. Denn unter diesen Bedingungen ist der Lehrvortrag weniger geeignet. Sein Nachteil ist ja, dass die Worte des Vortragenden wie ein Fließband an den Lernern vorüberziehen. Sie sind flüchtig. Die Zuhörer können das Tempo nicht beeinflussen. Beim Lesen eines Textes dagegen kann jeder seine Vorgehensweise und sein Tempo selbst bestimmen. So kann man den Text erst einmal überfliegen und hat schon einen groben Überblick, bevor man die richtige Lektüre beginnt. Man kann bedeutsame und schwierige Stellen im Text mehrmals lesen und zurückblättern, um etwas noch einmal nachzuschlagen. Wenn man müde ist, kann man das Lesen unterbrechen und an einem beliebigen Zeitpunkt wieder aufnehmen. All das sind große Vorteile der Lektüre gegenüber dem Lernen durch Zuhören.

Das Problem ist allerdings, dass der eine gründlich liest, der andere nur oberflächlich. Dabei hat der oberflächliche Leser sogar das Gefühl, alles verstanden zu haben. Spätestens in einer Prüfung oder in der Praxis merkt er dann jedoch, dass nichts »hängen geblieben« ist. Der Trainer oder Lehrende hat wiederum das Problem, dass er nicht weiß, wie erfolgreich jeder einzelne Lerner den Text verarbeitet hat, ob alle dazu den gleichen Wissensstand haben oder nicht. Eine interessante aktivierende Alternative zur Einzellektüre ist der Archäologenkongress.

Methoden und Übungen

Ablauf: Sie haben einen Text ausgewählt, der im Seminar gelesen und verstanden werden soll. Sie kopieren diesen Text für jede Kleingruppe einmal. Dann zerschneiden sie den Text in so viele (sinnvolle) Einheiten wie die Kleingruppen Teilnehmer haben. Optimal sind Gruppen mit vier bis sechs Teilnehmern. Jeder bekommt also einen Textabschnitt, der sich in jedem Team zu einem kompletten Text zusammensetzen lässt. Natürlich haben Sie darauf geachtet, dass keine Seitenzahlen oder Nummerierungen verraten, wie die richtige Reihenfolge im Originaltext war.

> So instruieren Sie die Gruppen: »*Sie sind Archäologen. Bei Ausgrabungen hat jedes Team Papyrusteile gefunden, auf denen Texte stehen. Versuchen Sie, diese Texte zu verstehen und zu einem sinnvollen Ganzen zusammenzustellen. Tauschen Sie Ihre Meinungen und Ihr Wissen aus. Wichtig ist, dass jeder Ihres Teams am Ende alles verstanden hat. Zeichnen Sie anschließend eine Strukturgrafik auf einen Flipchartbogen, die zeigt, wie die wichtigsten Begriffe und Aussagen zusammenhängen.*«

Dann übergeben Sie jeder Gruppe die Textteile und einigen sich mit den Teilnehmern über eine Zeit für die Lektüre und Diskussion. Wenn die Zeit abgelaufen ist, werden die Flipchartbogen nebeneinander präsentiert und von den Gruppen kommentiert.

Der besondere Tipp: Geben Sie den Teilnehmern kein Prozedere vor. Zum Beispiel ob jeder selbst seinen Text lesen und verstehen soll oder ob man zuerst versuchen soll, die Textschnipsel zusammenzusetzen. Das Team soll sich selbst über das Vorgehen einigen. Das erhöht die Aktivität gleich zu Beginn.

Chancen und Gefahren: Das Szenario ist spannend. Es weckt bei Teilnehmern die Lust am Knobeln und Rätseln. Jeder ist eingebunden. Andere Vorteile dieser Methode gegenüber der üblichen Einzellektüre im stillen Kämmerchen sind:

- Jeder Teilnehmer bekommt »sein« Textstück und fühlt sich für dessen Verstehen zuständig.
- Die Gruppe sorgt dafür, dass alle den gleichen Wissensstand erreichen.
- Die Aufgabe ist nur lösbar, wenn miteinander kommuniziert wird. Man muss hier wirklich zusammenarbeiten, weil zu Beginn das Wissen verteilt ist.
- Die unterschiedlichen Interpretationen werden deutlich (»Multiperspektivität«).
- Das Erstellen der Grafik ankert die Inhalte des Textes auch bildhaft.

Entscheidend für das Gelingen dieser Methode ist erstens Ihre Textauswahl. Die Textteile müssen für sich einzeln bearbeitbar sein und sollten gut miteinander kombinierbar sein.

Methoden und Übungen

Zweitens muss der Schwierigkeitsgrad stimmen. Die Texte dürfen kein Fachwissen voraussetzen, das die Teilnehmer nicht besitzen. Dann wäre die Übung unergiebig und frustrierend. Wenn Sie da nicht ganz sicher sind, können Sie den Teams noch Hilfen geben, zum Beispiel ein Blatt mit einem Glossar für Fachbegriffe. Oder eine »Hotline« einrichten, also eine Stelle (Sie oder ein anderer Fachexperte), bei der die Teilnehmer reine Wissensfragen, diese aber nur im Notfall, abfragen dürfen.

Varianten

- Sie können die Übung bei einem längeren Text auch in der Gesamtgruppe – ohne Aufteilung in Untergruppen – durchführen.
- Die Textteile können natürlich auch aus mehreren Quellen stammen.
- Zudem können Sie für die Grafik selbst eine Musterlösung vorbereiten.

Eier legen statt Redeschlacht

Die Situation ist meist folgende: Sie wollen zu einem kontroversen Seminarthema Pro- und Contra-Argumente herausarbeiten. Oder in der Gruppe entsteht zu einem Thema eine scharfe Meinungsverschiedenheit. Die Standardmethode ist eine Diskussionsrunde, die von Ihnen geleitet wird. Das ist für alle, vor allem für Sie, recht anstrengend. Es geht aber auch ohne den Trainer als Moderator, Schiedsrichter und Streitschlichter. Es geht sogar ohne lautstarken Disput.

Das Vorgehen: Die folgende Vorgehensweise hat sich bewährt und kommt bei den Teilnehmenden meist sehr gut an.

- Sie stellen den Ablauf vor. Das Ziel lautet: Es kommt nicht darauf an, dass man sich einigt, sondern dass die Positionen ausgeleuchtet werden.
- Die beiden Positionen werden benannt. Für jede Position wird eine Pinnwand mit Überschrift (knackig formuliert!) versehen.
- Die Teilnehmer ordnen sich je nach Meinung einer Pinnwand zu. Es gibt ab jetzt also zwei Parteien.
- Jede Gruppe sucht für ihre Pinnwand starke Argumente. Sie werden auf Flipchartstreifen geschrieben und so untereinander an die Pinnwand geheftet, dass links und rechts gleich viel Platz frei bleibt.
- Nun werden die beiden Pinnwände nebeneinander präsentiert. Die Gruppen können zu den Argumenten der anderen Gruppe Verständnisfragen stellen. Die Autoren dürfen nur auf Fragen antworten.
- Die Pinnwände werden jetzt zwischen den Gruppen ausgetauscht.
- Jetzt kommt es zum so genannten »Eierlegen«: Die Gruppen bringen auf der Pinnwand der anderen Partei Kommentare an. Sie benutzen dazu weiße

ovale Karten – das sind die Eier – und heften sie links und rechts neben die Argumentstreifen.
- Danach werden die beiden Pinnwände ein zweites Mal nebeneinander präsentiert. Diesmal mit den Kommentaren zu den Argumenten. Wieder sind nur Antworten auf Verständnisfragen erlaubt.
- Schlussrunde: Beide Parteien können ein kurzes Schluss-Statement abgeben.

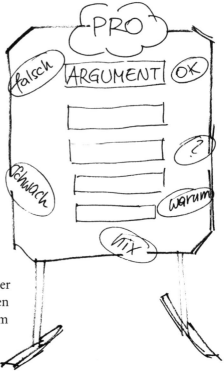

Variante: Zum Schluss werden die beiden Pinnwände in gegenüberliegende Ecken des Raums gestellt. Jeder Teilnehmer sucht sich dazwischen einen Platz, der seiner inneren Position am besten entspricht. So entsteht ein lebendiges Meinungsbild.

Chancen und Gefahren: Die Vorteile dieser Methode liegen vor allem darin, dass die gegensätzlichen Positionen auf den Prüfstand kommen. Die Methode ist sehr effektiv, weil parallel gearbeitet wird. Es kommt nicht zu den typischen Streitereien, endlosen Diskussionen und Ähnlichem, wie dies beim Reden der Fall wäre. Sie als Trainer haben keine Arbeit mit der Diskussionsleitung. Wichtig ist auch, dass jeder seine Meinung einbringen kann. Ein weiterer Vorteil ist, dass die Ergebnisse für alle sichtbar sind.

Mögliche Klippen sind allerdings: Manche Teilnehmer wollen am Ende doch eine Entscheidung. Hier würde ich die Variante mit dem Aufstellen wählen. Sie zeigt, wie die Positionen in der Gruppe verteilt sind.

Sie können auch erfragen, ob die Teilnehmer zu diesem Punkt wirklich eine Entscheidung brauchen. Im Englischen gibt es den Spruch: »Let's agree to differ«, frei übersetzt »Wir sind uns einig, dass wir uns nicht einig sind«. Die Tugend, in Kontroversen andere Positionen »leben zu lassen«, täte vielen deutschen Kampfdiskussionen gut.

Wozu passt welche Methode?

Ziel bzw. Trainingssituation	Methode	Kurzbeschreibung	Seite
Das Kennenlernen	4 Ecken	Die Raumecken bekommen Bedeutungen. Für jeden Teilnehmer ist eine dabei.	244
	Begrüßungs-Kugellager	In zwei rotierenden Kreisen lernt man sich kennen, doch origineller als gewohnt.	247
	Das Geheimnis der Namen	Mit dieser Methode werden die Namen der Teilnehmer »persönlich« und einprägsam.	282
	Ein Gegenstand findet mich	Vorstellungsrunde zur Abwechslung mal mit Objekten. Teilnehmer werden zu Sammlern.	111
	Kartenständer	Jeder Teilnehmer verwandelt sich in ein »Schwarzes Brett« mit Beinen.	61
	Promi und Networker	Wer lernt bei einer Stehparty die meisten Neuen kennen? Wen kennen danach die meisten? Mit Oscarverleihung.	249
	Stimme verloren	Kennenlernen ohne Worte mit Mimik und Gestik zu Musik. Witzig, lebendig, effektiv.	216
	Überraschungsfragen	Auf jeden Teilnehmer wartet im Stapel eine persönliche Frage. Welche werde ich erhalten?	86
	Wer ist das denn?	Von jedem gibt es einen »besonderen« Steckbrief, aber ohne Namen. Wer errät, von wem eine Beschreibung stammt?	89
	Wir gründen ein Unternehmen	Wir sind vier Freunde und gründen ein Unternehmen, das zu unseren Stärken passt. Eine originelle Methode zum Kennenlernen, bei der rasch ein Wir-Gefühl entsteht.	75

Ziel bzw. Trainingssituation	Methode	Kurzbeschreibung	Seite
Seminarverlauf	Batterie aufladen	Eine wunderbare Fantasiereise, um Kraft zu tanken.	291
	Bevor der Finger brennt	Bevor jemand redet, zündet er ein Streichholz an. So lange es brennt, darf er sprechen. Vielredner hassen das.	116
	Das Seil reicht nicht für alle	Einer heterogenen Gruppe wird schlagartig klar, wie schwer es für den Trainer ist, es allen recht zu machen. Regt die Teilnehmer an, Lösungen zu finden.	159
	Die Fee	Damit finden Sie heraus, was jeden Teilnehmer wirklich interessiert.	274
	Figurenkabinett	Mit Figuren werden Situationen und Szenen nachgestellt. So kommt man zu einer neuen Sicht auf die Dinge.	204
	Flusslauf	Der Seminarprozess wird kreativ als Flusslauf auf dem Boden abgebildet. Macht Spaß und schärft den Blick für das Geschehen.	295
	Der Fremde	Die Teilnehmer sehen das Seminar aus der Perspektive eines fremden Beobachters. Die Distanz eröffnet eine andere Sichtweise.	270
	Es grünt!	Für jeden guten Vorsatz vergräbt man in seinem Blumentopf ein Samenkorn. Eine liebenswerte Methode für den Transfer in die Praxis.	139
	Hier stehe ich	Was man mit Aufstellungsmethoden alles machen kann.	240
	Intimus	Man vertraut seine Gedanken einer Puppe oder einem Stofftier an. Macht vieles leichter! Alle hören zu.	203
	Jobkarten	Jeder Teilnehmer zieht zu Beginn eine herausfordernde Jobkarte. So trägt jeder etwas für die Gruppe und den Seminarerfolg bei.	54
	Roter Faden	An einem roten Seil werden Blätter mit den Seminarthemen aufgehängt. Die Abfolge wird originell visualisiert. Änderungen lassen sich leicht einbauen.	157

Ziel bzw. Trainingssituation	Methode	Kurzbeschreibung	Seite
Seminarverlauf (Fortsetzung)	Schockgefroren	Unvermittelt sagt der Trainer »Stopp, nicht mehr bewegen!« Eine wirksame Technik, um Körpersprache bewusst zu machen.	229
	Seminarberater	Die Teilnehmer werden zu professionellen Consultants für ihr eigenes Seminar.	180
	Seminargeschichten	Eine passende Geschichte zur richtigen Zeit kann vieles bewirken!	306
	Tischtuch-Protokoll	Papiertischtücher werden zu Notizflächen, die man später aufhängt und anschaut. Als Trainer erfahren Sie mehr als durch Feedbackbogen!	84
Gruppenprozess	Der Fremde	Die Teilnehmer sehen das Seminar aus der Perspektive eines fremden Beobachters. Die Distanz eröffnet eine andere Sichtweise.	270
	Flusslauf	Der Seminarprozess wird kreativ als Flusslauf auf dem Boden abgebildet. Macht Spaß und schärft den Blick für das Geschehen.	295
	Hausbriefkasten	Jeder bastelt sich einen schmucken Briefkasten. Schon gibt es eine zweite »private« Kommunikationsebene. In jeder Seminarpause die Neugier: »Hat mir jemand was geschrieben?«	56
	Rückenpost	Die Teilnehmer schreiben sich Botschaften und Feedbacks auf einen Flipchartbogen, der am Rücken befestigt ist, beim Herumspazieren mit Musik. Für Schlusssituationen ideal.	73
	Sag's durch die Puppe	Als Trainer nutzen Sie eine Puppe als zweites Ich. Erstaunlich, wie Ihnen das Double vieles leichter macht. Ihre Gruppe liebt diese Puppe.	198
	Typisch wir	Die Teilnehmer suchen eine Metapher, die zu ihrer Gruppe am besten passt. Sieht harmlos aus, bringt aber die Dynamik in Bewegung.	293

Wozu passt welche Methode?

Ziel bzw. Trainingssituation	Methode	Kurzbeschreibung	Seite
Gruppenprozess (Fortsetzung)	Wortkarg	Der Reihe nach sagt jeder nur ein Wort. Nach und nach entwickelt sich eine Geschichte. Erst bei der Auswertung kommt heraus, was in dieser Übung steckt.	272
Kooperation, Kommunikation, Probleme lösen	Alles in einem Satz	Ein Teilnehmer entwickelt mit einem anderen abwechselnd eine möglichst lange und spannende Geschichte in einem einzigen Satz. Besser kann man kaum zeigen, was gute Kommunikation ausmacht.	285
	Bevor der Finger brennt	Bevor jemand redet, zündet er ein Streichholz an. So lange es brennt, darf er sprechen. Vielredner hassen das.	116
	Das fliegende Ei	Man versucht, mit ein paar Hilfmitteln aus beträchtlicher Höhe ein rohes Ei unversehrt zu Boden zu bringen. Dabei lernt man seine Gruppe richtig kennen!	118
	Das fehlende Stück	Teams sollen zerschnittene Anzeigen zusammensetzen, aber bei jeder Anzeige fehlt ein Stück. Irritierend und ganz wie im Arbeitsleben!	78
	Die Seilbrücke	Zwei Nylonschnüre werden parallel von Pinnwand zu Pinnwand gespannt. Beschriebene Blätter bilden die »Sprossen« dieser Brücke vom Ausgang zum Ziel. Eine schöne Visualisierung für Projektarbeit.	162
	Der Zoo	Plastiktiere sind anregende Stellvertreter für Personen und Situationen. Passt immer, wenn Konflikte zu lösen sind.	200
	Figurenkabinett	Mit Figuren werden Situationen und Szenen nachgestellt. So kommt man zu einer neuen Sichtweise.	204
	Geldvermehrung	Teilnehmer stecken unbeobachtet eine Summe in einen Umschlag, um eine größere zu erhalten. Ein verzinktes Spiel zum Thema Fairness und Vertrauen.	141

Ziel bzw. Trainingssituation	Methode	Kurzbeschreibung	Seite
Kooperation, Kommunikation, Probleme lösen (Fortsetzung)	Häuptlingsfedern	Eine witzige Variante der bekannten »sechs Hüte«. Wichtige Rollen im Team werden durch die Farbe einer Pinnwandkarte ausgedrückt, die am Kopf befestigt ist. Vielseitig einsetzbar.	58
	Ich schreib' dir einen Brief	Teilnehmer schreiben sich Briefe. Interessant, was sich alles ändert, wenn man schreibt statt spricht!	93
	Konferenz inneres Team	Ein Teilnehmer, der Rat bei einer Entscheidung braucht, lässt seine inneren Stimmen nach und nach zu Wort kommen. Plötzlich tauchen Stimmen auf, die vorher stumm geblieben waren.	279
	Quasselliege	Entspannt auf der Quasselliege entwickeln Teilnehmer kreative Lösungen.	173
	Schutzengel	Jeder Teilnehmer unterstützt einen anderen, ohne dass der das weiß. Für die meisten eine ganz neue Erfahrung.	297
	Stimme verloren	Verständigung ohne Worte, aber mit Mimik und Gestik zu Musik. Auch für Feedback geeignet.	216
	Tankstelle	Ein müder oder mutloser Teilnehmer sitzt auf einem Stuhl. Die anderen gehen um ihn herum und rufen ihm so lange einen Energiesatz zu, bis er wieder fit ist.	189
	Waagschale	Kieselsteine als Hilfen bei schwierigen Entscheidungen.	136
	Wandernde Fragen	Jeder Teilnehmer schreibt eine Frage auf ein Blatt und erhält es später mit Antworten der anderen wieder zurück.	91
	Wer hat das Mikrofon?	Reden darf nur, wer das »Mikrofon« in der Hand hält. Stoppt das Durcheinander-Reden!	123
	Zollstock mit Tücken	Die Teilnehmer sollen einen ausgeklappten Zollstock auf dem Boden ablegen, ohne dass einer den Kontakt zwischen Fingern und Zollstock verliert. Härtetest für ein Team zum Umgang mit Fehlern.	194

Ziel bzw. Trainingssituation	Methode	Kurzbeschreibung	Seite
Anschauliches, Erfahrungen machen	Ballberührung	Jeder in einem Kreis soll einen Ball mit beiden Händen berühren. Das soll so schnell wie möglich gehen. Wie hält eine Gruppe Kritik aus?	227
	Chaos	Die Teilnehmer betreten einen Seminarraum, in dem alle Möbel kreuz und quer durch- und übereinander stehen.	177
	Das fehlende Stück	Teams sollen zerschnittene Anzeigen zusammensetzen, aber bei jeder Anzeige fehlt ein Stück. Irritierend und ganz wie im Arbeitsleben!	78
	Das Haar in der Suppe	Die Teilnehmer sehen vier einfache Gleichungen. Eine ist falsch. Eine Übung für Meckerer.	64
	Das Seil reicht nicht für alle	Einer heterogenen Gruppe wird schlagartig klar, wie schwer es für den Trainer ist, es allen recht zu machen. Regt die Teilnehmer an, Lösungen zu finden.	159
	Das Unterstützernetz	Für jeden wird sichtbar, dass sich wechselseitige Hilfe auch nach dem Seminar noch lohnt.	154
	Der Bücherwurm	Eine einfache Denkaufgabe wird zum Stolperstein. Erst eine Skizze macht alles klar. Fazit: visualisieren!	315
	Der Zoo	Plastiktiere sind anregende Stellvertreter für Personen und Situationen. Passt immer, wenn Konflikte zu lösen sind.	200
	Die da oben	Arroganz und Unterwerfung in einer eindringlichen Übung zur Macht der Körpersprache.	223
	Die Seilbrücke	Zwei Nylonschnüre werden parallel von Pinnwand zu Pinnwand gespannt. Beschriebene Blätter bilden die »Sprossen« dieser Brücke vom Ausgang zum Ziel. Eine schöne Visualisierung für Projektarbeit.	162
	Ein Gegenstand findet mich	Lasst Objekte sprechen! Dazu werden die Teilnehmer zu Sammlern.	111

Ziel bzw. Trainingssituation	Methode	Kurzbeschreibung	Seite
Anschauliches, Erfahrungen machen (Fortsetzung)	Geldvermehrung	Teilnehmer stecken unbeobachtet eine Summe in einen Umschlag, um eine größere zu erhalten. Ein verzinktes Spiel zum Thema Fairness und Vertrauen.	141
	Figurenkabinett	Mit Figuren werden Situationen und Szenen nachgestellt. So kommt man zu einer neuen Sichtweise.	204
	Hand zeichnen	Jeder zeichnet eine Hand. Aber warum schaut keiner genau hin?	96
	Innere Uhr	Verdammt schwer, eine bestimmte Strecke in genau einer Minute zu durchqueren. Bin ich ein Hetzer oder ein Bummler?	254
	Kippstuhl	Wie geht der Einzelne, wie geht die Gruppe mit Verstößen gegen Regeln um?	186
	Macht des Geistes	Jeder versucht, mit dem ausgestreckten Arm möglichst weit nach rechts zu kommen. Nach wenigen Sekunden mit mentalem Training kommt man viel weiter!	231
	Nichts gesehen	Die Teilnehmer sollen ihre Armbanduhr beschreiben, ohne sie anzusehen. Eine leise Übung zur Betriebsblindheit.	126
	Roboter und Chefs	Die Mehrzahl der Teilnehmer spielt Roboter, die nur geradeaus gehen können. Ein paar entnervte Führungskräfte haben alle Hände voll zu tun, damit die Roboter nicht stehen bleiben. Schon mal im Alltag erlebt?	287
	Schockgefroren	Unvermittelt sagt der Trainer »Stopp, nicht mehr bewegen!« Eine wirksame Technik, um Körpersprache bewusst zu machen.	229
	Seminargeschichten	Eine passende Geschichte zur richtigen Zeit kann vieles bewirken!	306
	Strohhalm und Kartoffel	Wie bringt man einen weichen Strohhalm möglichst tief in eine harte Kartoffel?	143

Ziel bzw. Trainingssituation	Methode	Kurzbeschreibung	Seite
Anschauliches, Erfahrungen machen (Fortsetzung)	Tomaten auf den Augen	Die Teilnehmer sollen im Text alle »F« finden. Eine bittere Lektion für die ganz Schnellen.	77
	Vorstellung mit Vorlage	Die Teilnehmer gestalten ein Flipchart zu ihrer Person. Typisch, wie leicht man sich beeinflussen lässt.	82
	Was fehlt?	Ein Knobelspiel mit Tiefgang.	88
	Zauberglas	Eine verblüffende Visualisierung der Dynamik von Druck und Gegendruck, auch bei Menschen.	132
Lernkontrolle, Üben	Abfragen mit Aktion	Es gibt drei Kartenstapel: Testkarten, Aktionskarten, Namenskarten. Wer eine Frage nicht richtig beantworten kann, führt eine Aktion aus.	69
	Krokodilfluss überqueren	Ein Teilnehmer nach dem anderen überquert einen gefährlichen Fluss. Papierbogen sind rettende Steine, auf die man treten kann. Doch bei jedem Stein gilt es eine Frage zu beantworten.	256
	Roter Faden	An einem roten Seil werden Blätter mit den Seminarthemen aufgehängt. Die Abfolge wird so originell visualisiert. Änderungen lassen sich leicht einbauen ...	157
	Tischtuch-Protokoll	Papiertischtücher werden zu Notizflächen, die man später aufhängt und anschaut. Als Trainer erfahren Sie mehr als durch Feedbackbogen!	84
	Trainings-Karussell	Stegreifrollenspiele werden in zwei Stuhlkreisen eingeübt. Zeitsparend und nachhaltig.	178
	Trainingswürfel	Ein Würfel mit Themenflächen macht das Üben kurzweilig.	114
	Wandernde Fragen	Jeder Teilnehmer schreibt eine Frage auf ein Blatt und erhält es später mit Antworten der anderen wieder zurück.	91
Feedback	Aasgeier und Trüffelschwein	Zwei ungewöhnliche Tiere bringen mehr Ehrlichkeit in die Auswertung von Gruppenarbeiten.	66

Ziel bzw. Trainingssituation	Methode	Kurzbeschreibung	Seite
Feedback (Fortsetzung)	Der Zoo	Plastiktiere sind anregende Stellvertreter für Personen und Situationen. Passt immer, wenn Konflikte zu lösen sind.	200
	Eier kochen	Wie will ein Teilnehmer das Feedback: hart, mittel oder ganz weich? Wenn schon gekocht werden, dann nach Wahl.	184
	Ein Gegenstand findet mich	Feedbackrunde einmal mit Objekten. Dazu werden die Teilnehmer zu Sammlern.	111
	Ich schreib' dir einen Brief	Teilnehmer schreiben sich Feedbacks als Briefe. Interessant, was sich alles ändert, wenn man schreibt statt spricht!	93
	Intimus	Man vertraut seine Gedanken über einen anderen Teilnehmer einer Puppe oder einem Stofftier an. Aber alle hören zu.	203
	Lauscher an der Wand	Ein paar Teilnehmer unterhalten sich über mich ganz ungezwungen hinter einer Pinnwand. Ich bin der »heimliche« Lauscher.	260
	Luftpost	Man schreibt Feedbacks auf ein Blatt Papier und schickt sie als Papierflieger zum Empfänger.	53
	Rückenpost	Die Teilnehmer schreiben sich Feedbacks auf einen Flipchartbogen, der am Rücken befestigt ist, beim Herumspazieren mit Musik.	73
	Sag's durch die Puppe	Als Trainer nutzen Sie eine Puppe als zweites Ich. Erstaunlich, wie Ihnen das Double auch Feedback leichter macht.	198
	Seminarberater	Die Teilnehmer werden zu professionellen Consultants für ihr eigenes Seminar.	180
	Telefonbefragung	Ein Teilnehmer holt sich per »virtuellem« Telefonanruf Feedbacks ein.	182
Transfer	Das Unterstützer-Netz	Für jeden wird sichtbar, dass sich wechselseitige Hilfe auch nach dem Seminar noch lohnt.	154

Ziel bzw. Trainingssituation	Methode	Kurzbeschreibung	Seite
Transfer (Fortsetzung)	Die Seilbrücke	Zwei Nylonschnüre werden parallel von Pinnwand zu Pinnwand gespannt. Beschriebene Blätter bilden die »Sprossen« dieser Brücke vom Seminar zur Umsetzung in die Praxis.	162
	Es grünt!	Für jeden guten Vorsatz vergräbt man in seinem Blumentopf ein Samenkorn. Eine liebenswerte Methode für den Transfer in die Praxis.	139
	Knoten mit Inhalt	An einem Seilstück befestigt man Karten mit Erkenntnissen oder Vorsätzen, die man nach dem Seminar auf keinen Fall vergessen will.	152
	Schon daheim	Die Teilnehmer stellen sich in einer geleiteten Fantasie vor, sie seien nach dem Seminar wieder zu Hause. Was sollte ich vorher noch tun?	289
	Wäscheleine	Immer wenn ein Teilnehmer etwas für ihn Nützliches und Wertvolles im Seminar erfährt, schreibt er es auf eine Moderationskarte und heftet sie an ein Wäscheseil.	151
	Zukunftsspaziergang	Die Teilnehmer suchen in Gedanken oder tatsächlich (wenn das Seminar in der Firma stattfindet) nacheinander alle Räume ihres Arbeitsplatzes auf und stellen sich vor, was sich durch das Seminar ändert.	258
Aktivieren, Amüsieren	Ballberührung	Jeder in einem Kreis soll einen Ball mit beiden Händen berühren. Das soll so schnell wie möglich gehen. Die Lösung macht Eindruck.	227
	Brainjogging	Eine Sammlung der besten Knobelgeschichten.	311
	Der Bücherwurm	Eine einfache Denkaufgabe wird zum Stolperstein. Erst eine Skizze macht alles klar.	315
	Der Münzentrick	Wer schafft es, sechs Münzen in zwei Reihen mit je vier Münzen zu legen?	120
	Die verflixten Dreiecke	Aus je sechs Streichhölzern sollen vier Dreiecke entstehen.	131

Ziel bzw. Trainingssituation	Methode	Kurzbeschreibung	Seite
Aktivieren, Amüsieren (Fortsetzung)	Ferngesteuert	Nur durch Zurufe werden »Blinde« gesteuert. Welche Gruppe gewinnt?	252
	Gedanken lesen	Der Hellseher weiß alles! So verblüfft haben Sie Ihre Teilnehmer noch nie erlebt.	276
	Kippstuhl	Wie gut kann eine Gruppe Bewegungen koordinieren?	186
	Kurz zu lang	Was zum Teufel bedeutet »kurz« und »lang« in einem Bewegungsspiel?	221
	Lebender Katalog	Pantomimen zu Gegenständen aus einem Versandhauskatalog. Zum Totlachen!	225
	Mini-Mysteries	Verrückte Knobelgeschichten sind durch kluge Fragen zu knacken.	309
	Roboter und Chefs	Die Mehrzahl der Teilnehmer spielt Roboter, die nur geradeaus gehen können. Ein paar entnervte Führungskräfte haben alle Hände voll zu tun, damit die Roboter nicht stehen bleiben. Ein herrlicher Klamauk.	287
	Schachtelwunder	Welches Team bringt die meisten Objekte in einer Zigarettenschachtel unter?	121
	Schneeballschlacht	Man versucht, mit Papierknäueln einen Luftballon hinter die gegnerische Linie zu treiben. Laut, schweißtreibend, lustig.	71
	Sommergewitter	Man entwickelt gemeinsam eine beeindruckende Geräuschkulisse zu einem Gewitter mit Platzregen.	219
	Taschentheater	Teilnehmer denken sich zu drei zufällig gezogenen Gegenständen eine originelle Geschichte aus.	128
	Tomaten auf den Augen	Die Teilnehmer sollen in einem Text alle »F« finden. Zwei übersieht man (fast) immer.	77
	Was fehlt?	Ein Knobelspiel mit Tiefgang.	88

Ziel bzw. Trainingssituation	Methode	Kurzbeschreibung	Seite
Aktivieren, Amüsieren (Fortsetzung)	Wer bin ich?	Teilnehmern wird eine Pinnwandkarte mit dem Namen einer prominenten Person auf die Stirn geklebt. Sie sollen durch Fragen erraten, wen sie darstellen.	80
	Zum Verzweifeln	Verschiedene Aufgaben, die alle kinderleicht aussehen, aber sich als echte Herausforderung entpuppen.	108

Papier

Das steht bereit:

- Schreibpapier in verschiedenen Formaten und Farben
- Moderationskarten rechteckig (weiß und farbig)
- Moderationskarten oval und rund (weiß und farbig)
- Packpapierbogen
- Flipchartbogen
- Krepppapier farbig
- Pappe
- Post-its
- Pinnwandkarten
- Postkarten
- auf Karton geklebte und laminierte Bilder
- Toilettenpapier
- Papiertaschentücher
- Zeichenblöcke

Das kann man damit anstellen:

- schreiben
- zeichnen und malen
- falten
- anpinnen
- aufhängen
- anheften
- versenden
- in einen Behälter stecken
- etwas bauen
- etwas einwickeln
- verpacken, verbergen
- zerreißen
- zerknüllen
- verbrennen
- Papierflieger, Schiffe oder Figuren falten

Probieren Sie es aus!

Moderationskarten: farbig und robust

Seit es die Moderationsmethoden mit Pinnwänden, Karten und Nadeln zum Anheften gibt, ist der Papierverbrauch in Seminaren dramatisch angewachsen. Die Trainer trinken in den Pausen den Kaffee besonders schnell. Sie müssen ja noch die vielen Karten abräumen, damit die Pinnwände für die nächste Moderation leer sind.

Den Karten ist es auch zu verdanken, dass es in den Trainings heute leiser zugeht. Es wird geschrieben statt geredet. Wenn alle fertig sind, stehen sie ebenso still auf, gehen zur Pinnwand und pinnen ihre Karten an. Weil alle gleichzeitig schreiben können, kommt in der gleichen Zeit mehr zusammen. Und alles ist nach dem Anpinnen für alle sichtbar, jede Karte ist unabhängig von der Person gleich viel wert, sie kann leicht an einen anderen Platz auf der Pinnwand gehängt werden und vieles mehr. Eine geniale Erfindung, diese Moderationsmethode!

Bei der nächsten Sintflut wird Gott nicht Wasser, sondern Papier verwenden.
Romain Gary

Im Active Training kann man die Karten zweckentfremden. Besser gesagt: kreativ verwenden.

Beispiele für den Einsatz bei Active Training

Einige Beispiele, die wir in diesem Kapitel noch ausführlicher behandeln werden, sollen Ihnen einen ersten Eindruck davon verschaffen, was Sie mit Moderationskarten alles machen können.

- Die Mitglieder eines Arbeitsteams oder einer Diskussionsrunde stecken sich verschiedenfarbige Karten an, die signalisieren, welche Aufgabe oder Position sie haben (Methode »Häuptlingsfedern«, s. S. 58).
- Zu Beginn eines Seminars bastelt sich jeder Teilnehmer aus Pinnwandkarten einen originellen Briefkasten, in den die anderen im Laufe des Trainings nach Lust und Laune Botschaften – ebenfalls auf Pinnwandkarten – einstecken (Methode »Hausbriefkasten«, s. S. 56).
- Wenn die Kennenlernrunde vorbei ist, zieht jeder Teilnehmer eine Karte, auf der so seltsame Dinge stehen können wie »Wunderlampe«, »Abendglocke« oder »Ausguck« (Methode »Jobkarten«, s. S. 54).

- Einige Teilnehmer bekommen eine Pinnwandkarte angesteckt oder umgehängt, auf der der Name einer bekannten Figur (lebend oder schon vergangen) steht. Das Problem: die Kartenträger wissen nicht, wie die Figur heißt, deren Namen sie tragen (Methode »Wer bin ich?«, s. S. 80).
- Zum Kennenlernen bewegen sich die Teilnehmer im Raum und zeigen ein ungewöhnliches Verhalten. Immer wenn sich zwei begegnen, hebt man wechselseitig Moderationskarten hoch, die an der Kleidung befestigt sind (Methode »Kartenständer«, s. S. 61).
- Sie können die bunten rechteckigen Karten aber auch im Stapel zum Abfragen von Gelerntem einsetzen (siehe »Abfragen mit Aktion«) oder als Material zum Kennenlernen, das spannender und ergiebiger ist als die üblichen Vorstellungsrunden (s. »Überraschungsfragen«, S. 69).

Diese unterschiedlichen Arten, Papier in Seminaren zu verwenden, regen Sie vielleicht zu weiteren Methodenideen an. Was könnte man sonst noch mit Kartenstapeln machen, mit angehefteten Karten, mit »gezogenen« Karten?

Ideen für weitere Einsatzmöglichkeiten

Hier noch eine Hand voll weiterer Ideen:

- *Karten kann man hochhalten und damit etwas signalisieren.* Karten, die die Teilnehmer einmal vorbereiten, griffbereit zu ihren Unterlagen oder unter dem Stuhl im Sitzkreis legen und dann nach Bedarf in die Höhe halten, können beispielsweise lauten: »Pause!«, »Bin dafür«, »Habe ich nicht verstanden!« Auf den Karten können Sie auch ein treffendes Symbol abbilden lassen. Diese Variation wirkt meist besser als Geschriebenes. Zum Beispiel können sie ein Fragezeichen statt »Habe ich nicht verstanden« verwenden. Es macht Teilnehmern Spaß, solche Karten zu erstellen und sie bei Gelegenheit zu zeigen. Manche kommen auf ganz originelle Kartenideen. Der Vorteil der Kartensignale: Man muss nicht reden, unterbricht also niemanden und zieht trotzdem durch das Hochhalten sofort die Aufmerksamkeit auf sich. Über solche Karten können Sie auch blitzschnell eine Stimmungsabfrage machen oder eine Abstimmung herbeiführen.
- *Karten kann man mitnehmen.* Ich lasse nach einem Rollenspiel das Feedback durch die Teilnehmer stets auf Karten schreiben. Danach heften die Beobachter ihre Karten ungeordnet an eine Pinnwand. Man kann ebenso vereinbaren, dass alles Kritische auf rote, alles Positive auf grüne oder gelbe Karten kommt. Nach dem Anheften der Karten schaut der Feedbacknehmer auf die volle Pinnwand und verschafft sich einen Überblick. Zu einzelnen Karten kann er Verständnisfragen stellen. Ich frage dann den Rollenspieler: »Fällt Ihnen etwas auf?«, »Ist etwas Neues für Sie dabei?«, »Passt etwas nicht zusammen?« Mein Feedback gebe ich danach mündlich. Die Überraschung: Wenn die Auswertungsrunde vorbei ist, bekommt der Feed-

backnehmer alle Karten mit einer Schleife verpackt. So kann er sie im stillen Kämmerlein in Ruhe noch einmal ansehen. Wenn eine Karte für ihn besonders wichtig ist, kann er sie an seinen Badezimmerspiegel stecken oder auf den Schreibtisch legen.

- *Karten kann man als Poster an die Wand hängen.* Pinnwandkarten haben den Vorteil, dass man sie nach Belieben neu sortieren und umhängen kann. Wenn eine Pinnwand aber wieder gebraucht wird, klebt man die Karten einfach auf einen oder mehrere Flipchartbogen und hängt sie an die Wände. Wenn nötig, kann man sie nach dem Seminar zusammenrollen und transportieren.
- *Karten kann man zerschneiden.* Aus einer Pinnwandkarte kann ich einen Stern schneiden, ein Dreieck, einen Pfeil, ein Fragezeichen, ein Profil, einen Hund und vieles andere mehr. Wenn es größere Objekte sein sollen, nehmen Sie natürlich besser einen Flipchartbogen. Ein Beispiel: Zum Kennenlernen nach dem Modell »Stehempfang« schneidet sich jeder ein Symbol aus und heftet es sich an. Darüber kann man dann leichter ins Gespräch kommen. Ausgeschnittene Pinnwandkarten kann man auch wirkungsvoll auf den Projektor legen, dort Szenen arrangieren, die Elemente hin- und herschieben. Sieht gut aus! Warum nicht mal eine Vorstellungsrunde, bei der nach und nach jeder zum Projektor geht und mithilfe ausgeschnittener Symbole etwas über sich und sein Leben erzählt? Auch zum Feedback sind solche Moderationskarten-Figuren, deren Schattenriss projiziert wird, eine interessante Alternative.

Papier im Trainingseinsatz

Papier in Ritualen

Wenn Teilnehmer am Ende eines Seminars ihre schlechten Gewohnheiten auf ein Blatt Papier schreiben und dieses dann feierlich verbrennen, sehen sie zu, wie ihr Papier zuerst aufflammt, sich schließlich krümmt und zu Asche wird. So ergeht es hoffentlich auch den aufgezeichneten schlechten Gewohnheiten, die sich noch einmal wehren, aber dann verschwinden. Ebenso eindrucksvoll ist es, solche belasteten Papiere zu zerknüllen, auf ihnen herumzustampfen, sie in kleinste Schnipsel zu zerreißen. Man kann sie auch in der Erde begraben, begleitet durch ein paar Sätze des Abschieds. Ebenso besinnlich geht es zu, wenn man aus den Blättern mit den schlechten Gewohnheiten Papierschiffchen baut und sie in einem nahe gelegenen Fluss aussetzt. Dann kann man zusehen, wie sie wegtreiben oder untergehen.

Ein anderes Ritual ist es, Papiere mit einem Bekenntnis – zum Beispiel, dass man einen bestimmten Vorsatz nach dem Training umsetzen wird – an einen »Gelöbnisbaum« vor dem Seminarhotel oder zur Not an eine entsprechend dekorierte Pinnwand zu heften. Natürlich sagt dazu jeder öffentlich, was auf dem Blatt steht. Das ankert den Vorsatz im Gedächtnis. Und jeder ist durch die öffentliche Verkündung eine Verpflichtung eingegangen.

Wenn Papier fliegt

Als Kind haben Sie sicher Papierflieger gestartet oder Drachen fliegen lassen. In diesem Kapitel finden Sie zwei Methoden, bei denen die Teilnehmer Papier zum Fliegen bringen. Bei der Methode »Luftpost« (s. S. 53) schreiben die Teilnehmer ihr Feedback zum

Tag auf Papier und lassen es dann als Papierflieger zum Trainer segeln. Beim Bewegungsspiel »Schneeballschlacht« (s. S. 71) wird mit zerknülltem Papier auf einen Luftballon geworfen.

Dass man Papier – in welcher Form auch immer – durch die Luft werfen kann, wird Sie vielleicht zu weiteren Ideen inspirieren.

Papier für Requisiten

Papier eignet sich sehr gut zur Dekoration: farbiges Krepppapier für den Raum, Poster für bestimmte Orte im Raum, Papierkennzeichen für Personen.

Papier ist auch unentbehrlich für die Erstellung von Requisiten bei Inszenierungen und Rollenspielen:

- Hüte (Methode »Häuptlingsfedern«, s. S. 58) lassen sich in verschiedenen Farben einsetzen,
- selbst erstellte Briefkästen (Methode »Hausbriefkasten«, s. S. 56),
- der Flipchartbogen auf dem Rücken für das Feedback der Teilnehmer untereinander (Methode »Rückenpost«, s. S. 73),
- Masken, die einen bestimmten Typus verkörpern, im Rollenspiel, beim Nachstellen von Situationen, beim szenisch gespielten Feedback,
- ein Kopfverband aus Toilettenpapier beim Spielen eines Versicherungsfalles im Verkäufertraining.

In manchen Seminaren habe ich *Barfußvideos* drehen lassen. Wie Ulrich Lipp und Hermann Will in »Das große Workshop-Buch« beschreiben, sind das kleine, ohne großen Aufwand in ein bis zwei Stunden von den Teilnehmern selbst erstellte Videos. Es können Szenen aus ihrem Berufsalltag sein, für die dann anschließend Lösungen gefunden werden.

Oder sie drehen ein kleines Lehrvideo, in dem sie Fehler und richtiges Verhalten kontrastieren. Es war immer eine Freude zu sehen, wie fantasievoll die Teilnehmer dabei mit Papier als Material für Requisiten umgegangen sind: vom Poster im Hintergrund, auf dem Informationen zur Szene zu lesen waren, über Accessoires wie den genannten Kopfverband, Papierkrawatten, Kopfbedeckungen aus Papier und viele weitere großartige Ideen bis hin zu Papierbogen mit Zwischeninformationen, die ein »Nummerngirl« an der Kamera vorbeizog.

Papier lebt!

Papier kann auch als Symbol eingesetzt werden: die geschwärzte Knüllwolke an der Pinnwand zur Kartenabfrage über Probleme, das Mobile mit beschrifteten und unterschiedlich schweren Pinnwandkarten zur Darstellung der schwierigen Balance zwischen Anforderungen.

Papier wird verwendet als Element von Seminarspielen: beim Brücken- oder Turmbau als Test für die Leistungsfähigkeit eines Teams, als Eisschollen auf dem Fußboden zum Überqueren des Flusses im Team.

Papier als Herbstlaub: Bei dieser Variante des Brainstorming gehen die Teilnehmer langsam hintereinander im Kreis und schreiben ihre Ideen auf Karten. Sie werfen diese dann während des Gehens in die Kreismitte und sagen dabei, was sie geschrieben haben. Die Karten fallen wie Laub im Herbst und bedecken nach und nach den Boden. (Auch diese Idee finden Sie in »Das große Workshop-Buch« von Lipp und Will.)

Achten Sie darauf: Papier beginnt zu leben, sobald man es in die Hand nimmt. Dann hört man es knistern, mal laut, mal leise, aber immer anders. Sogar wenn man es schneidet, gibt es Laut. Papier ist nie langweilig. So lange man es nicht bedruckt und zwischen zwei Buchdeckel einsperrt.

Luftpost

Zeitbedarf: 10 Minuten.

Material: DIN-A4-Blätter.

Situation: Feedback an den Trainer.

Kurzbeschreibung: Man schreibt Feedback auf ein Blatt Papier und faltet es zu einem Papierflieger.

Beschreibung: Am Ende eines Tages oder eines Kurses schreibt jeder Teilnehmer sein Feedback an den Trainer auf ein Blatt Papier und faltet es zu einem Papierflieger. Wenn alle fertig sind, lassen alle auf Kommando die Flieger zum Trainer segeln.

Der besondere Tipp: Verteilen Sie für die Flieger Papiere in unterschiedlichen Farben. Bei www.papierflieger.net.ms gibt es Bauanleitungen für perfekte Papierflugzeuge.

Chancen und Gefahren: Die Methode ist eine spielerische Variante zu den üblichen schriftlichen Feedbacks mit einer stimmigen Symbolik: Man verschickt eine Botschaft und hofft, dass sie ankommt. Das kurze Basteln am Flieger entspannt die Teilnehmer und gibt der Feedbacksituation eine angenehme Leichtigkeit. Bei einem mehrtägigen Seminar kann man die Luftpost zum abendlichen Ritual machen. Sie werden feststellen, dass die Teilnehmer dann ziemlich kreativ werden: Sie variieren die Flieger, verzieren sie und finden meist viele zusätzlichen Varianten. Das Feedback wird zudem lockerer formuliert.

Varianten: Man kann die Luftpost natürlich auch bei anderen Feedbackeinsätzen verwenden, zum Beispiel nach einem Rollenspiel. Dann sammelt der Feedbackempfänger die Flieger ein, entfaltet sie und liest sie neugierig. Einen Flieger auseinanderzuklappen ist wie einen Brief öffnen. Außerdem können die Feedbackgeber auf ein Blatt Papier mehr schreiben als auf eine Pinnwandkarte.

Jobkarten

Zeitbedarf: 5 Minuten.

Material: Pinnwandkarten mit Jobbeschreibungen.

Situation: Seminarbeginn.

Kurzbeschreibung: Jeder Teilnehmer zieht eine Jobkarte.

Beschreibung: Der Trainer bereitet so viele Jobkarten vor wie es Teilnehmer gibt. Auf jede Karte schreibt er einen Job, den der Betreffende im Seminar erledigen wird. Dann zieht jeder Teilnehmer »seine« Karte. Der Trainer erläutert, was der Job genau bedeutet. Es folgen zur Verdeutlichung einige Beispiele für Jobkarten:

- *Wunderlampe:* Wenn es etwas Gruppendienliches zu tun gibt, reibt man den Teilnehmer wie Aladins Wunderlampe und bittet ihn, das zu erledigen. Dazu zählen natürlich nicht etwa Aufräumen oder Getränke besorgen. Der Geist aus der Lampe kann jedoch die Bowlingbahn für den Abend reservieren.
- *Abendglocke:* Dieser Teilnehmer gestaltet einen Tagesabschluss. Der genaue Tag muss auf der Karte genannt sein. Der Fokus kann auf der Sachebene liegen (Quiz zu Tagesthemen) auf der Gruppenebene (Gruppenfeedback) oder auf der Subjektebene (Stimmungsbarometer, Blitzlicht, Vorsätze entwickeln).
- *Ausguck:* Dieser Teilnehmer hält die Augen offen und meldet sich, wenn er etwas beobachtet hat, das für alle wichtig sein könnte.
- *Feuermelder:* Dies ist die Variante zu »Ausguck«. In diesem Fall geht es aber um das Beobachten, ob es an irgendeiner Stelle brennt, ob zum Beispiel Konflikte oder Störungen auftreten, die man zum Thema machen sollte.
- *Morgenzeitung:* Bei mehrtägigen Veranstaltungen berichtet dieser Teilnehmer jeweils zum Seminarstart am Vormittag mithilfe von Schlagzeilen noch einmal das Wichtigste vom vergangenen Tag.
- *Kick:* Einmal im Seminar führt dieser Teilnehmer mit der Gruppe einen Kick durch, also ein wildes Bewegungsspiel, etwas zum Lachen oder eine Knobelaufgabe zum Nachdenken. Wie bei der »Abendglocke« steht auf der Kickkarte auch der Tag.
- *Reporter:* Der Inhaber dieser Karte kann immer dann, wenn es ihm sinnvoll erscheint, mit einem Mikrofon (dicker Stift, Colaflasche) herumgehen und Kurzinterviews machen. Beispiele: »Wie geht es Ihnen im Moment?«, »War

in der letzten Stunde etwas Neues für Sie dabei?«, »Wie hat Ihrer Ansicht nach der Trainer heute seinen Job gemacht?«, »Wie finden Sie Ihre Mitarbeit bis jetzt?«, »Wir sind auf Sendung. Was möchten Sie der Gruppe unbedingt sagen?«

- *Schutzengel:* Wenn jemand offensichtlich Hilfe und Unterstützung braucht, kümmert sich der Schutzengel darum.
- *Oscar:* Dieser Teilnehmer darf am Ende des Seminars mit dem nötigen Tam-Tam (»The winner is ...«) einen Oscar für eine besondere Leistung in einer Kategorie (zum Beispiel Präsentation, Rollenspiel, Gruppendienlichkeit, Humor), für die beste Charakterdarstellung (Vorbild, Problemlöser) oder Nebenrolle (guter Geist im Hintergrund) verleihen. Er kann aber auch entscheiden, dass es diesmal keinen Oscar gibt.

Es gibt also Karten, die erledigt werden müssen (zum Beispiel Kick, Abendglocke) und andere, die vielleicht nie genutzt werden (zum Beispiel Ausguck, Reporter).

Chancen und Gefahren: Bei mehrtägigen Seminaren sind Jobkarten sehr zu empfehlen, weil sie die Teilnehmer gleich zu Beginn auf Verantwortlichkeiten aufmerksam machen und diese konkreten Personen zuteilen. Aber auch wer zum Beispiel nicht die Jobkarte »Feuermelder« gezogen hat, weiß nun, dass es in diesem Seminar angesagt ist, den Mund aufzumachen, wenn man einen Konflikt oder ein aktuelles Problem wahrnimmt. Allen Teilnehmern wird durch die Jobkarten bewusst, dass das Seminar Sache aller und keine »Trainershow« ist.

Varianten: Man kann sich weitere Jobkarten ausdenken, die zum jeweiligen Seminarthema und zu den Seminarzielen passen. Die Jobs sollten unbedingt positiv formuliert sein: also »Wunderlampe« statt »Sklave«.

Hausbriefkasten

Zeitbedarf: Während des ganzen Seminars einsetzbar.

Material: Papier, Klebestreifen, Klammerer, Schere, Stifte, Wachsmalkreiden, Pinnwandkarten.

Situation: Kommunikation fördern.

Kurzbeschreibung: Die Teilnehmer werfen Postkarten in ihre Briefkästen ein.

Beschreibung: Jeder Teilnehmer bastelt sich einen persönlichen Briefkasten mit seinem Namen. Größe, Art und Farbe sind ganz den Teilnehmern überlassen. Die einzige Vorgabe, die die Teilnehmer beachten müssen, lautet: In den Briefkasten soll man Pinnwandkarten einwerfen können. Diese sollen noch ein bis zwei Zentimeter herausstehen. So sieht der Eigentümer sofort, ob ein Brief eingeworfen wurde. Die Briefkästen werden entweder an einer Wand oder an einer Pinnwand neben- und übereinander angebracht. Es soll aussehen wie die Briefkästen im Flur eines Hauses mit vielen Bewohnern.

Sie können die Gruppe folgendermaßen instruieren: »*Während des Seminars können Sie immer, wenn Sie Lust dazu haben, einem Teilnehmer eine Botschaft zusenden. Benutzen Sie dazu eine Pinnwandkarte und werfen Sie sie in seinen Briefkasten. Was Sie sich mitteilen, liegt ganz bei Ihnen. Sie entscheiden auch, ob Sie Ihren Namen angeben oder nicht. Ihre Botschaft kann, aber muss nicht etwas mit unserem Training zu tun haben. Alle verlassen sich darauf, dass niemand Briefe liest, die an andere gerichtet sind. Ganz intime Botschaften können Sie ja falten und verkleben.*«

Der besondere Tipp: Machen Sie als Trainer mit. Basteln Sie sich ebenfalls einen Briefkasten und schreiben Sie ebenso Briefe.

Chancen und Gefahren: Schon das Basteln ist spannend. Es gibt Teilnehmer, die witzige Formen basteln, einen starken Spruch auf ihren Briefkasten schreiben oder ihn liebevoll dekorieren.

Die Methode ist deshalb so einladend, weil Sie mit der Briefkastenwand eine zweite informelle und vertrauliche Kommunikationsebene neben der öffentlichen etablieren. Was sich da abspielt, ist auch für Sie als Trainer ein Geheimnis.

> Blicke nicht in fremde Papiere.
>
> *Freiherr von Knigge*

Diese »Hinterbühne« wird von vielen Gruppen gerne genutzt, vor allem in der ersten Gruppenphase, um das Eis zu brechen. Sie ist aber auch hilfreich in schwierigen Situationen, wenn es Konflikte zwischen Teilnehmern gibt oder mancher Teilnehmer etwas vom Trainer erwartet, was er ihm weder in der Gruppe noch unter vier Augen sagen will. Wie man an den Reaktionen sehen kann, gibt es natürlich auch viel zu lachen.

Diese Methode setze ich fast in jedem Training ein, das mehr als zwei Tage dauert. Die einzige »Gefahr« besteht darin, dass die Briefkästen tot bleiben, die Gruppe das Angebot also nicht nutzt. Aber dann ist auch nichts Schlimmes passiert. Wenn sich nach ein paar Stunden noch nichts getan hat, können Sie in einer Pause jedem eine Karte einwerfen, auf der zum Beispiel steht: »Haben Sie sich gefreut, dass Sie Post bekommen haben? Machen Sie mit und verschicken Sie viele Briefe! Ihr Trainer.«

> Ich bin immer der Meinung gewesen, dass die ideale Liebesbeziehung eine solche per Post ist.
>
> *G.B. Shaw*

Ein solcher »Anstoßbrief« ist aber das Äußerste an Einmischung. Die Briefkastenebene ist nicht Ihre Domäne. Sie dürfen sie nicht mit dem Seminar vermischen, indem Sie etwa im Seminar Pausen für das Briefschreiben einbauen oder die Teilnehmer immer wieder anmahnen, doch Briefe zu schreiben oder eine Blitzlichtrunde zum Thema »Briefe« durchführen.

Häuptlingsfedern

Zeitbedarf: Je nach Einsatzfeld fällt der Zeitbedarf unterschiedlich aus.

Material: Farbige Pinnwandkarten, mehrere Rollen Geschenkband aus Stoff, Schere.

Situation: Teamwork, Diskussion, Problemlösung, Lernkontrolle.

Kurzbeschreibung: In einem Team verkörpert jeder eine bestimmte Sichtweise. Sie wird durch die Farbe einer Pinnwandkarte ausgedrückt, die am Kopf befestigt ist. Man kann die Perspektive auch auf die Karte schreiben.

Beschreibung: Vor einer Diskussion, einer Problemlösung oder einer Gruppenarbeit einigt man sich auf Perspektiven, die man dabei beachten sollte.

Beispiel: In einem Training zum Thema »Organisationsentwicklung« sollen Gruppen über mehrere Stunden einen Fall bearbeiten, bei dem die Kultur eines Unternehmen verbessert werden soll. Die Gruppe einigt sich auf folgende Perspektiven, die sie beachten will und die später dazu dienen, Vorschläge zu bewerten:

- Tradition (der Vorschlag muss eine Weiterentwicklung sein, kein Bruch),
- Akzeptanz (bei den Betroffenen),
- Kosten,
- Effektivität (die Änderung soll messbare Vorteile bringen),
- Zeit (das Modell soll in einem Zeitraum von maximal einem Jahr umsetzbar sein).

Für jede Perspektive wird eine Farbe festgelegt und der Code für alle sichtbar auf einen Flipchartbogen geschrieben. Dann wählen Teammitglieder eine Perspektive aus, die sie in der Diskussion vertreten und befestigen eine Pinnwandkarte in dieser Farbe mit einem verknoteten Stoffband am Hinterkopf oder an der Stirn. Die Karten erinnern an den Federschmuck eines Indianerhäuptlings.

Der Karteninhaber bleibt in seinen Beiträgen konsequent in der gewählten Perspektive. Er verkörpert sie.

Chancen und Gefahren: Diese Methode ist eine Variante der »Denkhüte«, die Edward de Bono als Kreativmethode verbreitet hat. Statt Karten setzen sich bei de Bono die Vertreter der Perspektiven farbige Papierhüte auf.

- Weiß = Fakten, Ist-Situation,
- Rot = Emotionen, Intuition,
- Schwarz = objektiv negativ (sieht Schwächen),
- Gelb = objektiv positiv (Vorteile),
- Grün = Kreativität,
- Blau = Moderation, Kontrolle (der anderen Hüte).

Die Methode hat mehrere Vorteile: Man macht sich die wichtigen Gesichtspunkte vorher klar (Vorbereitungszeit geben!). Diese bleiben während der Diskussion durch die Federn immer präsent. Da jeder nur auf eine Perspektive achten soll, sind die entsprechenden Beiträge fundierter und konsequenter. Kein Gesichtspunkt wird vergessen. Insgesamt steigert sich die Qualität von Gruppenarbeiten, Diskussionen und Entscheidungen.

Die Gefahr ist, dass die Perspektiventräger, wenn das Team sich schließlich auf ein Ergebnis einigen soll, stur in ihrer Rolle bleiben. Deshalb sollte man, wenn die Entscheidungsphase beginnt, die Federn entfernen und die Rollen aufheben. Am besten legt man eine kurze Pause ein, in der man den Raum zum Beispiel für eine Kaffeepause verlässt, um den Ausstieg zu erleichtern.

Varianten: Die Teilnehmer können im Laufe der Arbeit die »*Federn*« wechseln. (De Bono sieht das zwingend vor.) Meistens wollen sie aber ihre Rolle behalten.

Die Federnmethode können Sie ebenso zur *Lernkontrolle* verwenden. Beispielsweise indem Sie folgende Farbmuster vorgeben:

- Weiße Karte = Fragen zu Fakten,
- gelbe Karte = Fragen zur Anwendung des Gelernten in der Praxis,
- grüne Karte = Zusammenhänge erklären,
- schwarze Karte = kritische Stellen finden, mögliche Nachteile und Gefahren nennen.

Methoden und Übungen

Die Teilnehmer ordnen sich nach einem Lernabschnitt den Bereichen zu und setzen sich die entsprechenden farbigen Federn auf. In Kleingruppen entwickeln sie Fragen aus ihrer Perspektive zum Lernstoff. Danach setzt sich die Gruppe in den Stuhlkreis. Reihum stellt jeder eine Frage, die zu seiner Federfarbe passt, an jemanden, der eine andere Farbe trägt. Man kann das auch mit Ballwerfen machen.

Für eine *Kennenlernrunde* verteilen Sie wieder mit farbigen Federn zum Beispiel folgende Rollen: Psychologe, Personalchef, Animateur, Gastgeber. Teilnehmer, die die Psychologenfeder bekommen, stellen nur Fragen, mit denen sie etwas über die Persönlichkeit des anderen erfahren. Der Personalchef fragt nach dem beruflichen Bereich, der Animateur nach Hobbys, Fun und Freizeit, der Gastgeber nach Essen, Trinken, Gesprächsthemen.

Sie können sich auch andere Rollen ausdenken. Insgesamt sollten es aber nicht mehr als vier bis fünf sein. Hier gibt es also mehrere Teilnehmer, die die gleiche Federfarbe tragen. Wenn jeder seine Feder befestigt hat, werfen Sie einem Teilnehmer einen kleinen Ball zu und stellen ihm die erste Frage. Danach wirft dieser den Ball an einen Kollegen weiter und stellt eine Frage, die zur Farbe seiner Feder passt. So geht es weiter. Beenden Sie die Runde, wenn Sie das Gefühl haben, dass jeder mindestens eine Frage beantwortet hat und die Aufmerksamkeit nachlässt.

Kartenständer

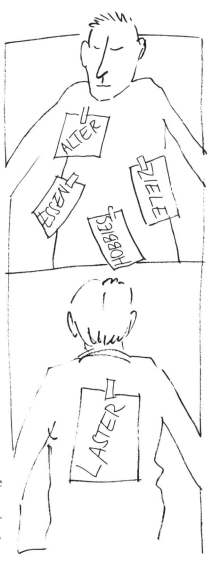

Zeitbedarf: 10–15 Minuten.

Material: Pinnwandkarten, Klebestreifen, Klammerer, Schere, Stifte, Wachsmalkreiden.

Situation: Kennenlernen.

Kurzbeschreibung: Zu verschiedenen Punkten der eigenen Person befestigt man Moderationskarten an der Kleidung.

Beschreibung: Im Plenum einigt man sich auf Bereiche der Person, über die man sich gegenseitig informieren möchte. Sie als Trainer notieren diese Punkte am Flipchart auf Zuruf und ergänzen die Liste.

Die Ergebnisse können je nach Gruppe ganz unterschiedlich ausfallen: Alter, Geburtsort, Jahre der Zugehörigkeit zum Unternehmen, Hobbys, wichtigstes Ziel im Leben, was man am wenigsten leiden kann, Tierkreiszeichen, mit welchem Prominenten man gerne einen Abend verbringen möchte, Familienstand, was man auf eine Robinson-Insel mitnehmen würde und vieles mehr. Es sollten mindestens 10–15 Themenbereiche sein. Dann sucht sich jeder nach Belieben einige Themenbereiche aus und nimmt sich für jeden eine Moderationskarte. Auf die Vorderseite wird das Thema geschrieben (zum Beispiel Hobby), auf die Rückseite die Antwort.

Achtung: Bei der Rückseite muss so geschrieben werden, dass der Text lesbar ist, wenn die Karte nach oben geklappt wird.

Methoden und Übungen

Die Karten befestigt jeder an seiner Kleidung (Klebestreifen, Sicherheitsnadel), so dass die Vorderseite sichtbar ist. Wenn alle fertig sind, bewegen sie sich im Raum, am besten zu ruhiger Musik. Nun kann man bei anderen die Karten hochklappen, um die Antworten zu lesen. So erfährt man nach und nach etwas über die Teilnehmer. Spontan ergeben sich auch immer wieder kurze Gespräche, bevor man weitergeht.

Der besondere Tipp: Machen Sie als Trainer mit.

Chancen und Gefahren: Was an dieser Methode besonders ist, wird klar, wenn man sich vorstellt, man würde zu den gleichen Punkten jeden der Reihe nach im Stuhlkreis antworten lassen. Es würde viel Zeit kosten. Nach dem zehnten Teilnehmer würde man gar nicht mehr richtig zuhören. Ganz anders die Methode »Kartenständer«:

- Es lassen sich gleichzeitig viele Karten aufklappen. Man spart Zeit gegenüber der Gesprächsrunde, wo immer nur einer reden kann.
- Die Teilnehmer sind in Bewegung. Sie sitzen nicht wie festgenagelt auf ihren Stühlen, sondern flanieren herum wie auf einer lockeren Stehparty. Jeder entscheidet, auf wen er zugeht, weil er gerade ihn oder sie interessant findet.
- Man klappt immer nur die Karten auf, die einen besonders interessieren. Wenn man vor jemandem steht, hat man die Wahl, welche Karte man aufklappen will. Das Kennenlernen erfolgt also »on demand«. Erwünschter Nebeneffekt: Was einen interessiert, behält man auch besser.
- Das Aufklappen hat fast etwas Intimes. Man muss nahe an den anderen herangehen, ihn an der Kleidung anfassen, um die Karte hochklappen zu können. Das geschieht in einer Zweiersituation. Hier heißt es tatsächlich »sich näher kommen«.
- Nebenbei: Es sieht witzig aus, wenn jeder mit Karten behängt ist. Das Aufklappen ist auch ganz schön albern, zum Beispiel wenn man sich bücken muss, weil eine Karte am Hosenbein befestigt wurde.
- Nachteil, wenn überhaupt ein Nachteil: Im Stuhlkreis erfahren alle das Gleiche. Bei der Methode »Kartenständer« dagegen ist das Kennenlernen individuell. Jeder nimmt etwas anderes aus dieser Runde mit.
- Mögliche Gefahr: manche Teilnehmer legen viel Wert auf ihre Kleidung und möchten keine Sicherheitsnadeln anbringen. In diesem Falle bieten Sie als Variante Schnüre an, mit denen sich die Teilnehmer die Karten um den Hals, um Arm oder Bein hängen können.

Varianten: Wenn Sie wollen, können Sie diese Methode auch zum Feedback zwischendurch immer wieder einsetzen. Hier wären unterschiedliche Themenbereiche angebracht, zu denen jeder eine Karte schreiben und an sich befestigen kann. Beispielsweise können Sie die folgenden Kartenaufschriften wählen:

Methoden und Übungen

- Mit wem aus der Gruppe ich besonders gerne zusammenarbeite.
- Was ich in diesem Seminar vermisse.
- Die wichtigste Erkenntnis des heutigen Tages.
- Note für den Trainer.
- Note für meine Mitarbeit.
- Idee zur Verbesserung des Trainings.
- Wunsch an die Gruppe.

Diese Themen – wieder sollten es mindestens zehn sein – werden dann auf ein Flipchart angeschrieben, zusammen mit einem Kurzbegriff, der auf eine Moderationskarte (Vorderseite) passt.

Beispiel: »Liebling« für »Jemand, mit dem ich besonders gerne zusammenarbeite« oder »Vermisse« für »Was ich in diesem Seminar vermisse«.

Auf die Rückseite schreibt jeder Teilnehmer seine Antwort. Man spaziert wieder herum und klappt die Karten auf, zu denen einen die Antworten brennend interessieren. Auch hier ist es gut, wenn Sie als Trainer mitmachen.

Methoden und Übungen

Das Haar in der Suppe

Zeitbedarf: 3 Minuten.

Material: Flipchart.

Situation: Es wird immer nur kritisiert.

Kurzbeschreibung: Die Teilnehmer sehen mehrere einfache Gleichungen. Eine ist falsch.

Beschreibung: Sie schreiben auf einen Flipchartbogen vier einfache Gleichungen zu den Grundrechenarten. Die letzte ist aber falsch. Dies kann folgendermaßen ausschauen:

$$22 \times 8 = 176$$
$$945 - 613 = 332$$
$$156 : 12 = 13$$
$$458 + 266 = 734$$

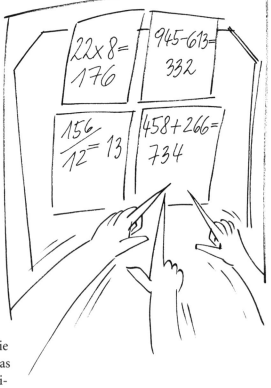

Sie fragen nun die Teilnehmer: »Fällt Ihnen da etwas auf?« Diese beginnen zu rechnen. Nach kurzer Zeit sagt der erste: »Eine ist falsch.« Die anderen nicken. Darauf sagen Sie: »Mir fällt auf, dass drei richtig sind.«

Regen Sie nach diesem Aha-Effekt ein Nachdenken an zum Thema »Immer nur das Negative sehen«, »Zuerst kritisieren«, »Das Haar in der Suppe suchen«. Fragen Sie die Teilnehmer: »Erinnert Sie das an das Geschehen hier im Seminar oder im Beruf?«, »Wie wirkt das auf Sie?«, »Neigen Sie auch zur Überbetonung des Negativen?«, »Was ist zu tun?«

Methoden und Übungen

Chancen und Gefahren: Jeder kennt die Geschichte vom Glas, das der eine als halbvoll, der andere als halbleer sieht. Dagegen ist diese Version mit den Gleichungen neu und deshalb sehr gut geeignet, den Aha-Effekt auszulösen.

Leiten Sie diese Übung gar nicht groß ein. Sagen Sie einfach: »Ich zeige Ihnen mal was.« Die Teilnehmer sollen nicht ahnen, worauf Sie hinaus wollen.

Wenn Sie die Übung direkt nach einer Szene im Seminar starten, in der wieder einmal nur kritisiert wurde, besteht die Gefahr, dass der eine oder andere Teilnehmer sich vorgeführt fühlt und auf die Hinterbeine stellt. Wenn Sie Glück haben, ist es sogar ein besonders geübter Kritikaster, der als erster den Fehler in den Gleichungen entdeckt. Natürlich können Sie es trotzdem riskieren. Es wäre ja der ideale Moment dafür. Sie sollten sich nur bewusst sein, worum es bei dieser kleinen Übung geht: um Kritik von (zu viel) Kritik. Das heißt, auch Sie kritisieren in diesem Moment und Sie sollten daher nicht vergessen, das Positive an Kritik zu loben.

Varianten: Das Thema »Immer nur negativ!« können Sie auch mit der folgenden Übung ansprechen. Sie verteilen Pinnwandkarten, auf denen jeweils eine negative Eigenschaft steht: faul, aggressiv, pedantisch, egoistisch, ungeduldig, leichtsinnig. Die Teilnehmer deuten in Zweier- oder Dreiergruppen diese Eigenschaften positiv um. Sie suchen nach positiven Seiten und positiven Auswirkungen dieser Eigenschaften oder Verhaltensweisen.

Beispiele: »Wer aggressiv ist, wird nicht untergebuttert.«, »Wer egoistisch ist, lässt sich nicht ausnutzen.«, »Wer pedantisch ist, schaut genau hin, übersieht nichts, ist gründlich.«, »Wer faul ist, genießt sein Leben, macht sich nicht kaputt.«

Die Teilnehmer machen sich auf diese Weise bewusst, dass man die Dinge differenzierter sehen muss, um ihnen gerecht zu werden.

Ideengeber: Dürrschmidt, P. u.a. »Methodensammlung für Trainer« (2005). Dort als Methode »Leistungswahrnehmung«.

Aasgeier und Trüffelschwein

Zeitbedarf: 5 Minuten.

Material: Zwei Pappkreise, einer mit einem Schweinskopf, der andere mit einem Geierkopf, jeweils an einer dicken Kordel befestigt, um die Pappbilder um den Hals hängen zu können.

Situation: Immer wenn es etwas zu bewerten gilt (Gruppenarbeiten, Rollenspiele, Seminartag).

Kurzbeschreibung: Der Aasgeier ist darauf spezialisiert herauszufinden, was »faul« an einer Sache ist. Das Trüffelschwein findet nur Gutes.

Beschreibung: Wenn es um Bewertungen geht, neigen Teilnehmer dazu, sich und andere mit Samthandschuhen anzufassen. Das gilt besonders in Anfangssituationen oder wenn eine Gruppe nur wenige Tage miteinander arbeiten konnte und noch nicht die Offenheit erreicht hat, die reife Gruppen kennzeichnet. Man hält sich mit Kritik zurück, weil man fürchtet, sich andere zu Feinden zu machen und das harmonische Miteinander zu stören. Tatsächlich sind manche Teilnehmer auch leicht zu vergrämen oder zu kränken, besonders wenn sie sich in der Gruppe noch nicht sicher fühlen. Sie als Trainer sind in der Zwickmühle. Einerseits wollen Sie keine Lobhudelei bei Leistungen, die nicht optimal sind. Andererseits spüren Sie das Risiko, dass Sie die Missbilligung der Gruppe treffen könnte, wenn Sie selber kein Blatt vor den Mund nehmen. Hier ist die Methode »Aasgeier und Trüffelschwein« ein gutes Mittel, um die Teilnehmer zu mehr Offenheit bei ihren Bewertungen zu bringen. So werden Auswertungen effektiv.

> Wer sich über Kritik ärgert, gibt zu, dass sie verdient war.
>
> Tacitus

Die Methode ist ganz einfach anzuwenden. Vor einer Auswertungsphase im Seminar (beispielsweise beim Rollenspiel, als Tagesabschluss oder als Ergebnisse von Teamarbeiten) zeigen Sie der Gruppe die beiden Plaketten und erklären, was Aasgeier und Trüffelschwein zu tun haben. Stellen Sie heraus, wie nützlich diese beiden Rollen für die Arbeit im Seminar sind.

Die Entscheidung, wer nun Aasgeier und Trüffelschwein spielt, sollten Sie nicht zu einer großen Sache machen. Also nicht: »Frau Kamps, darf ich Ihnen zumuten, den Aasgeier zu spielen?« Bitte auch nicht auslosen nach dem Motto: Wer das Los zieht, muss als erster aus dem Flugzeug springen. Bestimmen Sie einfach zwei Teilnehmer. Nehmen Sie für das erste Mal aber nicht Teilnehmer, die diese Rollen im Seminar ganz offensichtlich schon ausfüllen. Also nicht den Aasgeier für den Nörgler oder das Trüffelschwein für den Lieblingsteilnehmer (auch nicht umgekehrt als »heilende Übung«).

Sagen Sie, dass das nächste Mal andere drankommen. Bringen Sie die Teilnehmer zum Lachen, wenigstens zum Schmunzeln. Das feierliche Umhängen der Plaketten und die lustigen Porträts der beiden Tiere tragen dazu bei. Helfen Sie den beiden in ihre Rolle. Sagen Sie dem Aasgeier: »Ihre Augen sind genauso scharf wie Ihr Schnabel.« Zum Trüffelschwein: »Sie lieben Trüffel! Sie erschnüffeln jeden.«

Wann sollen die beiden an die Reihe kommen? Bevor die anderen Teilnehmer ihre Bewertungen abgegeben haben oder danach? Beide Varianten sind möglich. Die erste gibt den anderen Teilnehmern gleich zu Beginn die Bandbreite vom Positiven bis zum Kritischen vor. Bei der zweiten haben die beiden Akteure Zeit, sich die anderen Bewertungen in Ruhe anzuhören und haben dann das letzte Wort.

Chancen und Gefahren: Der psychologische Trick bei dieser Methode ist, dass die unangenehme Rolle des präzisen Kritikers zugeteilt wird. Das entlastet den betreffenden Teilnehmer. Er muss ja den Aasgeier spielen. Außerdem bringt die Drastik der Rolle, unterstützt durch ein

> Die meisten Menschen wollen lieber durch Lob ruiniert als durch Kritik gerettet werden.
>
> *Mark Twain*

entsprechendes Porträt des ekligen Vogels, einen guten Schuss Humor ins Spiel. Man kann dem armen Aasgeier-Akteur einfach nicht böse sein. Ich habe die Erfahrung gemacht, dass manche Teilnehmer den Aasgeier unter diesen schützenden Bedingungen von Herzen gern spielen. Er ist auch der viel interessantere Part im Duo mit dem Trüffelschwein.

Was ist zu tun, wenn Sie finden, dass der Aasgeier einen schlechten Job macht? Wenn Sie beide Augen zudrücken, wird der nächste Aasgeier vielleicht vorsichtiger sein. Dann hat die Methode ihren Zweck verfehlt. Wenn Sie aber den Aasgeier kritisieren, wird sich keiner mehr über diese Rolle freuen. Aus der Zwickmühle kommen Sie heraus, wenn Sie ganz selbstverständlich die Kritik ergänzen. Wenn Sie sich dazu die Aasgeierplakette umhängen, wird noch augenfälliger, dass Sie jetzt den Job übernommen haben. Es bleibt dann dem Akteur selbst überlassen, ob er von Ihnen lernt. Es könnte ja sein, dass er kritisch sein wollte, aber manche Punkte nicht gesehen hat.

Varianten: Mit etwas Fantasie lassen sich ebenso Plaketten für andere Situationen entwickeln. Vielleicht regt Sie die Liste der Jobs bei der Methode »Jobkarten« (s. S. 54) an.

Ideengeber: Aasgeier und Trüffelschwein habe ich zum ersten Mal kennengelernt in »Das große Workshop-Buch« von Lipp und Will.

Abfragen mit Aktion

Zeitbedarf: 20–30 Minuten.

Material: Pinnwandkarten.

Situation: Wissenskontrolle am Ende einer Lerneinheit.

Kurzbeschreibung: Es gibt drei Kartenstapel: Testkarten, Aktionskarten, Namenskarten. Wer eine Frage nicht richtig beantworten kann, muss eine Aktion ausführen.

Beschreibung: Sie als Leiter sind der Quizmaster. Sie ziehen vom Stapel der Namenskarten die oberste Karte und rufen den entsprechenden Teilnehmer auf. Dann nehmen Sie die oberste Testkarte und lesen die Frage vor. Ist die Antwort richtig, erhält der Teilnehmer diese Karte. Wenn der Teilnehmer sie nicht richtig beantworten kann, lesen Sie die oberste Aktionskarte vor. Der Teilnehmer führt dann zur Freude des Publikums die geforderte Aktion aus. Jetzt wird die noch offene Frage an die Runde gestellt. Wer sie zuerst beantworten kann, bekommt die Karte. Beantwortet er sie ebenfalls falsch, muss er die nächste Aktion ausführen. Anschließend wird die nächste Namenskarte gezogen. Das geht so lange, bis alle Testkarten abgearbeitet sind.

Wenn der Stapel der Aktionskarten vorzeitig durchgearbeitet ist, werden diese Karten neu gemischt. Ebenso werden die Namenskarten neu gemischt, wenn alle Teilnehmer dran waren. Erst wenn die Fragen aller Testkarten beantwortet wurden, wird das Abfragen beendet. – Quizsieger ist, wer am Ende die meisten Testkarten gewonnen hat.

Auf den Aktionskarten kann beispielsweise stehen:

- Den Trainer pantomimisch nachahmen.
- Lieblingswitz erzählen.
- Drei Teilnehmern ein Kompliment machen.
- Jodeln.

Eine gute Idee ist es, die Aktionskarten von den Teilnehmern schreiben zu lassen. Bedingungen: Die Aktion darf weder den Handelnden noch die anderen verletzen, bloßstellen oder beleidigen. Sie soll einfach Spaß machen.

Sinnvoll ist es, etwa doppelt so viele Testkarten zu schreiben wie es Teilnehmer gibt. Dann kommt jeder zweimal an die Reihe.

Chancen und Gefahren: Meistens sind die Teilnehmer testmüde. Sie sind froh, wenn eine Lerneinheit vorbei ist und haben erst einmal überhaupt keine Lust, jetzt noch eine Art Prüfung bestehen zu müssen. Die Aktionskarten sind das Salz in der Suppe. Deshalb ist es wichtig, gute Aktionen zu finden. Was »gut« ist, kann von Gruppe zu Gruppe verschieden sein. Der Dreh, die Gruppe die Aktionen finden zu lassen, erspart Ihnen die Rolle des Animateurs. Auch kann Ihnen kein Teilnehmer böse sein, wenn er eine Aktion unpassend findet.

Ein Vorteil der Wissenskontrolle mit Fragekarten ist, dass man diese beim nächsten Seminar wieder verwenden kann. Wenn die Teilnehmer noch Fragen beisteuern, hat man schnell einen umfangreichen Satz von Fragekarten verschiedener Schwierigkeitsgrade zusammen.

Varianten: Nicht nur die Aktionskarten, sondern auch die Testkarten können – am besten in Dreierteams – von den Teilnehmern erarbeitet oder ergänzt werden. Die Lernenden werden dadurch angeregt, sich mit dem Stoff noch einmal auseinander zu setzen. Um eine gute Frage zu stellen, muss man den Stoff verstanden haben. Der Trainer schaut die Karten vor dem Einsatz durch und scheidet Doppelungen und »falsche« Fragen aus.

Oder man legt die Testkarten – vom Trainer oder der Gruppe vorbereitet – mit der Schrift nach oben auf Boden oder Tisch nebeneinander aus. Daneben liegt der Stapel Aktionskarten verdeckt. Die Runde wird eröffnet. Wer die Frage einer Testkarte beantworten kann, meldet sich und holt sie. Dann trägt er seine Lösung vor. Wenn sie korrekt ist, behält er die Karte. Stimmt die Antwort nicht, zieht er eine Aktionskarte und führt die geforderte Aktion aus. Dann wird wieder gefragt, ob jemand eine Fragekarte beantworten kann und so weiter. Wer am Schluss die meisten Testkarten hat, ist Sieger.

Schneeballschlacht

Zeitbedarf: 10 Minuten.

Material: Flipchartpapier (man kann auch Zeitungen nehmen), ein aufgeblasener Luftballon.

Situation: Kick zwischendurch, Wettkampf.

Kurzbeschreibung: Man versucht, mit Papierknäueln einen Luftballon hinter die gegnerische Linie zu treiben.

Beschreibung: Die Teilnehmer teilen sich in zwei Gruppen auf. Sie schneiden sich handbreite Streifen aus Flipchartbogen und formen daraus feste Knäuel, die Schneebälle, als Munition. Jeder Spieler macht sich zwei Schneebälle. Die Spielfläche entsteht, indem man den Boden durch Klebestreifen oder eine Schnur in ein Spielfeld (3–4 m) und äußere Begrenzungslinien aufteilt (zwischen ihnen und dem Spielfeld ist das Torfeld, in das der Luftballon nicht kommen darf, zirka 1–2 m). Die Teams dürfen diese äußeren Begrenzungslinien nie übertreten. Ins Spielfeld legt der Spielleiter den Ballon und gibt das Startzeichen. Jedes Team versucht, durch geschicktes Werfen der Papierknäuel den Ballon ins Torfeld des gegnerischen Teams zu treiben. Sobald der Ballon die Linie des Spielfeldes zum Torfeld überschreitet, wird das als Tor gewertet.

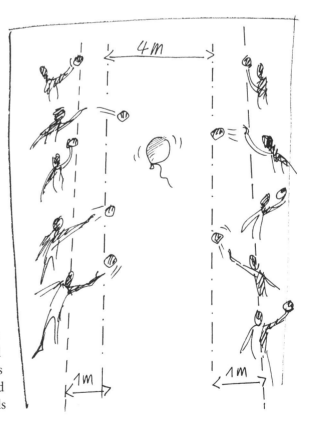

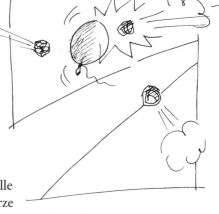

Man kann bis zu einer bestimmten Zeit spielen, zum Beispiel fünf Minuten. Oder man vereinbart, dass das Team gewonnen hat, das zuerst fünf Tore erreicht.

Der Spielleiter – am besten mit Trillerpfeife – achtet darauf, dass die Regeln eingehalten werden. Er setzt den Ballon wieder ins Feld, wenn ein »Tor« geschossen oder der Ballon seitlich aus dem Feld getrieben wird. Wenn mehrere Schneebälle im Feld liegen, signalisiert er eine kurze Auszeit, um die Munition den Teams wieder zuwerfen zu können. Dann geht es weiter.

Schneebälle des anderen Teams, die ins eigene Feld fliegen, können selbstverständlich benutzt werden.

Chancen und Gefahren: Ein Spiel mit rasantem Tempo, bei dem die Teilnehmer schnell ins Schwitzen kommen. Man kann sich herrlich austoben, ohne jemandem weh zu tun.

Rückenpost

Zeitbedarf: 5–10 Minuten (ohne Auswertung).

Material: Flipchartbogen, Tesakrepp oder Sicherheitsnadeln, Stifte.

Situation: Feedback, Kennenlernen und andere (siehe unten).

Kurzbeschreibung: Die Teilnehmer schreiben sich Botschaften auf einen Flipchartbogen, der am Rücken befestigt ist.

Beschreibung: Jeder Teilnehmer befestigt sich mit Klebestreifen einen Flipchartbogen am Rücken. Zu Musik geht man nun locker im Raum umher. Wenn man jemandem etwas mitteilen möchte, hält man ihn an und schreibt die Botschaft auf dessen Flipchartbogen. Dann spaziert man weiter.

Bitten Sie die Teilnehmer vorher, leserlich und nicht zu groß zu schreiben, damit nach wenigen Botschaften der Bogen nicht schon voll ist (bei kariertem Flipchartpapier maximal zwei Kästchen hoch). Der Impuls, den Sie den Teilnehmern für die Übung geben, kann ganz unterschiedlich sein:

- *Kennenlernen:* »Schreiben Sie, was Sie von diesem Teilnehmer gerne erfahren möchten.«
- *Feedback:* »Notieren Sie Beobachtungen, die Sie mitteilen möchten.«
- *Energetisieren:* »Schreiben Sie auf, welche Stärken oder positive Seiten Ihnen an diesem Teilnehmer aufgefallen sind.«
- *Wünsche:* »Vermerken Sie, was Sie sich von diesem Teilnehmer für die restliche Zeit des Seminars wünschen.«
- *Transfer:* »Notieren Sie Tipps, die Sie diesem Teilnehmer für die Praxis mitgeben, wenn Sie sein persönlicher Berater wären.«

Wenn Sie sehen, dass das Schreiben aufhört, beenden Sie die Übung. Jetzt nimmt jeder seine Rückenpost ab und liest sie. Je nach Art des Impulses gibt es eine Auswertung. Beim Einsatz als Feedback und zum Transfer fragen Sie nur, ob noch jemand etwas zu seiner Post sagen oder fragen möchte. Eine weitere Auswertung ist hier überflüssig.

Der besondere Tipp: Es gibt fast immer zwei Phasen, in denen das Schreiben für kurze Zeit stockt. Einmal zu Beginn. Wer schreibt als Erster? Bei wem soll man etwas schreiben? Dann kommt das Schreiben schnell in Gang. Nach etwa vier bis fünf Minuten ist diese erste Welle vorbei. Hier sollten Sie noch nicht abbrechen! Sie werden sehen, dass nach etwa ein bis zwei Minuten noch einmal ein Schub einsetzt. Das sind oft die wertvollsten Beiträge.

Noch einmal: Das langsame Herumgehen und eine anregende (doch nicht allzu grelle) Begleitmusik sind wichtig.

Chancen und Gefahren: Diese Übung hat eine ganz eigene psychologische Dynamik. Als Schreibender überlegt man genau, wem man etwas mitteilen möchte, was und in welcher Formulierung. Bevor man mit dem Schreiben beginnt, wirft man neugierig einen Blick auf Mitteilungen, die andere schon hinterlassen haben.

> Gedanken sind nicht stets parat,
> man schreibt auch,
> wenn man keine hat.
>
> *Wilhelm Busch*

Als Empfänger der Rückenpost hofft jeder, dass er überhaupt eine Botschaft erhält. Wenn es dann so weit ist, erwacht die Neugierde. Alle anderen können sehen, was man auf dem Rücken trägt, nur man selbst nicht. Wenn man endlich die Post lesen darf, ist man vielleicht etwas nervös. Je nach Inhalt atmet man auf oder muss erst einmal schlucken. Manche sind auch enttäuscht, weil sie die Botschaften als nichtssagend bewerten. Nach meiner Erfahrung sind kritische Botschaften beim Feedback nicht ganz so offen wie etwa bei der Übung »Hausbriefkasten« (s. S. 56) formuliert, obwohl die Verfasser hier ja ebenfalls anonym sind. Vielleicht liegt es daran, dass alle anderen lesen können, was geschrieben wurde, während bei der anderen Methode nur der Empfänger Zugang hat. Interessant ist auch, dass die Gruppe stillschweigend dafür sorgt, dass niemand ohne Botschaft bleibt. Ein blankes Poster habe ich noch nie erlebt.

Ein Vorteil ist, dass jeder Teilnehmer seine Rückenpost einrollen und mit nach Hause nehmen kann. Manche lassen sie von allen Teilnehmern signieren – auch von denen, die nichts geschrieben haben – und hüten sie als Souvenir.

Variante: Man könnte für jeden Teilnehmer einen Flipchartbogen einrichten und diese auf die Wände verteilen. Sie werden dann dort beschriftet. Aber im Vergleich zur Rückenpost ist das eine eher farblose Methode.

Wir gründen ein Unternehmen

Zeitbedarf: 30–45 Minuten Gruppenarbeit, pro Gruppe 5 Minuten Präsentation.

Material: Flipchart.

Situation: Kennenlernen, Teambildung.

Kurzbeschreibung: Teilnehmer sollen in Viererteams ein Unternehmen gründen, das auf ihre Fähigkeiten zugeschnitten ist.

Beschreibung: Die Teilnehmer bilden Viergruppen. Sie finden zuerst die besonderen Fähigkeiten jedes Mitglieds heraus. Dann entwickeln sie eine dazu ideal passende Geschäftsidee und gründen ein Unternehmen. Sie finden einen attraktiven Namen und einen zündenden Slogan. Damit gestalten sie einen Flipchartbogen.

> Sie können diese Methode folgendermaßen einleiten: »*Stellen Sie sich folgende Situation vor. Sie haben sich mit drei Freunden, von denen Sie viel halten, entschlossen, ein eigenes Unternehmen zu gründen. Jetzt sitzen Sie zusammen und überlegen, wo Ihre Stärken liegen und welches Unternehmen am besten dazu passt. Bei den Stärken zählen auch solche, die Sie in Ihrem Beruf derzeit nicht umsetzen können! Wenn Sie eine Idee für ein Unternehmen gefunden haben, geben Sie ihm noch einen einprägsamen Namen und formulieren einen guten Werbeslogan. Schreiben Sie alles auf einen Flipchartbogen. Danach sollen Sie nämlich einer Gruppe von Kapitalgebern das Ganze in maximal fünf Minuten verkaufen.*«

Am besten teilen Sie diese Instruktion schriftlich aus. Dann werden die Teams eingeteilt und 30 oder 45 Minuten Zeit vorgegeben. Wenn die Zeit um ist,»verkaufen« die Teams sich und ihre Idee vor den anderen, den Kapitalgebern. Es gibt aber keine Diskussion, auch keine Abstimmung, welches Team das Geld bekommt!

Chancen und Gefahren: Diese Übung passt gut im Anschluss an eine kurze Vorstellungsrunde zu den üblichen Daten der Teilnehmer (Name, Beruf, Herkunft). Die Übung kostet Zeit, hat aber meistens so gute und wichtige Wirkungen, dass sich der Aufwand lohnt, wenn das Seminar drei Tage oder länger dauert. Die Methode hat nämlich viele Vorteile:

- Die Aufgabenstellung ist herausfordernd und macht Spaß.
- Der Wettbewerb spornt an, das Beste zu geben.
- Alles ist auf Positives gerichtet. Die Teilnehmer lernen die Stärken der anderen kennen.
- Sie entwickeln ein Wir-Gefühl.
- Sie üben, das Flipchart zu nutzen und Ergebnisse zu präsentieren.

Die Methode koppelt elegant das Kennenlernen und ein erstes Wir-Gefühl mit Arbeitsformen, wie sie später im Seminar praktiziert werden. Die Teilnehmer lernen nicht nur ihre gegenseitigen Stärken kennen, sondern auch ihr Verhalten in einem Arbeitsteam. Gefahren gibt es drei:

- Eine Gruppe findet kein Ergebnis, mit dem sie zufrieden ist.
- Es gibt Gewinner und Verlierer.
- Es gibt zu viele Präsentationen.

Alle drei Gefahren wären in einer Anfangssituation fatal. Das erste Risiko ist nach meiner Erfahrung gering, weil Vierergruppen recht leistungsfähig sind. Wenn die Teilnehmerzahl nicht in Vierergruppen aufgeht, bilden Sie noch eine oder mehrere größere Gruppen, aber keine Dreiergruppen. Bauen Sie auch keinen zu hohen Leistungsdruck auf. Sagen Sie: »Es geht darum, dass Sie sich besser kennenlernen«.

Das zweite Risiko halten Sie klein, indem Sie ankündigen, dass die Geldgeber keine Entscheidung treffen, es also keine Sieger und Verlierer gibt. Alternativ kann jede Gruppe für die Teilnahme einen kleinen Preis (zum Beispiel eine gemeinsame Tafel Schokolade) bekommen. Wegen des dritten Risikos sollte es auch bei einer größeren Gruppe maximal drei Präsentationen geben.

Varianten: Wenn die Teilnehmer Laptops dabei haben, können Sie die Selbstdarstellung noch professioneller ausarbeiten und über den Beamer präsentieren.

Tomaten auf den Augen

Zeitbedarf: 3 Minuten.

Material: Geben Sie den Teilnehmern ein Blatt mit folgender Aufschrift oder projizieren den Text:

> FINISHED FILES ARE THE RE-
> SULT OF YEARS OF SCIENTIF-
> IC STUDY COMBINED WITH THE
> EXPERIENCE OF YEARS

Situation: Kick zwischendurch, Konzentration.

Kurzbeschreibung: Die Teilnehmer sollen im Text alle »F« finden.

Beschreibung: Die Teilnehmer sollen herausfinden, wie viele »F« in diesem Text enthalten sind. Wer als erster richtig antwortet, ist Sieger. Der erste, der sich meldet, wird sagen: »Drei«. Darauf sagen Sie: »Lesen Sie noch einmal. Schauen Sie genau hin.« Die richtige Lösung lautet »sechs«. Die Wahrnehmung übersieht einfach die »F«s bei den »of«s.

Chancen und Gefahren: Die Übung verblüfft. Wie kann es kommen, dass man die »F«s bei den »of«s übersieht, obwohl sie doch auch groß geschrieben sind? Vielleicht liegt es daran, dass die anderen »F«s optisch hervorgehobener sind: als Anfangsbuchstaben oder als Zeilenende.

Die Teilnehmer erkennen, dass man wichtige Informationen nicht zu schnell verarbeiten sollte. Das Wertvolle kann manchmal versteckt sein.

> »Wenn wir nur noch das sehen, was wir zu sehen wünschen,
> sind wir bei der geistigen Blindheit angelangt.«
>
> *Marie v. Ebner-Eschenbach*

Methoden und Übungen

Das fehlende Stück

Zeitbedarf: 20 Minuten.

Material: Einige Werbeseiten aus Illustrierten, jeweils einmal als Schwarz-Weiß-Kopie.

Situation: Bei Gruppenarbeiten oder generell im Seminar werden Teilnehmer von den anderen nicht einbezogen oder klinken sich aus.

Kurzbeschreibung: Man soll zerschnittene Anzeigen wieder zusammensetzen, aber bei jeder Anzeige fehlt ein Stück.

Beschreibung: Kopieren Sie fünf bis sieben Anzeigen aus Illustrierten. Machen Sie von jeder eine Schwarz-Weiß-Kopie und geben Sie jeder eine Nummer. Zerschneiden Sie die Originale in sechs Teile. Schreiben Sie auf jedes Teilstück auf die Rückseite die Bildnummer, sodass man weiß, zu welchem Bild es gehört. Nehmen Sie von jedem Bild ein Stück und bewahren Sie es sich auf. Dann mischen Sie alle Bilderteile durcheinander. Der Gruppe sagen Sie, dass es darum geht, aus einem Stoß von Teilen die ursprünglichen Bilder zusammenzufügen. Teilen Sie die Bilderstücke auf die Teilnehmer auf. Dann suchen die Teilnehmer, wo passende Teile vorhanden sind. So bilden sich Gruppen, die beginnen, die Bilder zusammenzusetzen. Legen Sie nach einigen Minuten die Schwarz-Weiß-Kopien aus. Warten Sie, bis alle feststellen, dass jeweils ein Teil fehlt. Jetzt ist Zeit für die Pointe. Sie greifen in die Tasche und holen die fehlenden Stücke heraus.

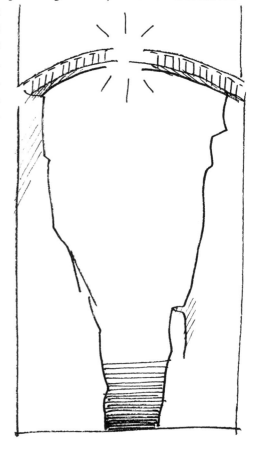

Wenn die Bilder vollständig sind, setzen sich alle wieder hin. Sie fragen in die Runde: »Erinnert Sie das, was sich eben abgespielt hat, an Situationen aus Ihrem Berufsleben?« Wenn die Teilnehmer sich dazu geäußert haben (beispielsweise: Kollegen oder Vorgesetzte halten Informationen zurück, die man braucht) fragen Sie: »Ich fand, dieses Spiel passt auch gut zu etwas, was wir hier im Seminar beobachten können. Haben Sie eine Idee?« Dann redet man über das Problem, was es bedeutet, dass sich einige heraus halten und somit Beiträge ungesagt bleiben, die allen weitergeholfen hätten.

Chancen und Gefahren: Die Teilnehmer stürzen sich sofort in die Arbeit. Es geht lebendig und laut zu, weil man sich verständigen muss. Man freut sich, wenn man das Bild hinbekommt. Umso größer ist die Irritation, dass ein Stück fehlt. Diese Erfahrung ist ein starker Impuls für das anschließende Gespräch.

Wenn die Teilnehmer den Bezug zum Seminar selber nicht herstellen, sondern Sie stirnrunzelnd anschauen, schildern Sie Ihre Beobachtungen und leiten eine konstruktive Runde ein unter dem Motto »Wie können wir das verbessern?« Sie können dazu eine Kartenabfrage durchführen oder in Kleingruppen Vorschläge erarbeiten lassen.

Wer bin ich?

Zeitbedarf: 5–30 Minuten.

Material: Pinnwandkarten und Tesafilm oder größere Gummiringe.

Situation: Kick zwischendurch, Variante für Kommunikationstraining.

Kurzbeschreibung: Einem Teilnehmer wird eine Pinnwandkarte mit dem Namen einer prominenten Person (aus der Vergangenheit oder Gegenwart) auf die Stirn geklebt. Er soll erraten, welche Person er darstellt.

Beschreibung: Ein Teilnehmer setzt sich vor die Gruppe. Man klebt ihm eine Karte auf die Stirn, auf der der Name eines Prominenten steht (von der Antike bis heute, auch Comicfiguren oder berühmte Gestalten aus Literatur, Theater, Oper und Film sind erlaubt). Man muss sicher sein, dass der Teilnehmer die Figur kennt. Durch Fragen, die man nur mit »Ja«, »Nein« oder »Weiß nicht« beantworten kann, findet der Teilnehmer heraus, welche prominente Person er ist.

Anstatt die Karten am Kopf zu befestigen, kann man sie auch umgehängt bekommen. Dazu klappt man die Karte oben nach vorne so ab, dass der Teilnehmer dank dieses Sichtschutzes die Beschriftung nicht lesen kann.

Chancen und Gefahren: Wenn es zu lange dauert, wird es langweilig. Deshalb sollte man eine Maximalzeit (10–15 Minuten) vereinbaren und dann abbrechen. Das gilt auch für die unten beschriebenen Varianten.

Das Ganze macht Spaß, wenn es ausgefallene, »extreme« Promis sind. Der Kontrast zum »normalen« Teilnehmer ist dann groß und wirkt komisch.

Eine Gefahr könnte sein, dass

ein Teilnehmer meint, man hätte ihm bewusst diesen Prominenten zugeteilt, um ihn lächerlich zu machen. Deshalb sollte man die Namen vor seinen Augen durch Zufall auswählen (zum Beispiel Karten ziehen).

Varianten: Statt einer werden zwei oder drei Personen zu Prominenten und müssen raten. Sie sitzen nebeneinander vor der Gruppe. Sobald jemand eine Frage stellt, die man mit »Nein« beantwortet, kommt der nächste an die Reihe.

Oder: Jeder bekommt eine Namenskarte auf den Rücken geheftet. Alle spazieren im Raum herum. Man kann nun jedem Mitspieler maximal drei Fragen stellen, dann muss man sich einen anderen Partner suchen. Sobald man meint, man wisse, wen man darstelle, setzt man sich hin. In der Abschlussrunde sagt dann jeder, wer er wohl ist.

Eine »ernste« Variante (von Ute Goerendt) ist gut geeignet als Einstieg in das Thema »soziale Wahrnehmung«. Zu einem polarisierenden Thema (beispielsweise Versicherungszuschlag für Raucher, totales Alkoholverbot für Autofahrer) setzen sich die Teilnehmer in eine Runde. Jeder Teilnehmer befestigt bei seinem Nachbarn zur Linken oder zur Rechten (nur die Richtung müssen dann alle einhalten) eine Pinnwandkarte am Kopf, die nur die anderen lesen können. Jede Karte beschreibt einen Typ, wie man ihn immer wieder in Diskussionen und Meetings antrifft: Nörgler, Besserwisser, Anpasser, Boss, Schweiger und weitere Rollen. Einen Diskussionsleiter gibt es nicht, es sei denn die Gruppe bestimmt einen. Nach etwa 15 Minuten – je nach Dynamik der Diskussion – wird abgebrochen. Jeder soll anhand der Reaktionen der anderen raten, als welchen Typ ihn die Kollegen wahrgenommen haben. Das Wort »Etikettieren« ist bei dieser Übung wörtlich zu nehmen. Nachdem die Runde durch ist, wird die Pinnwandkarte wieder an den Geber zurückgegeben und dieser kann sich nun seine Gedanken machen, was die Typisierung des anderen mit ihm selbst zu tun hat.

Ideengeberin: Die ernsthafte Variante stammt von Ute Goerendt (s. S. 325).

Vorstellung mit Vorlage

Zeitbedarf: 20–30 Minuten.

Material: Flipcharts, Marker, Wachsmalkreiden für Farbflächen.

Situation: Kennenlernen.

Kurzbeschreibung: Die Teilnehmer gestalten ein Flipchart zu ihrer Person. Der Trainer zeigt, wie leicht man sich beeinflussen lässt.

Beschreibung: Als Trainer bitten Sie die Teilnehmer, ein Flipchartposter zu gestalten, mit dem sie sich den anderen vorstellen sollen. Sagen Sie: »Es liegt ganz bei Ihnen, was Sie mitteilen, was Sie schreiben, was Sie zeichnen oder sonst wie gestalten. Wichtig ist nur, dass die anderen möglichst viel von Ihnen mitbekommen.« Zuvor haben Sie ein Flipchart zu Ihrer eigenen Person vorbereitet. Es enthält viele Details und einige ausgefallene Stilelemente, ist also nicht konventionell und bieder, sondern originell (zum Beispiel Zeichnungen, ungewöhnlich geformte Sprechblasen, spezielle Schrift, liebevolle Einrahmung, Farbe). Sie zeigen es den Teilnehmern und kommentieren es kurz, bevor diese mit ihren Postern beginnen.

Ihre Vorstellung sollte möglichst gleich zu Beginn des Seminars, nicht aber unmittelbar vor der Vorstellung der Teilnehmer erfolgen. Nehmen Sie sich zwischendurch ein paar Minuten Zeit und reden Sie über das Thema oder Organisatorisches.

Dann schreiben und zeichnen die Teilnehmer. Wenn alle fertig sind, stellt jeder sein Poster vor und sagt etwas dazu, beantwortet vielleicht noch Fragen. Die Poster werden nebeneinander an die Wand gehängt.

Jetzt gibt es eine überraschende Pointe. Sie sagen: »Stellen Sie sich vor, wir sind Besucher einer Ausstellung. Wir flanieren an diesen Exponaten vorbei und machen Kommentare zur künstlerischen Gestaltung. Was fällt Ihnen auf?« Jetzt werden unterschiedliche Äußerungen zum Stil der Flipcharts fallen, gemischt mit dem Unvermeidlichen »Ich kann nicht zeichnen«. Einige Teilnehmer werden aber bemerken, dass in den meisten Bildern Stilelemente des Trainer-Vorstellungscharts auftauchen.

Fragen Sie dann: »Haben Sie diese Elemente mit Absicht von meinem Flipchart übernommen?« Wenn sich einige Teilnehmer nicht an die – unbewusste – »Vorlage« gehalten haben, lohnt die Nachfrage: »Was hat Sie dazu gebracht, Ihr Flipchart anders zu gestalten?« Häufig wird geantwortet mit »So wie Sie wollte ich es gerade nicht machen.«

Damit sind Sie und die Teilnehmer an einem zentralen Thema der Trainer-Teilnehmer-Beziehung: Ist der Trainer Vorbild? Wie steht es mit der Eigenständigkeit des einzelnen Teilnehmers? Gerade bei verhaltensorientierten Seminaren ist das ein gutes Thema schon für die Anfangssituation!

Chancen und Gefahren: Die beliebte Vorstellung per Flipchart bekommt hier einen zusätzlichen überraschenden Dreh. Die Methode ermöglicht ein Nachdenken über den bewussten Umgang mit Vorbildern und vorgegebenen Strukturen. Auch mit dem eigenen Verhalten als Vorbild in Führungsfunktionen.

Eine Gefahr liegt in der Überinterpretation. Das Thema darf nicht »zerredet« werden. Deshalb können Sie statt einer Diskussion das Thema auch mit einer Blitzlichtrunde erkunden. Impuls: »Sagen Sie in ein zwei Sätzen, was dieses Erlebnis Ihnen klar gemacht hat.« Wenn jeder das Wort hatte, ist Schluss.

Ideengeber: Frank Busch (s. S. 324).

Tischtuch-Protokoll

Zeitbedarf: Je nach Länge des Lernabschnitts unterschiedlich.

Material: Weiße Papiertischtücher für die Teilnehmertische, Filzstifte oder Wachsmalkreiden.

Situation: Wissensvermittlung.

Kurzbeschreibung: Während der Wissensvermittlung durch den Trainer nutzen die Teilnehmer das Tischtuch als Kritzelfläche.

Beschreibung: Alle Teilnehmertische werden mit weißen Papiertischtüchern abgedeckt. Sie können auch Flipchartpapier oder Pinnwandbespannung nehmen. Die Teilnehmer werden mit Filzstiften oder Wachsmalkreiden ausgerüstet. Während der Ausführungen des Trainers oder Referenten können sie nach Belieben auf dem Tischtuch herumkritzeln, zeichnen, Kommentare abgeben, sich Dinge verdeutlichen, Fragen notieren und so weiter.

Wenn der Lernabschnitt vorbei ist, werden die Tischtücher an die Wand gehängt und gemeinsam besichtigt:

- Wie sind die Informationen angekommen?
- Gibt es Dinge, die noch zu klären sind?
- Was sagen die Tischtücher dem Trainer?

Chancen und Gefahren: Diese originelle Methode löst bei mir folgende Assoziationen aus: Ich sehe einen Poeten oder Wissenschaftler, der im Restaurant die besten Einfälle hat. Oder ein Tischtuch nach dem Essen einer Großfamilie mit Kindern in Italien. Die Methode öffnet den Einblick in die Erlebnis- und Denkwelt der Zuhörer während eines dozentenzentrierten Abschnitts im Seminar.

Der eigentliche Gewinner ist der Referent oder Trainer. Die Tischdecken verraten ihm etwas vom Innenleben der Zuhörer. Aber auch die Teilnehmer haben etwas davon. Der eine oder andere sieht, dass es nicht nur ihm so ging.

Allerdings hat diese Methode einen Haken: die Teilnehmer müssen warm mit ihr werden. Sie müssen die Fläche gerne nutzen und locker ihre Kommentare, Fragen, Ideen festhalten. Ob Sie eine Gruppe um sich haben, zu der diese Methode passt, müssen Sie im Gefühl haben. Wenn ja, dann sollten Sie sie unbedingt ausprobieren!

Ideengeber: Detlev Blenk: »Handbuch Kreative Ideen zur Seminar- und Unterrichtsgestaltung« (1999). Dort als Methode »Party-Notizen«.

Überraschungsfragen

Zeitbedarf: 15 Minuten.

Material: Beschriftete Pinnwandkarten.

Situation: Kennenlernen. Varianten: Bestandsaufnahme, Feedback.

Kurzbeschreibung: Jeder Teilnehmer zieht aus einem Stapel eine Pinnwandkarte und beantwortet die Frage, die auf der Rückseite steht.

Beschreibung: Der Trainer geht herum und lässt jeden Teilnehmer eine Pinnwandkarte oder ein gefaltetes DIN-A5-Blatt ziehen. Auf der Rückseite ist eine persönliche Frage notiert. Jeder studiert seine Frage und denkt kurz über die Antwort nach. Wer an die Reihe kommt, liest den anderen seine Frage vor und beantwortet sie. Ist die Frage zu persönlich, kann er auch »passen«. Er braucht sich dafür nicht zu rechtfertigen. Beispiele für Fragen sind:

- Gibt es jemanden in Ihrem Leben, der Sie sehr beeinflusst hat. Inwiefern?
- Wenn Sie ein Jahr Urlaub mit vollem Gehalt bekämen: Was würden Sie tun? Warum?
- Erinnern Sie sich an eine Situation, in der Sie richtig stolz auf sich waren?
- Wo und wie sehen Sie sich heute in zehn Jahren?
- Sie werden auf die einsame Insel verbannt. Welches Buch, welche Musik, welches Sportgerät würden Sie mitnehmen und warum?
- Sie werden für ein Jahr in einen Promi verzaubert (auch aus der Vergangenheit). Wen wählen Sie und warum?
- Was können Sie an anderen Menschen am wenigsten leiden?
- Was bedeutet für Sie »Sinn des Lebens«?
- Was wäre Ihr Traumberuf und warum?
- Wie tanken Sie Energie auf?

Chancen und Gefahren: Diese Fragerunde ist eine gute Ergänzung zur formellen Vorstellungsrunde mit den üblichen Standardthemen (Beruf, Herkunftsort, Alter, Familie, Hobby). Diese Routinerunde sollte möglichst kurz verlaufen, am besten nur ein Satz pro Punkt und Teilnehmer. Die Runde mit den Überraschungsfragen hat eine ganz andere Qualität. Zum einen erfährt man etwas über die Persönlichkeit jedes Teilnehmers. Zum anderen sendet der Trainer mit dieser Kennenlernmethode wichtige Signale für die Beziehungsebene im Seminar, nämlich »Hier besteht Interesse an jeder Person«, »Offenheit ist erwünscht« und »Jeder soll sich hier so geben können wie er ist«.

> Fragen sind niemals indiskret;
> nur Antworten sind es bisweilen.
>
> Oscar Wilde

Diese personnahe Methode ist für viele Teilnehmer ungewohnt und löst deshalb bei manchen Unsicherheit aus. Im Beruf haben sie vielleicht gelernt, dass es ein Fehler ist, Persönliches mitzuteilen. Oder sie meinen, nicht so gut Persönliches ausdrücken zu können. Um es diesen Teilnehmern nicht allzu schwer zu machen, sollten Sie zwei Regeln beachten:

- »Passen« ist erlaubt.
- Die Reihenfolge bei den Antworten ist den Teilnehmern überlassen. Es geht also nicht reihum nach der Sitzordnung. So kann sich der eine oder andere Teilnehmer Zeit lassen und auch beobachten, wie die anderen mit ihren Fragen umgehen.

Varianten: Man kann, wenn die Gruppe klein ist und das Seminar mehrere Tage dauern wird, einen zweiten Satz Fragen von den Teilnehmern schreiben lassen. Jeder Teilnehmer zieht dann eine Karte aus dem vorbereiteten Stapel und eine aus den Teilnehmerfragen. Wenn dabei jemand die Fragekarte zieht, die er selbst geschrieben hat, ist das nicht schlimm.

Die Methode der Überraschungsfragen kann man auch in anderen Situationen einsetzen:

- bei einem Tages- oder Seminarrückblick (Beispielfrage: »Gab es heute einen Moment, wo es richtig ›Aha‹ bei dir gemacht hat?«),
- in einer schwierigen Situation (Beispielfrage: »Hat dich etwas verletzt?«),
- zum Thema Transfer (Beispielfrage: »Was wirst du zuerst verändern?«).

Wieder schreiben die Teilnehmer zum Thema je eine Frage auf eine Karte oder ein Blatt Papier. Diese werden gemischt. Dann zieht jeder eine Frage. Im Stuhlkreis werden sie dann nacheinander vorgelesen und beantwortet.

Was fehlt?

Zeitbedarf: 5 Minuten.

Material: Geben Sie den Teilnehmern ein Blatt mit folgenden Lettern:

E	Z	D
V	F	S
S	?	?

Sie können den Text auch projizieren.

Situation: Kick zwischendurch, Denken, Knobeln.

Kurzbeschreibung: Die Teilnehmer ergänzen fehlende Buchstaben.

Beschreibung: Bilden Sie Zweier- oder Dreierteams. Jedes Team erhält ein Aufgabenblatt. Die Teilnehmer sollen herausfinden, welche beiden Buchstaben eingesetzt werden müssen. Welcher als erster richtig antwortet, ist Sieger.

Die richtige Lösung lautet »A« und »N«. Es handelt sich um die Anfangsbuchstaben der Zahlen »acht« und »neun«. Die vorherigen Zahlen von »eins« bis »sieben« sind bereits dargestellt.

Chancen und Gefahren: Die Übung ist gar nicht so leicht. Man bleibt im Bereich »Buchstaben« stecken und denkt nicht an Zahlen. Außerdem macht es die Anordnung schwer zu erkennen, dass es sich um eine Reihe von links nach rechts handelt. Manche Teilnehmer suchen eine Ordnung auch in den drei senkrechten Spalten.

Die Erfahrung mit dieser Übung lässt sich so auswerten: Manche Dinge erschließen sich erst, wenn man andere Bedeutungen als die gewohnten erfasst (hier: weg vom Alphabet).

Varianten: Eine ähnliche Blindheit macht folgende Übung schwer. Schreiben Sie das Wort RIEWOTZEW an. Aufgabe: Aus diesem Wort zwei Worte bilden. Die Lösung lautet »zwei Worte«. Die meisten versuchen, das Wort RIEWOTZEW aufzuteilen und kommen nicht auf die Idee, Buchstaben umzustellen.

Wer ist das denn?

Zeitbedarf: Pro Teilnehmer ungefähr 2 Minuten.

Material: DIN-A4-Blätter, Stifte.

Situation: Kennenlernen.

Kurzbeschreibung: Man muss erraten, von wem welche Selbstbeschreibung stammt.

Beschreibung: Jeder schreibt auf ein Blatt Papier drei Besonderheiten, die für ihn oder sie, aber wohl kaum für jemand anderen im Raum zutreffen (exotische Hobbys, außergewöhnliche Erlebnisse, Verwandte, Kenntnisse, Vorlieben und Sonstiges). Dann markiert er die Rückseite mit einem Zeichen. Damit soll verhindert werden, dass man sein eigenes Blatt zieht.

Die Blätter legt man mit dem Text nach unten in die Mitte der Gruppe. Jeder zieht ein Blatt. Der erste liest sein Blatt vor. Dann versucht er, den Autor zu erraten. Wenn sich niemand zu erkennen gibt, lag er daneben. Dann hat die Gruppe noch zwei Versuche. Wenn auch danach der richtige Name nicht gefunden wurde, »outet« sich der Autor. Dann ist der nächste Leser an der Reihe.

Chancen und Gefahren: Die Methode ist eine interessante Ergänzung zu den üblichen Vorstellungsrunden. Sie macht deutlich, dass jeder Teilnehmer etwas »Besonderes« ist. Und die Methode ist ein echter Eisbrecher. Die Teilnehmer kommen über die Besonderheiten spätestens in der nächsten Pause ins Gespräch.

Allerdings kann bisweilen ein Teilnehmer ins Grübeln kommen, was er denn Spezielles aufzuweisen hat. Oder er fühlt sich, wenn sein Blatt vorgelesen wird, langweilig im Vergleich zu anderen. Doch das ist wohl selten. Ich meine jedoch, die Vorteile dieser Methode überwiegen.

Varianten: Sie können die Vorgabe erleichtern, indem Sie sagen »Schreiben Sie mindestens eines und maximal vier besondere Merkmale auf, von denen Sie ziemlich sicher sind, dass sie für niemand anderen zutreffen«. Das entlastet die Teilnehmer, die sich schwer tun, Besonderheiten zu finden.

Das Raten können Sie aber auch ganz der Gruppe überlassen. Wer richtig rät, bekommt das jeweilige Blatt. Wer am Ende die meisten Blätter hat, wird zum Hellseher des Jahres ernannt.

Eine Variante heißt »Wanted Posters«. Hier zeichnen die Teilnehmer auf je einem halben Flipchart unter der Überschrift »Wanted« ein kleines Selbstporträt und einen Steckbrief nach festgelegten Kategorien (Lieblingsstadt auf der Welt, verrücktester Job, den man je hatte und vieles mehr). Nur der Name fehlt. Die Steckbriefe hängen dann in einer Galerie an der Wand und die Sheriffs müssen herausfinden, wer welcher Teilnehmer ist.

Wandernde Fragen

Zeitbedarf: Ungefähr 30 Minuten.

Material: DIN-A4-Papier, Stifte.

Situation: Kommunikation innerhalb der Gruppe (Entscheidungsprozesse, Feedback, Wissensfragen).

Kurzbeschreibung: Jeder Teilnehmer schreibt eine Frage auf ein Blatt und erhält es mit Antworten der anderen wieder zurück.

Beschreibung: Zu einem Thema oder Anliegen kann jeder eine Frage an die anderen stellen. Dazu schreibt er die Frage als Überschrift auf ein Blatt Papier. Im Uhrzeigersinn werden die Fragen anschließend weiter gereicht. Jeder kann dann seine Antwort auf das entsprechende Papier schreiben. Ob die Antwortgeber jeweils ihren Namen hinzufügen, spricht die Gruppe vorher ab. Wenn das Blatt zum Autor der Frage  zurück kommt, ist also eine Liste von Antworten dazu gekommen. Jeder kann nun Rückfragen stellen, wenn er eine Antwort nicht versteht.

Die Teilnehmer sollen danach selbst entscheiden, ob sie eine Auswertung haben wollen und wie diese auszusehen hat. Meistens wird gewünscht, dass jeder die Antworten zu seiner Frage vorliest. Die folgenden Beispiele sollen Ihnen die Zielrichtung verdeutlichen.

- Fragen zum Thema »*Entscheidungsfindung*« könnten sein: »Sollen wir die Entscheidung nicht verschieben?« oder »Was haltet Ihr davon, wenn wir ...?« oder »Was tun wir, wenn ...?«
- Fragen zum Thema »*Feedback*«: »Gehe ich euch auf den Wecker?«, »Warum komme ich nie zu Wort?« oder »Stört es euch, dass ich immer so früh ins Bett gehe?«

- Fragen zum Thema »*Wissen*«: »Ich weiß immer noch nicht, was der Unterschied ist zwischen …« oder »Wie kann ich mir bloß merken, dass …?« oder »Was versteht Ihr unter …?« oder »Wer kann mir erklären, warum …?«

Der besondere Tipp: Bevor die Frageblätter weiter gereicht werden, sollte jeder zuerst seine Frage vorlesen. Es kann sich nämlich herausstellen, dass eine Frage von mehreren Teilnehmern notiert wurde. Wenn das der Fall ist, setzen sich die Betreffenden kurz zusammen und einigen sich auf unterschiedliche Fragen.

Chancen und Gefahren: Diese schriftliche Methode ist weit effektiver als eine mündliche Fragerunde:

- Schriftlich arbeiten die Teilnehmer gleichzeitig an vielen Fragen, man spart also Zeit.
- Der Fragesteller sieht alle Antworten auf einen Blick.
- Man kann die Dokumente später an eine Pinnwand heften oder auf Flipchartbogen kleben und an die Wand hängen.

Ich schreib dir einen Brief

Zeitbedarf: 10 Minuten.

Material: Papier, Schreibgerät.

Situation: Feedback geben, Bearbeiten von Konflikten.

Kurzbeschreibung: Teilnehmer schreiben sich gegenseitig Briefe.

Beschreibung: In verschiedenen Situationen wählt man statt der gesprochenen Sprache die geschriebene, speziell die aus der Mode gekommene Form des Briefeschreibens zum Einsatz. Dieser wird von einem Absender an eine bestimmte Person gerichtet.

Beispiel 1: Eine Seminargruppe war zwei Tage in einem Verhaltenstraining zusammen. Vor dem Auseinandergehen zieht jeder Teilnehmer per Los den Namen eines anderen Teilnehmers. Er oder sie schreibt an 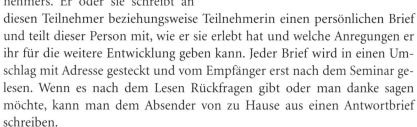 diesen Teilnehmer beziehungsweise Teilnehmerin einen persönlichen Brief und teilt dieser Person mit, wie er sie erlebt hat und welche Anregungen er ihr für die weitere Entwicklung geben kann. Jeder Brief wird in einen Umschlag mit Adresse gesteckt und vom Empfänger erst nach dem Seminar gelesen. Wenn es nach dem Lesen Rückfragen gibt oder man danke sagen möchte, kann man dem Absender von zu Hause aus einen Antwortbrief schreiben.

Beispiel 2: Eine Seminargruppe hat Probleme mit der Art und Weise, wie der Trainer vorgeht. Der Trainer spürt das und bittet jeden Teilnehmer, ihm seine Sicht der Dinge in einem Brief mitzuteilen. Er sammelt die Briefe ein und liest sie in der Mittagspause oder am Abend in seinem Zimmer in Ruhe durch.

Die Option der schriftlichen Kommunikation steht prinzipiell immer als Alternative zur mündlichen Verständigung offen. Das Verschriftlichen hat mehrere Vorteile gegenüber der mündlichen Kommunikation. Wer schreibt, kann nachdenken, korrigieren, sich Zeit lassen. Auch der Empfänger hat Zeit, den Brief

Methoden und Übungen

durchzulesen, vielleicht mehrmals. Er oder sie muss nicht – wie im Gespräch – sofort reagieren. In der mündlichen Kommunikation dagegen bekommt man oft nicht alles mit, reagiert unüberlegt, sagt Dinge, die man nachher bereut. Briefe mäßigen und deeskalieren. Gleichzeitig ist man beim Schreiben meistens offener und ehrlicher.

Diese Besonderheiten machen Briefe zum idealen Mittel bei Feedbacks und Konflikten. Allerdings sollte immer gewährleistet sein, dass eine Person einer anderen Person schreibt. Deshalb passt ein Brief an eine Gruppe (etwa eines frustrierten Teilnehmers) nicht in dieses Konzept. Ihm würde die Intimität und Vertraulichkeit fehlen, die nur durch die Zweierbeziehung zwischen Schreiber und Adressat entsteht. Gerade diese Intimität ist ein wichtiger Faktor für die Wirksamkeit dieser Methode. (Lesen Sie zum Vergleich die Methoden »Hausbriefkasten« und »Rückenpost«, s. S. 56 und 73.)

Chancen und Gefahren: Wenn es Ihnen als Trainer gelingt, den Teilnehmern die besonderen Chancen dieser Methode deutlich zu machen, gehen Sie nach meiner Erfahrung keinerlei Risiko ein. Die Vorteile wurden beschrieben.

Der besondere Tipp: Das Schreiben soll in der richtigen Atmosphäre stattfinden, damit die Briefe den gewünschten Vertraulichkeitscharakter bekommen. Teilen Sie daher nicht nur Papier, sondern auch Umschläge aus, auf die der Name des Empfängers geschrieben wird. Lassen Sie jeden Teilnehmer für das Schreiben einen geeigneten Ort suchen, an dem er sich ganz auf den Brief konzentrieren kann. Alles sollte in einer konzentrierten, aber entspannten Stille geschehen. Lassen Sie die Briefe persönlich überreichen.

Variante: Jeder Teilnehmer kann natürlich ebenso einen Brief an sich selbst schreiben. Beliebt ist diese Methode zum Abschluss eines Trainings. Dann schreibt jeder auf, was er oder sie in die Praxis mitnehmen und dort umsetzen wird. Der Brief enthält konkrete Vorsätze. Er ist als Vertrag mit sich selbst formuliert. Als Trainer sammeln sie die adressierten Briefe ein und verschicken diese etwa 4–6 Wochen nach dem Seminar an die Teilnehmerinnen und Teilnehmer.

> Oh, ich liebe es Briefe zu bekommen, aber ich kann mich gar nicht mehr erinnern, wann ich meinen letzten echten Brief bekommen hab. Also einen richtigen Brief und keine Rechnung. Wenigstens ist das Postkartenschreiben noch nicht ganz so ausgestorben, aber auch das nimmt immer mehr ab. Also ich hoffe einer von meinen Freunden liest das hier und SCHREIBT MIR EINEN BRIEF!!!

Methoden und Übungen

Ich habe kürzlich einen TV-Beitrag über einen Mann gesehen, der seine Finanzen damit aufbessert, Liebesbriefe im Auftrag für zumeist Männer zu schreiben – und zwar auf Papier und mit Füller! Das ist selbst in diesem Lebensbereich mittlerweile eine absolute Rarität. Schade, denn ich fand es früher toll, Brieffreundschaften zu pflegen – ich habe mich jeden Morgen auf den Moment gefreut, in den Briefkasten zu schauen in der wilden Hoffnung, schon Antwort (am liebsten kreativ gestaltet) bekommen zu haben!

Briefe zu schreiben fehlt mir schon, wenn ich darüber nachdenke. Und um schöne Briefe zu bekommen, muss man ja bekanntlich schöne Briefe schreiben. E-Mails können ja nur begrenzt den Charm eines Briefes ersetzen … ich plädiere für ein Comeback des persönlichen Briefes! Mehr Zeit zum Nachdenken über die zu schreibende Zeilen, weniger hastige Abkürzungen, das sind nur zwei der Vorteile von guten Briefen gegenüber E-Mails!

(Aus einem Internetforum)

Hand zeichnen

Zeitbedarf: 5 Minuten.

Material: Papier, Schreibgerät.

Situation: Verdeutlichen der »Illusion of Knowing«, des vorschnellen »Ich weiß ja schon«.

Kurzbeschreibung: Teilnehmer zeichnen eine Hand.

Beschreibung: Bitten Sie die Teilnehmer, eine Hand zu zeichnen. Wenn jeder fertig ist, fragen Sie: »Wer hat die eigene Hand oder die des Nachbarn abgezeichnet?« Regelmäßig stellt sich heraus, dass dies nur eine Minderheit getan hat. Die Mehrzahl hat eine Hand so gezeichnet, wie sie zu wissen glauben, dass eine Hand aussieht. Sie haben nicht aufmerksam hingesehen, sondern sich von ihrem Wissen steuern lassen.

Regen Sie die Teilnehmer an, in Ruhe über dieses Phänomen nachzudenken: Was sind die Vorteile, was die Nachteile? Kennen die Teilnehmer dieses Phänomen auch aus anderen Bereichen ihres Alltags (stereotype Wahrnehmung von Personen, Vorurteile, fehlende Aufmerksamkeit und Neugier)?

Fragen Sie: »Kennen Sie folgendes Phänomen auch bei sich als Teilnehmer? Beispielsweise: Man hört nicht mehr zu, weil man meint, man habe alles verstanden oder kenne das schon längst.«

Deshalb passt die Übung sehr gut, wenn Sie als Trainer beobachten, dass einige Teilnehmer nicht mehr »dabei« sind, weil sie vorschnell glauben, alles schon zu wissen.

Beenden Sie die Übung mit einer Blitzlichtrunde. Jeder sagt einen Satz dazu, was er aus dieser Übung für sich persönlich mitnimmt. Man darf natürlich auch (ohne Begründung) passen, wenn man an der Reihe ist.

Chancen und Gefahren: Wenn Sie die Auswertung sensibel lenken, wird die Übung den einen oder anderen Teilnehmer betroffen machen und zum Nachdenken anregen. Anschließend ist die Aufmerksamkeit der Teilnehmer geweckt.

Variante: Sie können einen Baum zeichnen lassen. Die meisten Teilnehmer vergessen die Wurzeln. Obwohl es den Baum ohne Wurzeln überhaupt nicht gäbe. Dieses Versäumnis kann man – wie bei der Hand – ebenfalls als Metapher auswerten.

Beispiele: Man sieht nur ein Verhalten, aber macht sich über die Motive keine Gedanken. Man befasst sich mit einem Problem, aber nicht mit den Ursachen. Man sieht bei anderen einen Erfolg, nimmt aber nicht zur Kenntnis, wie er zustande gekommen ist.

Diese Übung passt also »spontan« zu Situationen wie diesen: In der Gruppe kommt es – zum Beispiel beim Rollenspielfeedback – zu pauschalen Urteilen, ohne dass man sich fragt, was sich der andere bei seinem Verhalten gedacht hat. Oder eine Gruppe nimmt das bessere Ergebnis einer anderen Gruppe nur schulterzuckend zur Kenntnis ohne wissen zu wollen, wie es zustande gekommen ist.

Welche Gehirnhälfte zeichnet besser?

Gut zeichnen bedeutet: Das zeichnen, was man sieht. Das wäre Aufgabe der rechten, bildorientierten Gehirnhemisphäre. Doch die linke, begriffs- und sybolorientierte Gehirnhälfte mischt sich ein. Leider ist sie nicht in der Lage, zu zeichnen.
Klar, dass ein linkshirniges Symbol, zum Beispiel für eine Nase, nur unzureichend das Aussehen einer echten Nase wiedergeben kann. Wann immer sich die linke Gehirnhälfte in das Zeichnen einmischt, wird die Zeichnung von symbolischen Inhalten überdeckt. Die Zeichnung wird schlecht. Gelingt dagegen die Arbeit ausschließlich mit der rechten Gehirnhälfte, wird die Zeichnung gut.
Besonders augenfällig sind diese Verhältnisse beim Zeichnen von Porträts. Gesichter sind in der linken Gehirnhälfte besonders stark mit Symbolen vertreten.
Zeichnen gehört zu den am meisten bestaunten Talenten des Menschen, schon seit es Menschen gibt. Jeder besitzt dieses Talent. Es liegt nicht an der Fingerfertigkeit. (Schauen Sie doch einmal an, wie präzise Sie Ihre Unterschrift setzen.) Es liegt am Umgang mit dem Gehirn. Denkmethoden helfen uns, diese Talente mit verblüffend einfachen Tricks zu nutzen.

Einfache Tricks

Es gibt einige ganz einfache Denkmethoden, mit denen man der sonst benachteiligten rechten Gehirnhälfte einen Vorteil verschaffen kann. Man kann zum Beispiel die linke Gehirnhälfte mit etwas Sinnlosem beschäftigen. Dieser Trick, eine Gehirnhälfte absichtlich zu überfordern, funktioniert auch beim Zeichnen: Stellen Sie ein Porträtfoto einfach auf den Kopf. Die linke Gehirnhälfte erkennt keine Symbole mehr. Es gibt kein Symbol für eine auf dem Kopf stehende Nase ... Sie wird wohl oder übel das Feld der rechten Gehirnhälfte überlassen.

(Aus dem Buch von Betty Edwards »Das neue Garantiert zeichnen lernen«, Rowohlt 2007)

Dinge

Das steht bereit:

- Werkzeuge (zum Beispiel Zollstock)
- Haushaltswaren und -utensilien
- Ball und Luftballon
- Spielzeug (zum Beispiel Spielfiguren, Würfel, aufblasbarer 2m-Delfin usw.)
- Zeitmesser (zum Beispiel Sanduhr, Eieruhr)
- Lichtquellen (Kerzen, Streichhölzer, Taschenlampe)
- Bekleidung (zum Beispiel Schuhe)
- Behälter (zum Beispiel Schachteln)
- Nahrungsmittel (zum Beispiel Eier, Früchte, Süßigkeiten)
- Pflanzen
- Holz
- Sand
- Steine
- Ziegelsteine
- Fundstücke (Metallreste, Plastikteile und vieles mehr)

Das kann man damit anstellen:

- Dinge gestalten, konstruieren, bauen (zum Beispiel Sandburg, Papierbrücke)
- Aufmerksamkeit wecken (zum Beispiel Gegenstand an Pinnwand hängen)
- als Erinnerung mitnehmen
- beschenken (zum Beispiel zur Begrüßung, als Anerkennung)
- sich und andere damit vergleichen
- Kleingruppen zusammen stellen
- Sinne schärfen, entspannen und meditieren (ein Objekt intensiv wahrnehmen)
- Ideen entwickeln (Material für Kreativitätstechnik)
- Sinnbild, Symbol, Analogie entwickeln
- Spiel, Wettbewerb (zum Beispiel Bierdeckelturm) veranstalten
- Objekte beschriften, bemalen

Probieren Sie es aus!

Objekte einmal ganz anders

Die Armbanduhr, das Handy, der Schuh, der Trinkhalm sind bekannte Gegenstände aus dem Alltag. Wir wissen, wie sie sich anfühlen, wie man sie benutzt. Die Uhr legen Sie jeden Tag an das gleiche Handgelenk. Der rechte Schuh kommt an Ihren rechten Fuß. Sie wissen, wie man den Trinkhalm knickt und damit trinkt. Das geschieht automatisch und ohne nachzudenken.

Sie wissen ebenso, was Sie mit diesen Dingen lieber nicht tun sollten. Darum blasen Sie ein Streichholz aus, wenn Sie die Kerze angezündet haben. Sie fassen das Messer am Griff und nicht an der Klinge an. Kurz, wir kennen die Objekte unserer Umgebung und wissen wie und warum wir diese benutzen.

Mit Gegenständen aus der Natur ist das anders. Da wir uns mehr in Gebäuden als in der freien Natur aufhalten, sind uns diese Dinge fremd geworden. Steine liegen ohne besonderen Grund am Boden. Blätter beschäftigen uns nur im Herbst, wenn wir sie wegfegen. Gras überlassen wir dem Rasenmäher. Für Blumen und Blüten nehmen wir die Gartenschere. Früchte kaufen wir im Supermarkt, weil wir sie essen wollen.

Fazit: Wir sind gleichgültig gegenüber den Dingen geworden. Die alltäglichen Gegenstände beachten wir nicht mehr, weil wir glauben sie zu kennen. Die aus der Natur sind uns gleichgültig, weil wir mit ihnen kaum mehr zu tun haben. Aus diesem Grund sind Dinge so wertvoll für Übungen im Seminar. Hier können Dinge auf ungewöhnliche Art und Weise eingesetzt werden. Sie bekommen einen neuen »Dreh« und werden plötzlich wieder interessant.

Beispiele für den Einsatz bei Active Training

So können Sie einfache Dinge im Seminar zum Leben erwecken:

- Gegenstände erzählen Geschichten (s. »Taschentheater«, S. 128 und »Ein Gegenstand findet mich«, S. 111).
- Ein Zollstock mutiert zum Geschicklichkeitstester (s. »Zollstock mit Tücken«, S. 134).
- Ein Tischtennisball entpuppt sich als Geisterball, der sich jedem Schnipsen entzieht (s. »Zum Verzweifeln«, S. 108).
- Die eigene Armbanduhr wird zum Rätsel (s. »Nichts gesehen«, S. 126).
- Ein harmloses Streichholz stoppt hartnäckige Vielredner (s. »Bevor der Finger brennt«, S. 116).

- Eine Schachtel wird zur Wundertüte (s. »Schachtelwunder«, S. 121).
- Ein Glas Wasser oder Asche auf Zucker öffnet die Augen für Zwischenmenschliches (s. »Zauberglas«, S. 132).
- Ein Filzstift mutiert zum Mikrofon, ein Ball zum »Hallo, du bist dran!«, ein Stück Holz zum Palaverstab (Methode »Wer hat das Mikrofon?«, S. 123).
- Ein Ei lässt Unmögliches möglich werden (s. »Das fliegende Ei«, S. 118).
- Der Würfel wird zum Gerät für Brainjogging (s. »Trainingswürfel«, S. 114).
- Eine Hand voll Steine wird zum Entscheidungshelfer (s. »Waagschale«, S. 136).
- Ein paar Pflanzensamen erinnern an gute Vorsätze (s. »Es grünt«, S. 139).

Weitere Ideen

Sie führen an einer Pinnwand eine Kartenabfrage durch zum Thema »Fehler, die wir unbedingt vermeiden sollten!« (im Managementtraining, Verkäufertraining oder anderes). Neben die Überschrift hängen Sie das Warndreieck aus dem Kofferraum. (Nylonschnur und Haken für die Pinnwandkante gibt es in jedem Baumarkt.) Klar, Sie hätten auch ein Warndreieck malen können. Aber das Gemalte ist nur ein Zeichen; das Reale dagegen ein dreidimensionales Objekt zum Anfassen. Was den Überraschungseffekt noch verstärkt: Das Warndreieck hängt in einer Umgebung, in welche es normalerweise nicht gehört. Da schaut man hin, das prägt sich ein.

> Fantasie haben heißt nicht, sich etwas auszudenken. Es heißt, sich aus den Dingen etwas zu machen.
>
> Thomas Mann

Als Einstieg in ein Seminar zum Thema »Umgang mit Stress« brennen Sie wortlos ein Streichholz ab. Die Teilnehmer sehen zu, bis nur noch ein schwarzer gekrümmter Stummel übrig bleibt. Auch das ist ungewöhnlich. Denn mit einem Streichholz zündet man normalerweise etwas an, zum Beispiel eine Zigarette oder eine Kerze. Oder man benutzt es als Lichtquelle im Dunkeln. Aber welchen Sinn hat diese Aktion? – Fragen Sie nach einer kurzen Wirkungspause in die Runde: »Was hat das mit unserem Thema zu tun?« Die Gruppe ist bald beim Thema Stress und Burn-out. Das banale Streichholz hat schlagartig eine neue Bedeutung bekommen.

Die Assoziation zeigt sich darin, dass auch bei Menschen unter Stress (»das Reiben an der Streichholzschachtel«) die Energie zuerst sprüht und dann immer mehr abnimmt, bis letztendlich alles verbraucht ist. Dann können die Menschen nichts mehr ausstrahlen, entzünden oder wärmen. Was übrig bleibt ist »der schwarze Rest«. Zu Beginn war das Holz hart. Jetzt lässt sich der Stummel mit einer Fingerspitze leicht zerbröseln. Auf diese Weise wird der Überraschungseffekt zum Aha-Erlebnis. Das Bild des abbrennenden, vor allem des verbrannten Streichholzes setzt sich fest. Manche Teilnehmer werden, wenn sie das nächste Mal ein Streichholz anzünden, wieder daran denken.

Gegenstände schalten die Sinne ein!

Texte und Bilder kann man nur durch Sehen, Gesprochenes nur durch Hören wahrnehmen. Dinge sind jedoch vielseitiger. Man kann sie nicht nur sehen, sondern auch anfassen, bewegen, weitergeben, jemandem zuwerfen. Man kann sie nach Hause oder ins Büro bringen, zum Beispiel einen Stein, auf den die Teilnehmer im Seminar einen wichtigen Vorsatz geschrieben haben, den sie umsetzen möchten.

Aber es kommt noch etwas hinzu. Sehen und Hören sind Fernsinne. Die Arbeit in Trainings und Schulungen ist auf diese Fernsinne spezialisiert. Die Teilnehmer hören zu, sprechen oder lesen. Objekte schalten die Nahsinne ein. Wenn man sie in die Hand nimmt, schalten sich Sinneszellen ein für kalt – warm, rau – glatt, hart – weich, leicht – schwer. Im Gehirn wachen Zentren auf, die im sprachdominierten Seminar schlummern. So werden auch zusätzliche Erinnerungsspuren gebahnt. Wenn Teilnehmer etwas mit Gegenständen tun, vergessen sie es nicht so schnell. Ist das Ganze noch mit einem spannenden Ereignis verbunden, sorgen erhöhte Aufmerksamkeit und emotionale Beteiligung zusätzlich für ein nachhaltiges Einprägen.

In einem Experiment hatten Kleingruppen die Aufgabe, sich Spielzeug auszudenken. Bei der einen Versuchsbedingung lag ein Haufen Dinge (kein Spielzeug) auf dem Tisch. Die Teams dieser Bedingung erwiesen sich als kreativer. Allein die Anwesenheit von Dingen wirkte sich anregend aus.

Achtsamkeit, nicht nur für Zen-Anhänger

Typisch für unseren Alltag ist Flüchtigkeit. Wir beschäftigen uns kaum mehr mit einer Tätigkeit, sondern erledigen mehrere zur gleichen Zeit. Wir nehmen kaum mehr bewusst wahr, sondern surfen mit unseren Augen genau so rasch wie im Internet. Fast immer umgibt uns ein Klangteppich: im Auto, beim Einkaufen, zu Hause. Aber hören wir noch hin?

Ein Gegenmodell ist die »Achtsamkeit«. Es ist die Konzentration auf nur eines. Ob das ein Tun ist, etwas, was man betrachtet oder aufmerksam hört, oder etwas, das man mit anderen Sinnen wahrnimmt. Achtsamkeit ist eine Grundhaltung in spirituellen Richtungen wie dem Zen-Buddhismus. Aber Sie können auch in einem Seminar mit Menschen aus unserer hektischen Arbeitswelt dann und wann eine Übung einstreuen, die Achtsamkeit herstellt. Ziel ist, dass die Teilnehmer Dinge aufmerksam betrachten und etwas an ihnen erkennen, das sie zuvor nicht wahrgenommen haben.

> »Sei menschlich«,
> sagte einer zum Stein.
> »Dazu bin ich nicht hart genug«,
> sagte der Stein.
>
> *Bertolt Brecht*

Ein weiteres Beispiel für Achtsamkeit ist die Methode »Ein Gegenstand findet mich« (s. S. 111). Dabei suchen Teilnehmer in der Anfangssituation einen Gegenstand, mit dessen Hilfe sie sich den anderen vorstellen. Leider verkaufen viele Trainer diese

> **Übungen zur Achtsamkeit**
>
> Betrachten Sie Ihren linken Daumennagel für die Dauer von zwei Minuten; wenn Ihre Aufmerksamkeit abschweift, dann holen Sie diese ganz einfach wieder zurück und machen weiter. Wesentlich ist, dass Sie sich nicht dazu zwingen, sich auf etwas zu konzentrieren. – Es geht um sanfte, entspannte Aufmerksamkeit. Gedanken und Gefühle, die Ihre Aufmerksamkeit ablenken, werden nicht unterdrückt oder ausgeblendet, sondern einfach wahrgenommen. Sie sollen auch nicht versuchen, sie loszuwerden. Lassen Sie Ihre Aufmerksamkeit mühelos wieder zu Ihrem Daumennagel zurückwandern.
> Wiederholen Sie diese Übung mit Ihrem rechten Daumennagel, dem Sekundenzeiger Ihrer Uhr und mit weiteren Objekten.
> Und nun: nehmen Sie sich einen Augenblick Zeit, in welchem Sie nichts anderes tun, als einfach irgendetwas wahrzunehmen. Wie würden Sie es beschreiben? Und wie ist es, wenn Sie das Objekt einfach nur wahrnehmen, ohne es mit irgendetwas zu bezeichnen? Dann: fahren Sie fort mit dem achtsamen Wahrnehmen Ihrer Umgebung und beobachten weiter, was es dort alles gibt:
>
> - Welche Farben und Formen erkennen Sie?
> - Was gibt es dort alles an geraden Linien und gekrümmten Linien? Welche geraden Linien und gekrümmten Formen sehen Sie?
> - Welchen Raum nehmen die Dinge ein?
> - Und: können Sie auch den Raum zwischen den Dingen wahrnehmen?
> - Wie fühlt es sich an, die Dinge zu sein?
>
> (nach: Hiltmann, www.zenpower.de)

Methode unter Wert, weil sie selbst keine Achtsamkeit an den Tag legen. Es genügt nicht, eine Sammlung von Gegenständen auszubreiten und den Teilnehmern zu sagen: »Suchen Sie sich einen Gegenstand aus, der etwas mit Ihnen gemeinsam hat. Sagen Sie uns nachher, warum Sie ihn gewählt haben.« Damit schaffen Sie kein Klima für Achtsamkeit, sondern höchstens für Schlagfertigkeit oder Verlegenheitsantworten.

Schon zu Beginn, also bei der Einleitung sollten Sie nicht sagen »Suchen Sie sich ...«, sondern »Es gibt hier einen Gegenstand, der Sie finden wird.« Sagen Sie: »Warten Sie in Ruhe, bis der Gegenstand Sie gefunden hat. Er wird sich schon melden.« Und »Wenn er Sie gefunden hat, lassen Sie sich Zeit. Kommen Sie in Kontakt mit ihm. Nehmen Sie ihn in die Hand. Hören Sie, was er Ihnen über Sie mitteilt.«

Einleitungen in diesem Stil können erreichen, dass die Teilnehmer tatsächlich »achtsam« werden. Später, wenn jeder seinen Gegenstand in der Vorstellungsrunde benutzt, bitten Sie die Teilnehmer: »Lassen Sie jetzt bitte Ihren Gegenstand sprechen. Er sagt ›Ich‹ und nennt Ihren Namen, wenn er über Sie spricht.« Daran können Sie erkennen, ob es Ihnen gelungen ist, bei den Teilnehmern Achtsamkeit zu wecken: Sie lassen sich Zeit, Stille kehrt ein, der Gegenstand wird konzentriert gemustert, die Äußerungen danach haben Qualität. Und die Teilnehmer, die in Vorstellungsrunden oft angespannt sind, wirken diesmal gelöst.

Dinge sagen mehr als Worte

Gegenstände als Medien für Mitteilungen sind offener als Worte. Sie enthalten mehr Deutungsmöglichkeiten als ihr Benutzer berichtet, denn die zuhörenden Teilnehmer verbinden mit dem gezeigten Gegenstand eigene Erfahrungen und Erinnerungen. Oder der Gegenstand bringt sie auf eigene Ideen.

> *Beispiel:* Jemand wählt für seine Vorstellung in der Anfangsrunde aus einer Sammlung von Plastiktieren einen Elefanten. Er sagt dazu: »Ich habe ein Gedächtnis wie ein Elefant. Und ich habe keine natürlichen Feinde.« Allerdings werden die meisten Zuhörer mehr assoziieren: Stärke, Dickhäutigkeit, Intelligenz. Das gibt Anlass zu Nachfragen. Das Gleiche werden Sie erleben, wenn Sie im Training »sprechende« Gegenstände zum Feedback einsetzen. Gegenstände sind nun einmal mit Erfahrungen verknüpft. Und deswegen lösen sie als »Medien« vielfältige Gedanken aus.

Inspirierende Dinge

Gegenstände nutzt man auch gerne in Kreativitätstrainings oder bei Arbeitsteams, die neuartige Lösungen für Probleme suchen. Jeder triviale Gegenstand – vom Kugelschreiber bis zum Handy – kann sich als Reibefläche für das Entzünden von Ideen benutzen lassen. Dieses Potenzial können Sie auch für Ihr Training nutzen.

Beispiel: Sie wollen, dass die Teilnehmer eine starke Bereitschaft entwickeln, das Gelernte auch wirklich in der Praxis umzusetzen. Sie legen ein Handy auf den Tisch und sagen: *»Im Seminar nimmt man sich viel vor und setzt dann kaum etwas um. Was kann man dagegen tun? In diesem Handy liegen die Antworten. Versuchen Sie, diese herauszufinden.«* In der anschließenden Befragung hören Sie: »Ich muss meine Vorsätze abspeichern wie im Adressenverzeichnis meines Handys.«, »Ich muss mit einem Partner im Seminar ausmachen, dass er sich regelmäßig bei mir per Handy erkundigt, was ich umgesetzt habe.«, »Ich werde jeden Vorsatz einer Nummerntaste zuordnen.«

Dieses Verfahren können Sie auch in anderen Situationen einsetzen, wo es um Anregungen für eine Problemlösung geht, zum Beispiel in schwierigen Situationen im Seminar. Bitten Sie dann zum Beispiel die Teilnehmer, einen beliebigen Gegenstand, den sie bei sich tragen, in die Hand zu nehmen und ihn aufmerksam zu betrachten (Schlüssel, Ehering, Geldschein, Kreditkarte, Restaurantrechnung, Armbanduhr). Sie sollen darüber nachdenken, was ihr Gegenstand mit der schwierigen Situation und ihrer möglichen Lösung zu tun haben könnte. Mögliche Assoziationen

> Alles in der Welt ist merkwürdig und wunderbar für ein paar wohlgeöffnete Augen.
>
> *Ortega y Gasset*

- *zum Ehering:* Wir gehören zusammen. Was könnten wir uns versprechen?
- *zum Schlüssel:* Warum klemmt das Schloss? Vielleicht drehen wir den Schlüssel falsch herum?
- *zum Geldschein:* Was ist uns die Arbeit an der Lösung wert? Was können wir wofür eintauschen?
- *zur Kreditkarte:* Was haben wir bei der schwierigen Situation ausgegeben? Was könnte auf der Abrechnung stehen? Von wessen Konto wird abgebucht?
- *zur Restaurantrechnung:* Trotz oder wegen der schwierigen Situation gemeinsam Essen gehen, genießen, sich etwas gönnen.

Wenn dann reihum jeder seine Assoziationen erzählt, kann es sein, dass sich die Wolken ohne Blitz und Donner langsam auflösen.

Sammeln Sie Gegenstände!

Je mehr Objekte Sie in Ihrem Seminar – für die unterschiedlichsten Zwecke – einsetzen, desto mehr werden Sie Spaß daran finden, Dinge zu sammeln. Sie können auch ganz gezielt Objekte in Augenschein nehmen:

- Kramen Sie in Ihren Schubladen (und denen Ihrer Kinder).
- Gehen Sie aufmerksam durch Spielzeugläden oder auf Flohmärkte.
- Legen Sie sich eine Kiste an, in der Sie Ihre Fundstücke aufbewahren.
- Kaufen Sie sich ein dunkles oder sattfarbiges Samttuch, um im Seminar Gegenstände zu präsentieren, aus denen die Teilnehmer auswählen.

Notieren Sie sich an einem verregneten Sonntagnachmittag Ideen, was man mit Ihren Gegenständen im Training alles machen könnte.

Und jetzt? – Nehmen Sie sich einen Gegenstand aus der Kategorie »Das steht bereit« und suchen Sie eine gute Anwendungsmöglichkeit aus der Kategorie »Das kann man damit anstellen« für Ihre Trainings. Um etwas zu verdeutlichen, einzuprägen, zu erleben, auszuprobieren. Oder einfach nur, um Spaß zu haben. Beispielsweise eignen sich Steine (Kieselsteine oder »Handschmeichler«) zum Beschriften, als Erinnerung, als Symbol, zum Spielen, um Gruppen zu bilden, zum Mitnehmen als Erinnerung, anstelle eines Balls zum Aufrufen im Stuhlkreis und vielem anderen mehr.

1.000 Dinge

Johnny war ein Butterkeks, er glaubte an die Liebe
doch er wurde aufgegessen das tat weh!
Heidi war ein Wohnmobil, sie wollte in die Berge.
Aber ihre Eigentümer fuhren an die See.
Die Dinge sind verzweifelt, das Leben ist nicht fein.
Ein Keks kann nicht weinen und ein Wohnmobil nicht schrein.
Die Sachen sagen leise: seid bitte fair!
Sonst haun wir alle ab und Euer Leben wird sehr schwer!
1.000 Dinge brauchen Liebe.
1.000 Dinge wollen glücklich sein.
1.000 Dinge sagen bitte.
Könnt Ihr vielleicht einmal aufmerksam sein?
Toni war ein Küchenmesser, wollte niemand wehtun.
Doch er musste schneiden, bis er daran zerbrach.
Helga war ein Telefon, sie fand Gespräche eklig.
Könnt Ihr ahnen wie sie litt, wenn jemand lange sprach?
Billy war ein Tesafilm, er wollte nicht mehr kleben
niemand riss den Zettel ab, der so an ihm hing.
Renate war ein Kaugummi, sie hatte Angst vor Zähnen.
Sie wurde hart wie Stein, klar dass da was kaputtging!
Die Dinge sind ...

(Song des Liedermachers Funny van Dannen)

Zum Verzweifeln

Zeitbedarf: Bis zu 10 Minuten.

Material: Einfache Objekte als tückisches Material für Spiele zwischendurch.

Situation: Spaß, Wettbewerb.

Kurzbeschreibung: Verschiedene Aufgaben, die alle kinderleicht aussehen und sich dann als echte Herausforderung entpuppen.

Beschreibung »Der verflixte Ball«: Man legt einen Tischtennisball oder Golfball auf die Öffnung einer leeren Flasche. Aufgabe ist es, in schnellem Vorbeigehen den Ball mit dem Zeigefinger wegzuschnipsen. Die Teilnehmer stellen sich in mehreren Meter Entfernung auf und treten der Reihe nach an. Der Arm wird schon beim Losgehen gestreckt und der Zeigefinger, bereit zum Schnipsen, fest an den Daumen gebogen. Dann schreitet man mit großen Schritten rasch auf die Flasche zu, schnipst zum Ball und geht ohne langsamer zu werden noch ein paar Schritte weiter. Es zeigt sich zur allgemeinen Verblüffung, dass (fast) jeder nicht den Ball trifft, sondern über dem Ball in die Luft schnipst. Nur ganz selten gelingt es jemandem, schon beim ersten Durchgang den Ball zu erwischen.

Erklärungsversuch für neugierige Teilnehmer: Es könnte daran liegen, dass man unbewusst vermeiden will, sich weh zu tun, indem man statt des Balles die harte Flasche trifft.

Beschreibung »Das Nest auf der Flasche«: Aufgabe ist es, so viele Streichhölzer wie möglich auf dem Hals einer Flasche aufzuhäufen, die auf dem Fußboden steht. Die Teammitglieder kommen nacheinander an die Reihe und legen jeweils ein Streichholz auf das Nest. Sobald das Nest herunterfällt, ist das Spiel beendet. Man kann auch Gruppen gegeneinander antreten lassen. Abwechselnd kommt ein Teilnehmer aus jedem Team an die Reihe. Eine weitere Variante ist, dass die Teams gleichzeitig Nester bauen. Bei der Auswertung berichten die Teilnehmer, wie sie Druck oder Unterstützung von der Gruppe erlebt haben, als sie ihr Streichholz platzieren sollten.

Beschreibung »Tischtuch wenden«: Ein Tischtuch wird auf den Boden gelegt. Dann stellen sich eng aneinander so viele Teilnehmer darauf, dass nur wenig freier Raum übrig bleibt. Sie sollen nun mit ihren Füßen das Tischtuch umdrehen, ohne dass ein Teilnehmer den Boden außerhalb des Tuches berührt. Sollte das geschehen, beginnt alles von vorne. Die Zeit wird gestoppt. Dann ist das nächste Team an der Reihe. Statt des Tischtuches können Sie auch einen anderen Stoff oder eine robuste Plastikfolie benutzen (zum Beispiel die mit Luftbläschen zum Verpacken).

Chancen und Gefahren: Im Wettbewerb zwischen Teams können ehrgeizige und ungeduldige Teilnehmer ausrasten. Sie reagieren aggressiv, wenn ein Teammitglied einen Fehler macht. Oder sie fangen an, Kommandos zu verteilen. Diese Situationen kann man danach »aufarbeiten«. Andererseits sind diese Spiele als Auflockerung zwischendurch gedacht, nicht als gruppendynamische Übung.

> Alles Gelingen hat sein Geheimnis, alles Misslingen seine Gründe.
>
> Joachim Kaiser

Varianten:

- Der Trainer kann (symbolische) Preise aussetzen und diese feierlich überreichen. Natürlich erhalten alle Gruppen einen Preis beziehungsweise Trostpreis. Möglich ist auch, dass die Gruppen festlegen, was die andere Gruppe tun muss, wenn sie verliert.
- Die Gruppen können sich Fantasienamen geben. Das heizt das »Wir-sind-die-Besten«-Gefühl an.
- Ein Teilnehmer kann das Geschehen als spannende Sportreportage an ein fiktives Radiopublikum kommentieren. Er nimmt dazu einen großen Eddingstift als Mikrofon. Witzig sind auch kleine Interviews mit Teilnehmern davor, dazwischen und danach. Das entschärft manche übertriebene Ernsthaftigkeit.

Methoden und Übungen

Ein Gegenstand findet mich

Zeitbedarf: 15 Minuten.

Situation: Kennenlernen, schwierige Situation, Feedback, Abschluss, Transfer.

Kurzbeschreibung: Jeder Teilnehmer sucht sich innerhalb von zehn Minuten drinnen oder draußen einen Gegenstand, der ihm zum Thema etwas »sagt«. Danach teilt jeder mit, warum gerade dieser Gegenstand ihn gefunden hat.

Beschreibung: Es gibt Situationen, in denen manche Teilnehmer lieber schweigen wollen als etwas von sich preiszugeben. In derartigen Situationen fällt es leichter, einen Gegenstand »sprechen« zu lassen. Der Impuls, sich von einem Gegenstand suchen zu lassen, hängt von der Situation ab.

- »Suchen Sie einen Gegenstand, der etwas über Sie aussagt.« (Anfangssituation)
- »Suchen Sie einen Gegenstand, der mitteilt, was uns aus der aktuellen Krise helfen könnte«. (schwierige Situation)
- »Suchen Sie einen Gegenstand, der etwas über Ihren Kollegen X aussagt.« (Feedback)
- »Suchen Sie einen Gegenstand, der Sie nach dem Seminar immer daran erinnert, was Sie sich vorgenommen haben.« (Abschluss und Transfer)

Die Teilnehmer schwärmen aus, bis sie von ihrem Gegenstand gefunden wurden. Nach der vereinbarten Zeit setzen sie sich wieder auf ihre Plätze. Ohne vorgegebene Reihenfolge lässt jeder seinen Gegenstand sprechen (»Ich bin von diesem Gegenstand gefunden worden, weil ...«).

Chancen und Gefahren: Der Dreh »Der Gegenstand findet mich« oder »Der Gegenstand spricht« ist ungewohnt. Aber man erzielt drei positive Effekte:

- Das Objekt gewinnt eine Bedeutung, beinahe ein Eigenleben.
- Der Sprecher wird entlastet. Es ist ja das Objekt, das ihm und den anderen etwas mitteilt.
- Das Objekt wirkt als Gedächtnisanker. Es prägt sich ein.

Wichtig ist, dass Sie als Trainer dieses Lebendigwerden des Objekts ebenso ernsthaft wie spielerisch und kreativ einfädeln. Wenn ein Teilnehmer fragen sollte »Was soll das?« ist eine gute Antwort: »Nutzen Sie einfach die Chance, einmal einen Gegenstand reden zu lassen.«

Risiken gibt es nach meiner Erfahrung keine. Allerdings kann es Teilnehmer geben, die etwas Anlaufzeit brauchen. Musik dazu ist gut.

Varianten:

- Sie als Trainer können eine Sammlung von Objekten mitbringen und auf dem Tisch oder Fußboden ausbreiten. Ein dunkles Samttuch als Unterlage verleiht ihnen Würde.
- Oder: Bei der Vorstellungsrunde lässt jeder Teilnehmer einen Gegenstand, den er bei sich hat, über sich erzählen, zum Beispiel die Armbanduhr, die Schuhe, die Brille. Man kann die Teilnehmer auch bitten, einen Gegenstand aus ihrer Geldbörse oder Handtasche auszuwählen und berichten zu lassen (Kreditkarte, Schokoriegel, Parfum, Fitness-Center-Ausweis).
- Besonders gut eignet sich der Schlüsselbund, um sich vorzustellen. Man zeigt die einzelnen Schlüssel und erzählt etwas dazu (zum Büro und Arbeitsleben, zum Auto und Ferien oder Hobby, zur Wohnung und Familie, zum Briefkasten und Freunden).

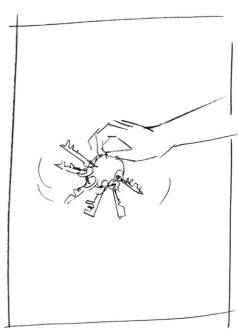

- Jedem Teilnehmer wird ein anderer Teilnehmer zugelost (zum Beispiel Namenskarten ziehen). Dann sucht man ein Objekt, über das man dem anderen mitteilen kann, wie man ihn wahrnimmt. Anschließend treffen sich die Paare, überreichen die Objekte und kommentieren die Wahl. Bei kleineren Gruppen kann man das auch im Plenum durchführen.
- Eine Variante des »Über-die-Bande-Sprechens« ist die *Bildkartei*. Hier wählen die Teilnehmer nicht aus Gegenständen, sondern aus einem Satz von Bildern. Die Bilder werden auf dem Boden oder auf einem Tisch ausgelegt, um den die Teilnehmer herum gehen können, ähnlich wie bei einem Wühltisch im Kaufhaus. Alle Bilder müssen gut sichtbar sein.

Für Ihre Bildkartei können Sie sich eine Sammlung von Postkarten anlegen, von Kalenderbildern, von Bildern aus Illustrierten, aus Bildbänden, aus digitalen Bildarchiven auf CD oder im Internet. Kleben Sie die Bilder auf Karton und laminieren Sie diese. Damit halten sie viele Seminare aus. Achten Sie darauf, dass es »zeitlose« und deutungsoffene Bilder sind. Große Bilder (ab DIN-A4) sind besser als kleine (deshalb sind Postkarten eigentlich nur zweite Wahl), Fotografien sind besser als Zeichnungen, Neues besser als Bekanntes, Unauffälliges besser als Sensationelles. Prominentes, Bekanntes, Modisches, Schockierendes ist ebenso ungeeignet für diese Methode wie Karikaturen, Tourismusbilder oder Porträts.

Meine Bildkartei besteht aus mehr als 300 Bildtafeln, die ich vor vielen Jahren erworben habe. Es sind nur Schwarz-Weiß-Fotos. Zum Beispiel: ein Reifenstapel, eine Tür mit dem Schild »bitte anklopfen«, eine Steinmauer mit einer Lücke, eine große Treppe zu einer italienischen Kirche, ein Feldweg mit einem einsamen Radler, ein überquellender Papierkorb, eine Seglerin in Nahaufnahme bei einer Wende, eine Studentin vor einem Stapel Bücher und Papier, Strommasten und ein Gewirr von Stromleitungen, Würstchen auf einem Holzkohlengrill, wartende Passagiere in einem Bahnhof. Es ist frappierend zu sehen, wie die Bilder zu ganz unterschiedlichen Aussagen anregen.

Wie die Gegenstände können Sie auch die Bilder in allen möglichen Situationen einsetzen.

- Kennenlernen (»Suchen Sie ein Bild, das etwas mit Ihrer Person zu tun hat«)
- Seminarfeedback (»Ein Bild, das ausdrückt, wie Sie diesen Tag/dieses Seminar erlebt haben«)
- Persönliches Feedback (»Ein Bild, das etwas enthält, das Sie Frau X mitteilen möchten«)
- Konfliktklärung (»Ein Bild, das für Sie etwas mit der Situation zu tun hat, in der wir gerade stecken«)
- Blitzlicht (»Suchen Sie ein Bild, das ausdrückt, was Sie im Augenblick ...«)
- Einstieg zum Thema (»Welches Bild hat für Sie etwas mit unserem Thema X zu tun?«)
- Kreative Lösungen suchen: Legen Sie die Blätter mit dem Bild nach unten aus. Je eine Zweier- oder Dreiergruppe zieht eines auf gut Glück und lässt sich dann vom Bild zu Anregungen für Lösungen inspirieren.

Es fallen Ihnen sicher noch mehr Einsatzmöglichkeiten ein. Wichtig für die Arbeit mit der Bildkartei sind zwei Regeln:

- Es sollten mindestens doppelt so viele Bilder wie Teilnehmer ausliegen.
- Erst wenn jeder sich für »sein« Bild entschieden hat, darf man ein Bild in die Hand nehmen und sich wieder auf seinen Platz setzen. Wenn ein Bild schon von einem Kollegen genommen wurde, setzt man sich ohne Bild hin und erhält das Bild, nachdem dieser seinen Kommentar abgegeben hat.

Trainingswürfel

Zeitbedarf: 15–30 Minuten.

Material: Schaumstoffwürfel (aus dem Spielwarenhandel), Moderationskarten verschiedener Formate, Spielfiguren.

Situation: Üben nach einer Lerneinheit.

Kurzbeschreibung: Durch Würfeln werden die Teilnehmer aufgefordert, eine bestimmte Technik anzuwenden.

Beschreibung: Das Spiel soll am Beispiel eines Rhetorikkurses beschrieben werden. Die Teilnehmer haben sechs Techniken kennen gelernt, mit denen man Killerphrasen kontern kann. Jede Kontertechnik wird auf eine kleine runde Pinnwandkarte geschrieben.

An jede Seite des Schaumstoffwürfels heftet man eine dieser Konterkarten mit zwei Nadeln. Auf rechteckige Moderationskarten wird je eine Killerphrase geschrieben. Der Kartenstapel (zirka 20 Karten) wird verdeckt auf das »Spielfeld« gelegt.

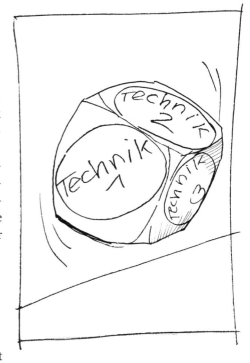

Das Spielfeld ist ein Flipchartbogen. Auf diesen werden untereinander sechs rechteckige oder ovale Moderationskarten aufgeklebt und mit den Nummern von 1–6 beschriftet. Die Karten 2 und 5 kennzeichnet man als Jokerkarten.

Spielregeln: Wessen Vornamen mit A beginnt, fängt an. Sein rechter Nachbar nimmt die oberste Killerphrasenkarte vom Stapel und liest sie vor. Der Spieler würfelt nun mit dem Konterwürfel. Die Technik, die beim Würfel nach oben zeigt, muss er nun auf die gezogene Killerphrase anwenden. Dabei hat er mehrere Versuche.

Die anderen Teilnehmer prüfen, ob das Kontern fachgerecht war. Wenn alle einverstanden sind, darf der Spieler seine Figur auf Feld 1 setzen.

Werden die Antworten von den Mitspielern nicht akzeptiert oder weiß der Spieler nicht, was er sagen soll, sind die Mitspieler aufgerufen zu antworten. Wer sich zuerst meldet, darf die richtige Antwort geben und dann seine Spielfigur auf Feld 1 beziehungsweise (wenn das Spiel schon im Gange ist) ein Feld weiter setzen. Der Spieler, dessen Antwort auf diese Weise ersetzt wurde, muss weiter würfeln, bis ihm eine Antwort gelingt. Wenn er die gleiche Kontertechnik würfelt, die eben von einem anderen Teilnehmer richtig beantwortet wurde, wiederholt er einfach dessen Antwort und rückt ein Feld vor.

Sollte jemand auch nach dem Würfeln aller sechs Techniken nicht erfolgreich sein, wird eine neue Killerkarte aufgedeckt. Wer die gleiche Zahl wieder würfelt, oder wer durch das Würfeln auf ein Jokerfeld kommt, darf

a) eine neue Killerkarte ziehen, wenn ihm die erste nicht passt,
b) bis zu dreimal würfeln, falls er auf eine bestimmte Kontertechnik hofft.

Wenn der Spieler trotzdem nicht die richtige Antwort findet, muss er mit seiner Figur ein Feld zurück. Dort erhält er eine neue Killerkarte, wobei dann wieder die normalen Regeln gelten. Im Falle des Jokerfeldes können die anderen Mitspieler keine Punkte sammeln. Das Spiel hat gewonnen, wer als erster das Feld mit der Nummer 6 erreicht.

> Glück ist, wenn Gelegenheit auf Bereitschaft trifft.
>
> *(unbekannt)*

Chancen und Gefahren: Ein abwechslungsreiches Lernspiel, das man für viele Themen nutzen kann. Voraussetzung ist, dass man mehrere Reaktionsvarianten hat, mit denen man den Würfel bestückt. Es können auch weniger als sechs sein.

Varianten: Zusätzlich kann ein Stapel Aktionskarten eingeführt werden, welche man entweder selbst mitbringt oder von den Teilnehmern schreiben lässt. Diese werden dann gezogen, wenn ein Mitspieler nach dem Jokerfeld die Antwort nicht weiß. Die Aktion, welche die Karte beschreibt, muss dann von dem Spieler vorgeführt werden. Den Teilnehmern fallen in der Regel lustige Aktionen ein.

Ideengeberin: Ute Pelzer (s. S. 327).

Bevor der Finger brennt

Zeitbedarf: So lange ein Streichholz brennt.

Material: Schachtel Streichhölzer, Aschenbecher oder leere Flasche für die abgebrannten Streichhölzer, Brandsalbe für Dauerredner.

Situation: Teilnehmer reden zu lange.

> Sie sprach so viel, dass ihre Zuhörer davon heiser wurden.
>
> *Kurt Tucholsky*

Kurzbeschreibung: Bevor jemand redet, zündet er ein Streichholz an. So lange es brennt, darf er reden.

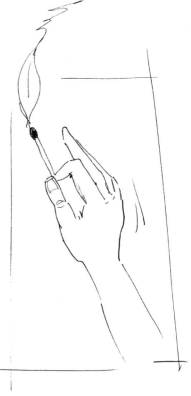

Beschreibung: Im Seminar und in Meetings gibt es immer wieder Situationen, in denen jeder ein kurzes Statement abgeben soll. Die Standardmethode hierfür ist das Blitzlicht, bei dem alle Teilnehmer einen Satz zu einem Impuls sagen, aber auch »passen« können. Beispielsweise kann diese Methode in den folgenden Situationen eingesetzt werden.

- *Tagesabschluss:* »Was ist das Wichtigste, das Sie heute gelernt haben?«, »War heute etwas dabei, das Sie überrascht hat?«, »Wenn Sie heute nicht hier gewesen wären, was hätten Sie besonders ungern versäumt?«
- *Gruppenprozess:* »Was könnte unsere Zusammenarbeit verbessern?«
- *Transfer:* »Was möchten Sie unbedingt nach dem Seminar umsetzen?«
- *Wissenslücken:* »Was möchten Sie noch einmal erklärt haben, genauer wissen?«
- *Meinungsbild vor Abstimmungen:* »Welche Alternative ist Ihnen die liebste und warum?«

Leider halten sich nicht alle an die Blitzlichtregel. Manchmal ist aber auch die Vorgabe »maximal ein Satz« zu eng. Dann ist die Streichholzmethode ideal. Wenn jemand das Wort bekommt, zündet er ein Streichholz an und redet so lange, bis das Streichholz erloschen ist oder er sich die Finger verbrennt. Ist er früher fertig, bläst er die Flamme aus und reicht die Streichholzschachtel an seinen Nachbarn weiter.

Zu wenig reden ist auch nicht das Wahre

Ehepaar beim Frühstück.
Beide hinter der Zeitung.
Er: »Hast du was gesagt?«
Sie: »Nee, das war gestern.«

Chancen und Gefahren: Die Methode ist genial einfach und wirkungsvoll. Der Trick: Wer zu lange redet, bestraft sich selbst. Niemand muss ihn an die Zeit erinnern oder ihm das Wort abschneiden. Außerdem ist das kurze Ritual ein »Mini-Event«. Man schaut gespannt zu. Durch das Anzünden entstehen kleine Pausen, in denen das Gesagte noch kurz nachwirken kann.

Varianten: Sie können nach der Runde kurz abfragen, wie die Streichholzmethode von den Teilnehmern erlebt wurde.

Ideengeber: Rachow, A. (Hrsg.) Spielbar II (2002).

Das fliegende Ei

Zeitbedarf: 15–20 Minuten.

Material: Pro Gruppe wird benötigt: zwei rohe Eier, vier Meter Schnur, eine Rolle Tesafilm, zwei halbe Flipchartbogen, ein Karton DIN-A4, zwei Luftballons, zwei Gummiringe, eine Schere, Putzgerät zum Aufwischen.

Situation: Kick zwischendurch, Wettbewerb zwischen Teams, Zusammenarbeit analysieren.

Kurzbeschreibung: Man versucht, aus beträchtlicher Höhe (Fenster im zweiten Stock oder Treppenhaus) ein rohes Ei unversehrt zu Boden zu bringen.

Beschreibung: Die Teilnehmer werden in Gruppen zu 5–7 Personen aufgeteilt und erhalten die Materialien. Dann wird die folgende Anweisung gegeben: »Sie haben 30 Minuten Zeit, um sich eine Konstruktion auszudenken, mit der Sie ein rohes Ei aus dem zweiten Stock zu Boden fliegen lassen, ohne dass es zerbricht. Sie haben zwei Eier bekommen, damit Sie mit einem Ei einen Test durchführen können.« Nach 30 Minuten geht je ein Mitglied pro Gruppe zum Startplatz in der zweiten Etage. Die anderen sind die Jury und begeben sich zum Landeplatz. Jetzt werden die Eierflüge gestartet. Die Jury prüft, ob die Eier heil geblieben sind.

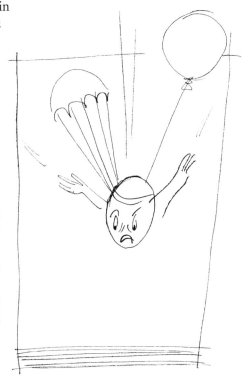

Chancen und Gefahren: Eine Übung, die in Methodensammlungen immer wieder auftaucht, aber nach meiner Erfahrung eher selten durchgeführt wird. Schade, denn sie hat es in sich! Die Übung wirkt sehr schwierig und fordert die Teams heraus. Der Eierflug ist spektakulär. Je nach Resultat liegen Freude und Enttäuschung dicht beieinander. Das Thema der Übung ist: »Schafft man Dinge, die einem zuerst unmöglich erscheinen?«

Varianten: Die Übung kann auch als Kick zur Auflockerung eingesetzt werden, oder zur Analyse von Gruppendynamik unter Stress. Im zweiten Fall wird pro Gruppe ein Beobachter gestellt. Nach der Übung wertet man die Berichte aus.

Man kann den Eierwurf auch im Raum durchführen. Die Eier lässt man dann auf einem Tisch stehend fallen. Hilfsmittel hierfür sind pro Gruppe 25 Trinkhalme und Tesafilm.

Wenn man den Wettbewerb erhöhen will, dann kann man der Gruppe freistellen, ob sie ein Ei oder bis zu vier Eier fliegen lassen will. Jedes weitere heil gebliebene Ei gibt Zusatzpunkte.

Der Tipp zum Thema

Man kann ein hartgekochtes und ein rohes Ei leicht voneinander unterscheiden, indem man beide zum Drehen bringt. Das gekochte Ei dreht sich rascher und stellt sich wie ein Kreisel auf. Das rohe Ei kann man sogar kurz anhalten und es dreht sich anschließend noch weiter.

Der Münzentrick

Zeitbedarf: 10 Minuten.

Material: 6 Münzen pro Team.

Situation: Kick zwischendurch, Kreativität.

Kurzbeschreibung: Sechs Münzen in zwei Reihen mit je vier Münzen legen.

Beschreibung: Die Teilnehmer bilden Paare. Jedes Paar bekommt sechs Münzen. Die Paare haben zehn Minuten Zeit, die Münzen so zu legen, dass sich zwei Reihen mit je vier Münzen ergeben.

Lösung: Man legt zwei Dreierreihen über Eck. Die (gemeinsame) Ecke besteht aus zwei aufeinander liegenden Münzen. Das Spiel ist zu Ende, wenn jemand die Lösung gefunden hat.

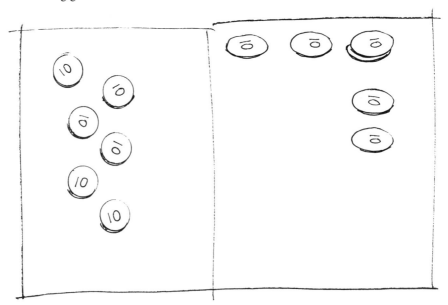

Chancen und Gefahren: Die Teilnehmer sind darauf fixiert, dass die Münzen nebeneinander liegen müssen.

Hinter diesem Spiel verbirgt sich der gleiche Sinn wie bei dem Spiel »Die verflixten Dreiecke«: Die Lösungen (wie im richtigen Leben) liegen manchmal außerhalb des gewohnten Blickfeldes.

Das Schachtelwunder

Zeitbedarf: 10 Minuten.

Material: Gleich große Schachteln für je zwei Teilnehmer (Zigarettenpackung).

Situation: Kick zwischendurch, Kreativität.

Kurzbeschreibung: Man soll möglichst viele verschiedene Objekte in der Schachtel unterbringen.

Beschreibung: Die Teilnehmer bilden Paare. Jedes Paar erhält eine leere Schachtel. Die Paare haben zehn Minuten Zeit, möglichst viele verschiedene Objekte so in der Schachtel unterzubringen, dass diese sich noch schließen lässt. Wenn die Zeit um ist, werden die Schachteln geöffnet und die Objekte gezählt. Doppelte Objekte zählen nicht. Das Team mit den meisten Objekten hat gewonnen.

Chancen und Gefahren: Dieses Spiel bringt die Teilnehmer sofort auf Touren. Sie suchen passende Gegenstände im Raum oder holen sich Gegenstände von draußen. Man spioniert, wie die anderen Teams vorgehen. Diese wiederum versuchen sich abzuschotten. Es gibt aber auch immer wieder etwas zum Lachen, zum Beispiel wenn sich ein Teilnehmer Haare oder Wimpern ausreißt, weil die so wenig Platz in der Schachtel brauchen, und dabei vergisst, dass man ein Objekt nur einmal verwenden darf. Spannend und lustig ist auch die Auswertung, wenn die Schachteln geöffnet werden und man den Inhalt bestaunt und abzählt. Eine reflektierende Auswertung passt zu diesem Spiel nicht. Just for fun!

Variante: Bei größeren Gruppen bilden Sie Dreierteams.

Das Vasenwunder

Ein Philosophieprofessor stand vor seinen Studenten und hatte ein paar Dinge vor sich liegen. Als der Unterricht begann, nahm er eine große leere Glasvase und füllte sie bis zum Rand mit großen Steinen. Anschließend fragte er seine Studenten ob die Vase voll sei. Sie stimmten ihm zu. Der Professor gab nun Kieselsteine hinein und schüttelte die Vase. Die Kieselsteine rollten natürlich in die Zwischenräume der größeren Steine. Dann fragte er seine Studenten erneut ob der Behälter jetzt voll sei. Sie stimmten wieder zu und lachten. Der Professor nahm nun eine Schachtel mit Sand und schüttete sie in die Vase. Natürlich füllte der Sand die letzten Zwischenräume im Glas aus.

»Nun«, sagte der Professor zu seinen Studenten, »Ich möchte, dass Sie erkennen, dass diese Vase wie Ihr Leben ist. Die Steine sind die wichtigen Dinge im Leben, Ihre Familie, Ihr Partner, Ihre Gesundheit. Dinge, die – wenn alles andere wegfiele und nur sie übrig blieben – Ihr Leben immer noch erfüllen würden. Die Kieselsteine sind weniger wichtige Dinge wie zum Beispiel Ihre Arbeit, Ihre Wohnung, Ihr Haus oder Ihr Auto. Der Sand symbolisiert die ganz kleinen Dinge im Leben. Wenn Sie den Sand zuerst in die Vase füllen, bleibt kein Raum für die Kieselsteine oder die großen Steine. So ist es auch in Ihrem Leben. Wenn Sie all Ihre Energie für die kleinen Dinge in Ihrem Leben aufwenden, haben Sie für die großen keine mehr. Achten Sie auf die wichtigen Dinge. Nehmen Sie sich Zeit für Ihre Kinder oder Ihren Partner, achten Sie auf Ihre Gesundheit. Es wird noch genug Zeit für Arbeit, Haushalt, Partys geben.«

Nach dem Unterricht nahm einer der Studenten die Glasvase mit den großen Steinen, den Kieseln und dem Sand, bei dem mittlerweile sogar der Professor zustimmte, dass sie voll war, und schüttete ein Bier hinein. Die Flüssigkeit füllte den noch verbliebenen Raum im Glas aus. Jetzt war es wirklich voll.

Die Moral der Geschichte: Egal wie erfüllt Ihr Leben ist, es ist immer noch Platz für ein Bier.

Wer hat das Mikrofon?

Zeitbedarf: Unterschiedlich, je nach Dauer des Gesprächs oder der Diskussion in der Gruppe.

Material: Verschiedene Objekte als Mikrofonsymbol.

Situation: Gesprächsrunden und Diskussionen aller Art.

Kurzbeschreibung: Reden darf nur, wer das »Mikrofon« in der Hand hält.

Beschreibung: Bei Gesprächsrunden ist der Kommunikationsfluss oft gestört. Erst recht, wenn es um Themen geht, bei denen Gefühle und Werte ins Spiel kommen. Im Training arrangiert man aber gerade dann eine Gesprächsrunde, zum Beispiel bei Konflikten und Meinungsverschiedenheiten.

Die Störungen zeigen sich typischerweise so: Manche Teilnehmer bestreiten den Löwenanteil der Diskussion. Andere sagen gar nichts. Man unterbricht sich. Es geht durcheinander. Der Gesprächsleiter muss sich immer wieder einmischen und Disziplin einfordern. Das kostet Energie. Mahnen macht keinen Spaß.

Der Trick, um all diese Probleme abzustellen, ist simpel, aber wirksam: Ein Objekt wird als Mikrofon definiert. Wer das Mikrofon in der Hand hält, darf reden. Sonst niemand. Wenn der Sprecher fertig ist, gibt er das »Mikrofon« an jemanden weiter, den er bestimmt.

Welchen Gegenstand man als Mikrofonersatz auswählt, bleibt der Fantasie überlassen. Beispielsweise können Sie einsetzen: ein dicker Eddingstift, Palaverstab (irgendein Holz mit Dekoration), alle Arten von kleineren Bällen (Softball, Tischtennisball, Luftballon), eine Blume, ein Apfel, eine Schokoladentafel. Jedes dieser Objekte hat seinen Vorteil. Der Eddingstift ähnelt am ehesten einem Mikrofon. Der Pa-

Methoden und Übungen

laverstab erinnert an den Kriegsrat der Indianer im Wigwam. Bälle und Luftballon lassen sich leicht und gefahrlos zuwerfen. Man kann sie auch mit einem passenden Symbol bemalen. Die Blume signalisiert Freundlichkeit und Positives. Der Apfel ist schön bunt und nahrhaft. Die Schokoladentafel wird zum Schluss gemeinsam rituell verzehrt. Das versöhnt.

Der Mikrofonersatz ist übrigens nicht so zu verstehen, dass man da hineinreden sollte. Der Zweck besteht darin, dass man das Objekt einfach so lange in die Hand nimmt, wie man redet, und es dann weiterreicht. Wichtig ist, den Teilnehmern klar zu sagen, dass es hier kein automatisches Weiterreichen an den Sitznachbarn gibt, wie etwa bei Blitzlichtrunden. Es soll die bewusste Entscheidung jedes einzelnen Teilnehmers sein, an wen er das »Mikrofon« übergibt.

Chancen und Gefahren: Die Erfahrung zeigt, dass der Trick mit dem Mikrofonsymbol immer wirkt. Jetzt kann jeder Einzelne reden ohne unterbrochen zu werden. Außerdem erhöht diese Methode die Aufmerksamkeit unter den Anwesenden. Man ist aufmerksam, weil man nicht weiß, ob das Mikro gleich bei einem selbst landet. Und irgendwie sorgen die Teilnehmer immer dafür, dass jeder einmal das Mikro bekommt.

Gefahren sind mir nicht bekannt. Sie müssen allerdings damit rechnen, dass sich die üblichen Vielredner und Platzhirsche ärgern, weil man ihren Einfluss beschneidet. Es kommt eben nicht jeder zu Wort, der gerade zu Wort kommen will. Aber das ist ohne Mikrofon ebenfalls der Fall.

Varianten: Man kann Zusatzregeln einführen, die jeweils Vor- und Nachteile haben:

- Wer das Mikrofon erhält, aber nichts sagen möchte, kann passen und selber das Mikro wieder vergeben.
- Wer das Mikro erhält, darf maximal zwei Minuten reden. Der Gesprächsleiter spielt den Zeitwächter und zeigt nach zwei Minuten eine rote Pinnwandkarte.
- Jemand darf erst dann das Mikro wieder bekommen, wenn alle anderen dran waren. Auch darauf achtet der Gesprächsleiter.
- Wenn man mit vielen Argumenten und Meinungen rechnet und die Gruppe groß ist, empfiehlt es sich, vorher eine Kartenabfrage durchzuführen. Die Pinnwand steht danach für alle sichtbar im Raum, während die Gesprächsrunde mit dem Mikro abläuft. Die Abfrage kann auch nach vorgegebenen Kategorien auf der Pinnwand erfolgen (zum Beispiel »Das stört mich«, »Das gefällt mir«, »Das hätte ich gerne«). Die Teilnehmer heften ihre Karten dann selbst in eine Kategorie.
- Sie können das »Mikrofon« zum Abfragen am Ende einer Lerneinheit benutzen. Geben Sie jedem Teilnehmer ein paar Minuten Zeit, um sich gute Fragen zum Thema auszudenken. Dann beginnen Sie die Runde, indem Sie

das Mikro einem Teilnehmer unter die Nase halten und eine Frage stellen. Weiß dieser die Antwort, erhält er das Mikrofon und interviewt damit einen anderen Teilnehmer usw. Wenn die Antwort nicht stimmt, sind Zurufe erlaubt. Wer dann zuerst korrekt antwortet, erhält das »Mikrofon« und darf einen anderen Teilnehmer befragen. So wandert das Mikro herum, bis alle mindestens einmal an der Reihe waren. Sie können die Übung auch mit einem Softball machen, den man sich mit einer Frage zuwirft.

So geht es auch ohne Mikrofon

Wie gehen Sie als Trainer mit einem Vielredner in der Gruppe um? Sie fühlen sich für die Einbindung aller Teilnehmer in das Gruppengeschehen verantwortlich, aber es gibt jemanden, der nicht nur jeden möglichen Redebeitrag an sich zieht, sondern auch noch mit zahlreichen eigenen Beispielen von Hinz und Kunz aus seiner Firma den Prozess erheblich stört? So manch einer wird hier freundlich, aber bestimmt auf die Gleichverteilung der Redezeit hinweisen oder aktiv versuchen, die anderen Teilnehmer einzubeziehen und den Vielredner durch Nichtbeachtung auszubremsen.
Irvin Yalom, Autor des Buches »Theorie und Praxis der Gruppenpsychotherapie« (2003) hält von diesen Strategien gar nichts. Er geht anders vor. Ausgangspunkt für ihn ist, dass ein Alleinunterhalter nicht in einem Vakuum existieren kann, dass also die Gruppe das ihrige dazu beiträgt.
Yalom schlägt vor, die Gruppe zu fragen, warum sie es dem Vielredner eigentlich zumutet, die Last der Seminarteilnahme (eigene Erfahrungen und eigenes Wissen einbringen, Transfer in die Praxis leisten, kritisieren usw.) alleine zu tragen! Yalom: »Eine solche Frage mag die Gruppe überraschen, die sich nur als Opfer des Vielredners gesehen hat. Nachdem die Anfangsproteste durchgearbeitet worden sind, können die Gruppenmitglieder mit Gewinn untersuchen, wie sie den Alleinredner ausgenützt haben.« Mit diesem Kunstgriff setzt er eine produktive Diskussion zum Thema in Gang. Besonders wichtig: im Unterschied zu den Ausbremsmethoden frustriert man den aktiven Vielredner nicht. Den Teilnehmern wird bewusst, dass sie keineswegs nur leiden, wenn ein Teilnehmer alles dominiert, sondern auch einen heimlichen Gewinn davon haben.
Sobald später der Vielredner wieder seinem Namen Ehre machen will, wenden Sie sich als Trainer wieder an die Gruppe und bedauern den armen Kerl, der die Last doch nicht alleine tragen sollte.

Nichts gesehen

Zeitbedarf: 3 Minuten.

Material: Armbanduhr, Notizpapier, Stifte.

Situation: Die Konzentration der Teilnehmer lässt nach, Einstieg in das Thema »einseitige Wahrnehmung« und »blinder Fleck«.

Kurzbeschreibung: Die Teilnehmer sollen ihre Armbanduhr beschreiben, ohne sie anzusehen.

Beschreibung: Bitten Sie die Teilnehmer, ihre Armbanduhr abzunehmen und in die Jackentasche oder Hosentasche zu stecken. Anschließend sollen Sie auf einem Notizblatt die Antworten auf folgende Fragen festhalten:

- Hat die Uhr einen Sekundenzeiger oder nicht?
- Welche Farbe hat das Zifferblatt?
- Wie ist die Form der Zeiger?
- Welcher Art sind die Ziffern?
- Wie lautet die Anzahl der Ziffern?
- Welche Marke steht auf dem Zifferblatt?
- Wie schaut das Armband aus?

Danach werden die Uhren wieder hervorgeholt und die Antworten überprüft. Wer hat alle Antworten korrekt gegeben (beispielsweise bei den genannten Fragen sieben Punkte)? Wer hat sechs Punkte, wer fünf und so weiter? – Es zeigt sich, dass wir vertraute Dinge wie die Uhr zwar häufig anschauen, aber nur die Zeit ablesen und der Uhr selbst keine Aufmerksamkeit schenken.

Der Gag nach dieser Übung kommt jetzt: Bitten Sie die Teilnehmer, die Uhren ein zweites Mal einzustecken. Jetzt fragen Sie: Welche Zeit hat Ihre Uhr gerade angezeigt? Kaum einer weiß es. Denn eben hat jeder seine Uhr im Hinblick auf die erfragten Merkmale inspiziert. Die Zeit spielte dabei keine Rolle.

Methoden und Übungen

Dieser Nachtrag vertieft noch einmal nachhaltig die Erkenntnis, dass unsere Wahrnehmung immer selektiv ist. Über Vor- und Nachteile in der beruflichen Praxis der Teilnehmer können jetzt Erfahrungen ausgetauscht werden. (Beispiel: Als Vorgesetzter nimmt man an seinen Mitarbeitern einseitig nur die Dinge wahr, die mit Leistung zu tun haben. Andere menschliche Seiten übersieht man.)

Chancen und Gefahren: Diese Übung hinterlässt jedes Mal Eindruck. Man kann es nicht glauben, dass man einen Gegenstand, den man täglich so oft anschaut, so schlecht kennt. Mit dieser Betroffenheit können Sie weiter arbeiten. Jetzt sollen den Teilnehmern aus ihrem Alltagsleben Situationen einfallen, in denen diese »Routine-Blindheit« weit ernstere Folgen haben kann.

Betriebsblindheit

Einer Sache nicht angemessene Wahrnehmungs- und Beurteilungstendenzen, die oft durch Routine verursacht sind. Klassisches Merkmal der Betriebsblindheit ist die eingeschränkte Wahrnehmung betrieblicher Abläufe und Zusammenhänge. Auch unter »Manager-Krankheit« bekannt.

(nach: dvct, Deutscher Verband für Coaching und Training e.V.)

Taschentheater

Zeitbedarf: 30 Minuten.

Material: Verschiedene Objekte.

Situation: Kick für die Teilnehmer, Kreativität fördern.

Kurzbeschreibung: Die Teilnehmer denken sich zu drei Gegenständen eine Geschichte aus.

Beschreibung: Die Kleingruppen (3–4 Teilnehmer) wählen aus einer Sammlung von Alltagsgegenständen, die Sie vorbereitet haben, drei Stück aus. Oder die Teilnehmer suchen sich Gegenstände aus ihren Taschen und Hosentaschen. Beispiele: Schlüssel, Feuerzeug, Geldschein, Lippenstift, Armbanduhr, Kreditkarte. Dann entwickeln sie dazu eine spannende oder eine lustige Geschichte. Vorbereitungszeit 15 Minuten. Das Erzählen darf maximal fünf Minuten dauern. Wenn alle Gruppen fertig sind, wird vorgetragen. Dabei halten die Erzähler an den passenden Stellen den jeweiligen Gegenstand hoch oder legen ihn auf den Projektor.

Für die Vorträge kann eine Bühne improvisiert werden. Zwei Pinnwände dienen als Vorhang, der zu Beginn auseinander gezogen wird. Verdunkeln und Kerzenlicht machen Stimmung.

Teilen Sie die Gruppen so ein, dass es drei Kurzgeschichten zu hören gibt. Anschließend kann ein Publikumspreis verliehen werden.

Chancen und Gefahren: Weil die Kreativität angeregt wird, passt diese energetisierende Übung gut vor eine längere Gruppenarbeit, vor allem wenn es für die Teilnehmer im Seminarablauf die erste dieser Art ist. Beim »Taschentheater« üben die Teilnehmer spielerisch an einer leichten Aufgabe, gemeinsam eine Lösung zu finden und sie zu präsentieren.

Aber auch nur für sich alleine ist diese Übung unterhaltend und gruppenförderlich.

Varianten: Sie geben als Trainer vor, ob es ein Krimi, eine Lovestory oder ein Drama sein soll. Oder jede Gruppe entscheidet sich zu Beginn, welches Genre sie wählt.

Ideengeberin: Gabriele zu Hohenlohe (s. S. 326).

Wer kann noch erzählen?

Eine kleine Stichprobe im Bekanntenkreis genügt, um festzustellen, dass nur wenige mit den Begriffen Erzählen oder Geschichtenerzählen etwas anfangen können. Die meisten Vorstellungen sind geprägt vom Disneyambiente des Märchens: Tierfiguren mit Kindchenschema, kristallblitzende Schlösser, mutige junge Ritter und anmutige Prinzessinnen. Erzählt werden diese Geschichten nach den Vorurteilen vieler vom Pfeife rauchenden Großvater oder der strickenden Oma. Mit diesen Vorstellungen liegen die meisten tatsächlich nicht so weit von der Realität entfernt. Die meisten hatten ihre einzigen Erzählerlebnisse in der Familie, als Gutenachtgeschichte, zumeist von den Eltern erzählt (wobei heute sicherlich das Vorlesen vorherrscht). Viele erinnern sich auch an Erzählungen der Großeltern, die die letzte Generation zu sein scheinen, für die das Erzählen eine bekannte und berechtigte Kommunikationsform bildete. Sie verfügten oft über ein Repertoire an verschiedensten Geschichten oder erzählten eigene Erfahrungen, zum Beispiel aus dem Krieg. Dicht gefolgt von der eigenen Familie darf man die Kindergärten und Grundschulen vermuten, in denen sich noch letzte Reste einer freien Erzählkultur halten. Manche mögen Bekannte haben, die die eine oder andere Anekdote zum Besten geben oder besonders geschickte Witzerzähler sind. Nur wenige haben Geschichten von professionellen Erzählerinnen gehört und kaum jemand, der dies nicht selbst erlebt hat, kann sich vorstellen, dass das Erzählen durchaus auch eine Angelegenheit für Erwachsene sein kann.

Ein Reporter interviewte einmal einige Ziegenhirten, in einem einsamen Tal weitab der Zivilisation. Diese Hirten verbrachten ihre Zeit mit dem Hüten ihrer Ziegen, mit Schlafen und Geschichtenerzählen. Der Reporter fragte sie, was sie denn machen würden, wenn sie mehr Zeit hätten. Die Hirten schauten den Reporter verständnislos an. Nach langem Schweigen und Zögern antwortete einer von ihnen: »Na, wenn ich mehr Zeit hätte, dann würde ich länger Ziegen hüten, länger schlafen und öfter Geschichten erzählen.«

Erzählen wird nie wieder den zentralen Stellenwert in der Gesellschaft haben, wie es ihn einmal hatte. Dazu fehlt die Zeit und Muße sich mit den Fähigkeiten des Erzählens auseinander zu setzen. In dem Maße wie die Menschen vor allem im Winter Zeit miteinander verbrachten und sich Geschichten erzählten und sich somit im Hören und Erzählen schulten, wird das Erzählen mit Sicherheit nicht wiederbelebt werden können. Zu wünschen wäre es jedoch, wenn zumindest die Form der Erzählungen, die auch heute noch einen Großteil der Kommunikation ausmacht, an Qualität gewänne. Dazu zählt vor allem das Nacherzählen von Fernsehprogrammen und Filmen sowie das Erzählen eigener Erlebnisse, während der Freizeit, im Urlaub oder bei der Arbeit. Folgt man diesen Erzählungen heute, so sind sie häufig sowohl syntaktisch als auch semantisch vereinfacht aufgebaut, die Improvisationsgabe und Fähigkeit zur Übermittlung bestimmter Gefühle, Eindrücke oder einer bestimmten Atmosphäre ist wenig oder gar nicht vorhanden, die klare Darstellung von kausalen und Sachzusammenhängen ist unzureichend. Als Herdtradition kann man diese Form des Erzählens nicht mehr charakterisieren. Man sollte sie vielmehr die Alltagsform des Erzählens nennen. Diese Form des Erzählens wird nicht aussterben, solange sich Menschen miteinander unterhalten, daher ist sie trotz ihrer qualitativen Mängel ein wichtiger Ansatzpunkt, wenn man um eine Wiederbelebung des Erzählens bemüht ist. Ein erster Schritt dazu wäre es, der gesprochenen Sprache gegenüber der geschriebenen wieder mehr Bedeutung zuzumessen. So müssen Kinder in der Schule Aufsätze schreiben ohne vorher ausreichend gelernt zu haben, die gleichen Inhalte flüssig und strukturiert mündlich zu formulieren.

(Jascha Rohr in einem Beitrag für www.geschichtenerzaehlen.de)

Die verflixten Dreiecke

Zeitbedarf: 10 Minuten.

Material: Pro Teilnehmerpaar 6 Streichhölzer.

Situation: Kick zwischendurch, Kreativität wecken.

Kurzbeschreibung: Aus je 6 Streichhölzern sollen 4 Dreiecke erstellt werden.

Beschreibung: Je zwei Teilnehmer bilden ein Team. Jedes Paar bekommt sechs Streichhölzer und legt sie in einer Reihe nebeneinander. Die Paare haben nun maximal zehn Minuten Zeit, daraus vier gleichschenklige Dreiecke herzustellen. Andere Figuren dürfen in der Lösung nicht vorkommen.

Die Lösung: Man errichtet eine Pyramide auf einem Dreieck-Grundriss. Das klappt allerdings nur, wenn die Streichhölzer oben mit den Holzenden, nicht mit den Phosphorköpfen, aneinander gelehnt werden.

Das Spiel ist zu Ende, wenn jemand die richtige Lösung gefunden hat.

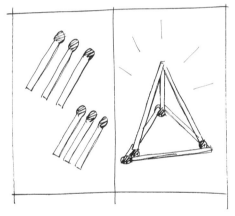

Chancen und Gefahren: Die Teilnehmer sind darauf fixiert, dass die Lösung – wie die ursprüngliche Reihung der Streichhölzer – flächig ist.

Zusätzlich erhöht die Arbeit in Paaren den Druck: Man muss sich koordinieren. Wer mit einem Besserwisser zusammen spielt, hat Pech gehabt.

Dieses Spiel hat noch eine »Moral«: Die Lösung liegt außerhalb des gewohnten Blickfeldes. Man macht oft den Fehler, sich bei der Suche vorschnell einzuschränken. Das können die Teilnehmer auf Situationen ihres Berufes beziehen.

Varianten: Bei größeren Gruppen bilden Sie Dreierteams.

Zauberglas

Zeitbedarf: 2 Minuten.

Material: 1 gefülltes Glas (Wasser), 1 Blatt Papier (ein wenig größer als die Glasöffnung).

Situation: Widerstand verdeutlichen.

Kurzbeschreibung: Ein Stück Papier verhindert, dass das auf den Kopf gestellte volle Glas ausläuft.

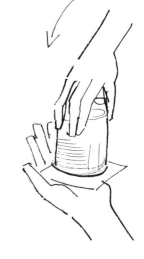

Beschreibung: Füllen Sie ein Glas mit Wasser. Bedecken Sie es mit Papier, das ein bisschen größer ist als die Glasöffnung. Es sollte kleiner als DIN-A4 sein. Sie können auch eine runde Pinnwandkarte nehmen. Legen Sie die Hand darauf und drehen Sie das Glas um. Von unten wird das Blatt von Ihrer Hand gestützt. Achten Sie darauf, dass das Papier am Rand fest anliegt und dort etwas nass ist. Dann ziehen Sie die Hand weg. Wie durch ein Wunder hält das Papier das Gewicht des Wassers. Erklärung: Die umgebende Luft drückt stärker gegen das Papier als das Wasser von innen.

Diese Vorführung eignet sich als »Zünder« für alle Situationen, in denen es um verdeckten, unsichtbaren Widerstand geht.

Richten Sie bei der Auswertung die Aufmerksamkeit der Teilnehmer auf das Papier. An ihm wird der Kampf der Elemente zwischen Druck und Widerstand sichtbar. Die Analogie zur Wirklichkeit im Seminar oder im Betrieb: Alles erscheint ganz ruhig und stabil, aber auf beiden Seiten wirken starke Kräfte.

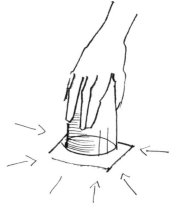

Anwendungsbeispiele können sein:

- Im Seminar spüren Sie Widerstände bei einem oder mehreren Teilnehmern, die aber nicht offen ausgesprochen werden.
- Als Einstieg ins Thema »Umgang mit Widerständen« zum Beispiel im Managementtraining.
- Im Coaching, wenn der Coachee »blockt«.

Chancen und Gefahren: Der Versuch sollte nicht schief gehen, sonst gibt es nur Lacher, aber keinen Aha-Effekt. Also vorher im Waschbecken ausprobieren!

Varianten: Auch zum Thema »Katalysator« gibt es eine schöne Demonstration. Sie legen ein Stück Würfelzucker auf einen Teller oder in einen Aschenbecher. Ein Teilnehmer soll versuchen, ihn anzuzünden. Das gelingt nicht. Dann streuen Sie Zigarettenasche darüber. Jetzt brennt der Zucker. Erst die scheinbar unwichtige Asche hat den Effekt ermöglicht.

In der Auswertung lassen sich die Teilnehmer zu Übertragungen dieses Geschehens auf die Praxis im Seminar oder in ihrem beruflichen Alltag anregen. Gibt es auch da »unscheinbare« Faktoren oder Menschen, die zur Überraschung aller etwas gelingen lassen?

Ideengeberin: Pia Schneider (Zeitschrift »wirtschaft & weiterbildung«, April 2003).

Zollstock mit Tücken

Zeitbedarf: Ungefähr 5 Minuten.

Material: Zollstock/Meterstab (2 m), Uhr mit Sekundenzeiger.

Situation: Als Kick zwischendurch, Test der Zusammenarbeit in der Gruppe.

Kurzbeschreibung: Die Teilnehmer sollen einen ausgeklappten Zollstock auf dem Boden ablegen, ohne dass einer den Kontakt zwischen Finger und Zollstock verliert.

Beschreibung: Sechs Teilnehmer (mehr sind für einen zwei Meter langen Zollstock zu viel) stellen sich in zwei Dreierreihen gegenüber auf. Wenn die Zahl nicht aufgeht, können es auch fünf Teilnehmer sein. Sie halten ihre Hände in Halshöhe so, dass die Hände der einen Reihe wie ein Reißverschluss mit den Händen der anderen Reihe abwechselnd nebeneinander in der Luft stehen. Zwischen den beiden Händen des einen Teilnehmers befindet sich jeweils die eine Hand des gegenüber stehenden Teilnehmers. Dann strecken alle die Zeigefinger aus. Auf die Zeigefingerreihe legen Sie einen ausgeklappten Zollstock. Drücken Sie leicht mit der Hand darauf und lassen Sie die Hand während Ihrer Instruktion liegen.

> Sie sagen: »*Achten Sie darauf, dass jeder Zeigefinger Kontakt zum Zollstock hat. Das darf sich auch während der Übung nicht ändern! Ihre Aufgabe ist es, den Zollstock auf dem Boden abzulegen. Sobald jemand den Kontakt zwischen Zeigefinger und Zollstock verliert, beginnen Sie wieder von vorne. Sieger ist die Gruppe, die das in der kürzesten Zeit schafft. Sie haben maximal fünf Minuten Zeit.*«

Geben Sie jetzt das Startsignal und ziehen Ihre Hand vom Zollstock zurück. Die Teilnehmer sind verblüfft, dass der Zollstock jetzt zuerst nach oben schwebt, weil Sie davor Gegendruck ausgeübt haben.

Achten Sie darauf, unterstützt von einem Assistenten aus einer wartenden Gruppe, dass kein Zeigefinger den Kontakt zum Zollstock verliert oder eventuell geschummelt wird (mit dem Daumen den Zollstock festhalten). Sollte der Fall eintreten, beginnt die Gruppe wieder von vorne. Beim Ablegen auf dem Boden bleiben die Zeigefinger unter dem Stock. – Dann ist die nächste Gruppe an der Reihe.

Die Übung kann sehr ergiebig sein, um Teamarbeit unter Stress zu analysieren.

Chancen und Gefahren: Diese Übung wird üblicherweise mit einer Bambusstange oder einer Metallstange (Vorhangstange) durchgeführt. Das bringt jedoch meist Transportprobleme mit sich.

Das Überraschende an der Übung ist, dass die Teilnehmer die Schwierigkeit unterschätzen. Meist gehen sie unter dem Zeitdruck schnell ans Werk und scheitern. Nach mehreren Anläufen steigt der Stress. Es kommt zu Versuchen, das Ganze systematisch anzugehen. Manchmal entsteht ein Kampf, wer das Kommando führt. Im Extremfall kann es zu harten Worten unter den Teilnehmern kommen: »Du Idiot, jetzt pass doch endlich mal auf!«

Varianten: Sie klappen den Zollstock so auf, dass eine flachere Zickzacklinie entsteht. Auf die Scharniere legen Sie je eine Münze oder stellen je eine Mensch-ärgere-dich-nicht-Figur darauf. Die Teams müssen den Zollstock zu Boden legen, ohne dass etwas herunter fällt.

Oder sie tragen ihn von einem Start- zu einem Zielpunkt einige Meter weit. Wieder ist die Zeit entscheidend. Diesmal kommt es allerdings nicht darauf an, dass keiner den Kontakt zum Zollstock verlieren darf, sondern dass keine Münze oder Figur zu Boden fällt.

Ideengeber: Dürrschmidt, P. u.a. »Methodensammlung für Trainer« (2005), dort als Methode »Zauberstab« (ohne Varianten).

Waagschale

Zeitbedarf: 10 Minuten.

Material: Ungefähr 20 verschieden große Kieselsteine mit unterschiedlichen Farben und Formen.

Situation: Entscheidungsfindung, Klären von Situationen, Coachinggespräch nach einer Trainingsphase.

Kurzbeschreibung: Der Teilnehmer sucht sich für jeden Aspekt, um den es geht, einen geeigneten Stein aus.

Beschreibung: Diese Methode lässt sich am besten anhand eines Beispiels illustrieren.

Stellen Sie sich vor, eine Seminarteilnehmerin würde Sie als Trainer ansprechen und um Rat bitten. Sie sagt: »Ich habe durch die Feedbacks und Erfahrungen hier im Seminar Zweifel bekommen, ob das der richtige Beruf für mich ist.« Hier können Sie die Methode »Waagschale« gut anwenden.
Sie fragen die Teilnehmerin, was sie genau klären möchte. Die Antwort: »Ob ich in meinem Beruf bleiben oder aussteigen soll.« Sie nehmen zwei große runde Moderatorenkarten und schreiben auf die eine »Bleiben«, auf die andere »Aussteigen«. Die Karten liegen vor der Teilnehmerin auf dem Tisch. Daneben haben Sie Ihre Sammlung mit Kieselsteinen ausgebreitet, in verschiedenen Größen, Formen und Farben.
Fragen Sie nun die Teilnehmerin, was ihr zu dieser Entscheidung alles einfällt. Wenn sie zum Beispiel sagt: »Ich habe keine Ahnung, was ich für eine andere Tätigkeit ausüben könnte«, sagen Sie zu ihr: »Suchen Sie sich einen Stein aus, der gut dazu passt und legen Sie ihn auf eine der beiden Karten. Stellen Sie sich vor, es seien Waagschalen. Je nachdem wie viele und wie schwere Steine schließlich in den Schalen liegen, wird sich die Waage verhalten.«
Die Teilnehmerin wählt einen grauen flachen Stein für ihre Ungewissheit, meint, er würde besser zwischen die Karten passen und platziert ihn dort auch, allerdings näher an die Karte »Aussteigen«. So geht es weiter, bis die Teilnehmerin den Eindruck hat, jetzt seien die wichtigsten Gesichtspunkte, Gedanken und Gefühle wiedergegeben.
Jetzt bitten Sie die Teilnehmerin, sich die Waage anzuschauen. Möchte sie noch einen Stein auswechseln? Steine verschieben? Welche Steine sind die größten? Sind die Waagschalen in der Balance? Welche Steine könnte man verändern?

Mit welchen Mitteln? Wie wären die Auswirkungen? – Optimal wäre das Gespräch, wenn es zu einer Entscheidung und ganz konkreten weiteren Schritten führt.

Die Methode können Sie immer dann einsetzen, wenn es etwas zu klären oder zu entscheiden gibt. Das Füllen der Waagschalen kann auch in Kleingruppen erfolgen. Zum Beispiel wenn es darum geht, etwas an der derzeitigen Situation in der Gruppe zu ändern.

Es liegt ganz bei Ihnen oder den Teilnehmern, wie sie mit dem Bild weiter arbeiten, das sich nach dem Legen der Steine darbietet. Im obigen Beispiel wurde der Blick nach vorne gerichtet: »Welche Steine kann man verändern und wie?« Sie können den Fokus aber auch auf das Verteilen von Verantwortung lenken. Etwa durch die Aufforderung: »Sie sehen, dass es einige Steine gibt, die uns belasten. Wer meint, er könne zu einem Problem etwas Konstruktives beitragen, nimmt sich den entsprechenden Stein heraus. Wir sprechen danach darüber, wie das konkret umgesetzt werden soll.«

Chancen und Gefahren: Mit den Steinen und den Waagschalen lassen sich die Aspekte einer Entscheidung sehr gut visualisieren. Durch die Auswahl des richtigen Steins wird man angeregt, über das jeweilige Thema ganz genau nachzudenken:

- Größe des Steins: Wie wichtig ist das Thema?
- Form des Steins: Welche Merkmale hat es?
- Farbe des Steins: Was löst es in mir an Gefühlen aus?

In der Arbeit mit den Steinen steckt auch die Chance der Veränderung: Man kann jeden Stein austauschen, an einen anderen Ort legen oder herausnehmen und sich intensiv mit ihm beschäftigen.

Natürlich ist die Methode der Waagschalen kein systematisches Verfahren. Man kann sie jedoch gut mit Techniken der Entscheidungsfindung – etwa der gewichteten Entscheidungsmatrix – kombinieren. In diesem Fall beginnt man mit den Steinen, um den Entscheidungsraum und die psychologischen Faktoren zu erfassen. Dann schließt sich eine Arbeit mit den bekannten Verfahren zur Entscheidungsfindung an. Zum Abschluss betrachtet man noch einmal das Waagschalen-Bild und stellt fest, wo es anzupassen wäre.

Ideengeber: Claus-Dieter Hildenbrand in Rauen (Hrsg.) »Coaching-Tools« (2004), dort Kapitel «Holistic-(re) Balancing/Work-Life Balance».

Methoden und Übungen

Warum wir Entscheidungen im Nachhinein bestätigt sehen wollen

Der Begriff Kognitive Dissonanz (innerer Widerspruch) (kognitive = erkenntnisbezogene; Dissonanz = Nichtübereinstimmung, Unvereinbarkeit) stammt aus der Psychologie.

Er beschreibt die Unvereinbarkeit von Erfahrungen und Informationen zu der persönlichen Einstellung beziehungsweise zu zuvor getroffenen Entscheidungen. Die Dissonanz meint auch die aus dem Widerspruch von Entscheidung und Wahrnehmung folgende innere Spannung.

Grundlage der von Leon Festinger 1957 begründeten Theorie ist die Annahme, dass Menschen dazu neigen, einmal getroffene Entscheidungen zunächst beizubehalten. Deshalb werde alle neue Information, die zu der getroffenen Entscheidung in Widerspruch steht, tendenziell abgewertet, während alle konsonanten Informationen tendenziell überschätzt werden.

(www.wikipedia.org)

Es grünt!

Zeitbedarf: Mehrere Tage.

Material: Für jeden Teilnehmer ein kleines Blumentöpfchen mit Erde, eine Tüte Blumensamen.

Situation: In der Anfangssituation Wünsche entwickeln. Oder in Schlusssituationen Vorsätze entwickeln.

Kurzbeschreibung: Für jeden Wunsch oder Vorsatz vergräbt man in seinem Blumentopf ein Samenkorn.

Beschreibung: Zu Beginn des Seminars erhält jeder Teilnehmer einen Miniblumentopf mit Erde und einem Untersetzer, damit beim Gießen das Wasser nicht herausläuft. Auf einem Tisch legen Sie eine Tüte Blumensamen aus.

Regen Sie die Teilnehmer nun an, Wünsche zu entwickeln, die sie in diesem Training für sich erfüllt sehen möchten.

Beispiel: Was man danach besser können, sicher wissen, erlebt haben möchte. Jeder schreibt diese Wünsche auf eine Moderationskarte. Dann nimmt er für jeden Wunsch einen Blumensamen und versenkt ihn in seinem Blumentopf. Er schreibt auf den Topf mit Filzstift seinen Namen. Die Töpfe werden auf eine Fensterbank gestellt. Angelehnt wird an jeden Topf die Karte mit den Wünschen des Besitzers. Während des Seminars sorgt jeder für seinen Topf und in der Realität des Trainings für die Erfüllung seiner Wünsche.

Sie können diese Methode auch in der Schlusssituation einsetzen. Dann geht es nicht um Wünsche, sondern um Vorsätze, die die Teilnehmer nach dem Training umsetzen wollen. Die Blumen blühen zu Hause und erinnern daran, dass man sich etwas vorgenommen hatte.

> Blumen blühen, auch wenn keiner zuschaut.
>
> *Phil Bosmans*

Chancen und Gefahren: Der Charme dieser Methode liegt zum einen in der Symbolik: Wünsche wie Vorsätze sind mit Hoffnungen verbunden. Hoffen muss man auch, dass die Samen aufgehen. Und so wie man für das Wachstum der Pflanze etwas tun muss, brauchen Wünsche und Vorsätze aktives Mittun. Zum zweiten macht es einfach Spaß, wenn das Grün sprießt.

Suchen Sie Samen aus, die innerhalb von drei bis vier Tagen tatsächlich sprießen. Lassen Sie sich beim Einkauf beraten. Denn die Jahreszeit spielt eine Rolle.

> **Kresse ist zwar keine Blume, aber wächst in wenigen Tagen**
>
> *Allgemeine Informationen:* Wegen des mühelosen Anbaus hat man die Kultivierung der Kresse schon sehr früh betrieben. Ihr Ursprungsland ist Persien. Seit Jahrtausenden kannten die Heilkundigen des Orients die reinigende Wirkung für den Organismus und setzten die Kresse ein zur Verbesserung von Stoffwechsel und Nierentätigkeit.
> Kresse ist eine ideale Bereicherung der Winterküche. Nebst Vitaminen (A, B1, B2, B3, Niacin, C und D) enthält Kresse stark aromatische, ätherische Senföle, welche ein natürliches »antibiotisches Wirkprinzip« darstellen. Dies erklärt auch die günstige Wirkung bei Infektionskrankheiten.
>
> *Verwendung:* Kresse-Sprossen ergänzen zu jeder Jahreszeit die leichte Küche. Der frische, würzige Geschmack gibt Salaten, Suppen, Dips und vielem mehr eine unverwechselbare Note. In erster Linie aber ergibt die frisch gepflückte, zarte und wohlschmeckende Kresse eine herrlich schmeckende und bekömmliche Salatbeigabe. Sie eignet sich auch für belegte Brote und dient aufgrund ihres starken Eigenaromas als vorzügliches Würzmittel.
>
> *Vitamine, Mineralstoffe, Spurenelemente:* Kresse-Sprossen enthalten unter anderem die Vitamine A, B1, B2, B3, viel Vitamin C und D, Niacin, ätherische Senföle, Kalium, Kalzium, Jod, Eisen und Phosphor.

Der psychologische Trick dieser Methode: Durch die Beschäftigung mit dem Blumentopf wird die Aufmerksamkeit bei den Wünschen oder den Vorsätzen gehalten.

Achtung: Für hartgesottene Manager-Machos ist Blumengießen unter ihrer Würde. Das erledigt die Sekretärin.

Ideengeber: Detlev Blenk (s. S. 284) »Handbuch Kreative Ideen zur Seminar- und Unterrichtsgestaltung« (1996), dort als Methode »Samenkörner«.

Geldvermehrung

Zeitbedarf: 15 Minuten (ohne Auswertung).

Material: 9 Briefumschläge, 63 Euro.

Situation: Ein spannendes Spiel zur Aufmunterung, aber mit Hintersinn: es geht um Vertrauen und Fairness als Mitglied eines Teams.

Kurzbeschreibung: Teilnehmer zahlen anonym eine Summe ein, um eine größere zu erhalten.

> Als ich klein war, glaubte ich, Geld sei das Wichtigste im Leben.
> Heute, da ich alt bin, weiß ich:
> Es stimmt.
>
> *Oscar Wilde*

Beschreibung: Suchen Sie neun Teilnehmer für ein Spiel, bei dem man leicht Geld verdienen kann. Geben Sie jedem Freiwilligen einen leeren Briefumschlag. Die anderen Teilnehmer sind Beobachter. Decken Sie nun ein Flipchart mit den Regeln und dem Ablauf auf:

- Jeder Teilnehmer legt einen Geldbetrag seiner Wahl in seinen Umschlag.
- Die Umschläge werden eingesammelt und gemischt.
- Jeder einzelne Betrag wird von einem neutralen Teilnehmer gezählt und auf dem Umschlag notiert.
- Das Geld sammelt der Trainer ein. Er bestimmt die Gesamtsumme aller Einzahlungen.
- Wenn der Gesamtbetrag 50 Euro und mehr beträgt, bekommt jeder Teilnehmer vom Trainer 7 Euro ausbezahlt. (Unabhängig vom Einsatz, denn der individuelle Einsatz wird nicht festgestellt.) Die Einsätze der Teilnehmer verbleiben beim Trainer.
- Liegt der Gesamtbetrag auch nur einen Cent unter 50 Euro, gibt es keine Auszahlung. Das eingesetzte Geld behält der Trainer.
- Die Teilnehmer dürfen weder vor noch während des Spiels Kontakt mit den Mitspielern aufnehmen.
- Zu Beginn haben die Spieler 3 Minuten Zeit zum Nachdenken, bevor sie ihren Einsatz in den Umschlag stecken.

Der schlechteste Fall für die Teilnehmer tritt ein, wenn jeder 5,50 Euro investiert und so die Gesamtsumme von 50 Euro knapp nicht erreicht wird. Der Einsatz ist dann verloren. Der beste Fall für die Teilnehmer ist, wenn jeder genau 5,56 Euro investiert und 7 Euro dafür bekommt. Das wäre zugleich der ungünstigste Ausgang für den Trainer, weil dieser nur 50,04 Euro einnimmt, aber 63 Euro auszahlen muss. Wenn alle einen leeren Umschlag abgeben, verliert keiner etwas.

Am besten, Sie führen dieses Spiel als Wachmacher zwischendurch ein und decken erst dann die Bedeutung auf. Es geht um Misstrauen und Vertrauen im Team. Und um faires Verhalten zum Vorteil aller oder unfaires, weil egoistisches Verhalten auf Kosten anderer. Es gibt viele Möglichkeiten, die persönlichen Erfahrungen im Spiel zu diesen Aspekten auszuwerten. Hier eine Auswahl: Welche Gedanken gingen den Spielern durch den Kopf: vor dem Einsatz, während der Auszählung der Gesamtsumme, bei der Bekanntgabe des Ergebnisses, beim Erkennen von Gewinn oder Verlust? Was wäre ein sinnvolles Verhalten gewesen? Welche Gedanken waren von Misstrauen geprägt (den anderen Teilnehmern und dem Trainer gegenüber)? Gab es Vertrauen? Ist es erfüllt oder enttäuscht worden? Was fällt den Teilnehmern dazu aus ihrem Alltag ein? Achten Sie darauf, dass nicht zu viel besprochen wird.

Sie können die Auswertung auch in Kleingruppen durchführen lassen. (Die Beobachter verteilen sich auf die Gruppen.) Dann empfiehlt sich allerdings ein Arbeitsblatt mit maximal drei Fragen. Die Präsentationen können sich zum Beispiel auf die Konsequenzen der Erfahrungen für das Verhalten in Teams im Alltag der Teilnehmer konzentrieren.

Der besondere Tipp: Überlegen Sie schon vorher, was Sie tun wollen, wenn der für Sie beste Fall eintritt, Sie also knapp 50 Euro behalten dürfen. Suchen Sie eine Verwendung für das Geld, mit der alle zufrieden sind.

Chancen und Risiken: Selbst wenn Sie als Trainer im schlimmsten Fall 13 Euro verlieren, macht der Gewinn dieses Spiels für die Teilnehmer diesen Einsatz mehr als wett.

> Geld allein macht nicht glücklich.
> Es gehören auch noch Aktien, Gold und Grundstücke dazu.
>
> *Danny Kaye*

Ein gewisses Risiko könnten Teilnehmer darstellen, die »schlechte Verlierer« sind. Erinnern Sie sie dann in aller Ruhe daran, dass die Regeln bekannt waren und die Teilnahme freiwillig war.

Varianten: Lassen Sie nach dem Einsammeln der Umschläge Spieler und Beobachter schätzen, welcher Betrag wohl zusammengekommen sein mag. Interessant sind die persönlichen Begründungen für die Prognosen.

Strohhalm und Kartoffel

Zeitbedarf: 5 Minuten.

Material: Einige Plastiktrinkhalme.

Situation: Sich etwas vornehmen, Probleme lösen.

Kurzbeschreibung: Die Teilnehmer versuchen, mit einem Strohhalm möglichst tief in eine rohe Kartoffel einzudringen.

Beschreibung: Zeigen Sie den Teilnehmern eine große rohe Kartoffel. Geben Sie einem Teilnehmer einen Trinkhalm und bitten Sie ihn, diesen in die Kartoffel zu stecken. Die anderen Teilnehmer sollen genau zusehen. Dann ist der nächste an der Reihe. Lassen Sie so lange probieren, bis jemand den Halm mit Wucht in die Kartoffel sticht. Dies ist nämlich die richtige Technik, um ihn tief eindringen zu lassen. Sanftes Bohren oder nur zögerliches Aufsetzen, um den Halm zu schonen, führt zu nichts oder knickt den Halm erst recht. Seltsamerweise lässt das energische Zustoßen den Halm unbeschädigt.

Bei der Auswertung fragen Sie die Teilnehmer, welche Alltagssituationen ihnen einfallen, die mit dieser Beobachtung etwas gemeinsam haben. Leiten Sie sie auf die Analogie zur Situation »Ich will etwas erreichen«, etwa wenn man sich etwas fest vornimmt oder wenn man sich für eine Problemlösung entschieden hat und sie in die Tat umsetzen möchte. Aus Angst sich zu schaden, wählt man oft eine zu vorsichtige Variante und erreicht damit nichts. Erfolgreich ist es dagegen, entschlossen vorzugehen und die Energie auf den Punkt zu konzentrieren. Dann entwickelt die Aktion – wie beim Halm und der Kartoffel – ihre größte Durchschlagskraft.

Damit alle das Gefühl des entschlossenen Zustoßens auch erfahren, sollte jeder Teilnehmer danach noch einmal die Chance bekommen, den Halm in die Kartoffel zu rammen. Noch besser, wenn jeder dabei sein »Energiewort« laut ausruft.

Chancen und Risiken: Dieses einfache Experiment verfehlt nie seine Wirkung. Für die Dramaturgie ist es allerdings wünschenswert, dass nicht schon der erste Versuch optimal gelingt. Sie können also jemand als ersten probieren lassen, der oder die vermutlich nicht gleich energisch zu Werke geht. Sollte es trotzdem geschehen, demonstrieren Sie selbst noch einige sanfte Varianten und kommen dann zur Auswertung.

Es besteht ein minimales Verletzungsrisiko. Sagen Sie den Teilnehmern also vor dem Versuch, sie sollen auf ihre Finger aufpassen.

Mit Kampfschrei in die Kartoffel!

Der **Kiai** ist in den japanischen Kampfkünsten ein Kampfschrei, der während eines Schlags, Stoßes oder Trittes oder einer anderen Technik ausgestoßen wird. Das Wort Kiai setzt sich zusammen aus ki (Energie) und ai (Einheit). In den asiatischen Kampfkünsten wird großer Wert auf korrekte Atemtechnik gelegt (Bauchatmung). Der Kiai ist ein Baustein zum Erlernen dieser Technik. Im Moment des Kiai müssen die Muskeln des Rumpfes zusammenwirken, um einen lauten Schrei auszustoßen. Diese Anspannung bewirkt, dass beispielsweise ein Fauststoß durch die vereinte Anstrengung aller Muskeln eine höhere Wirkung entfaltet. Um einen korrekten Kiai auszustoßen, muss man nicht *Kiai* rufen. Tatsächlich hören sich die Schreie meist an wie: »Yaa!« oder »Eii!«.

(www.wikipedia.de)

Seil, Schnur und Faden

Das steht bereit:
- Wollknäuel, von denen man farbige Wollfäden abwickeln kann
- Anglerschnur, kaum sichtbar, dünn aber erstaunlich reißfest
- Paketschnur, gut zu knoten
- Seil, bei dem man an Kletterer oder Seeleute denkt
- Springseil
- Bindfaden
- Flechtschnur (wie bei Tragetaschen)
- Kordeln
- Anhängerband mit Karabinerhaken
- Geschenkbänder in knalligen Farben

Das kann man damit anstellen:
- verbinden
- überbrücken
- zusammenhalten
- aufhängen
- knoten
- ziehen
- befestigen
- aufspannen
- versperren
- abgrenzen
- heranholen
- knüpfen
- vernetzen
- fesseln
- Tauziehen
- Seilspringen
- Linien auf dem Boden markieren
- einpacken

Probieren Sie es aus!

Hält es?

Dieses Material spricht taktile und kinetische Sinne an. Man spürt das Gewicht, wenn man etwas am Seil trägt oder wenn man, wie beim Tauziehen, mit aller Kraft andere zu sich herüberziehen will. Faden, Schnur und Seil vermitteln eine paradoxe Erfahrung: Sie sind beweglich und geben trotzdem Halt. Wer mit Faden, Schnur und Seil arbeitet, denkt manchmal: »Hält es oder reißt es?«

> **Am seidenen Faden**
>
> Der Seidenfaden der Spinne ist eine einzigartige Naturfaser: zehnmal dünner als menschliches Haar, doch zwanzigmal stärker als Stahl und zugleich elastischer als Gummi. Damit ist der Spinnenfaden jeder künstlichen Faser wie Nylon oder Keflar weit überlegen, denn die sind immer nur entweder stabil oder elastisch.
> Die Stabilität erhält der dünne Faden durch lange Eiweißketten, Seidenproteine, die in einer unstrukturierten Trägermasse »schwimmen«. Erst beim Ausspinnen verbinden sich die kristallinen Proteine zur Fadenstruktur. So kann die Spinne Seidenfäden von unterschiedlicher Festigkeit spinnen. Ihr Haltefaden, an dem ihr Leben hängt, bekommt eine andere Struktur als die Fäden des Netzes, die Insekten im vollen Flug einfangen.

Beispiele für den Einsatz bei Active Training

Alle Beispiele in diesem Kapitel vermitteln eine sinnliche Erfahrung, arbeiten aber zugleich mit Symbolik.

- Eine Wäscheleine wird zur Datenbank (Methode »Wäscheleine«, s. S. 151).
- Teilnehmer basteln sich aus einem Stück Seil und Pinnwandkarten einen Erinnerungsanker für die Zeit nach dem Seminar (Methode »Knoten mit Inhalt«, s. S. 152).
- Mit einem Stück Seil wird allen sofort klar, was es konkret bedeutet, dass zwischen den Teilnehmern große Wissensunterschiede bestehen (Methode »Das Seil reicht nicht für alle«, s. S. 159).
- Ein wachsendes Netz aus Wollfäden wird zum Symbol für Netzwerke nach dem Seminar (»Das Unterstützer-Netz«, s. S. 154).
- Zwei Seile werden zum Werkzeug für einen Entwicklungsprozess (Methode »Die Seilbrücke«, s. S. 162).
- Ein farbiges Seil wird zum Ariadne-Faden durch das Seminar (Methode »Roter Faden«, s. S. 157).

Seile erinnern an Erfahrungen

Mit Seilen, Schnur, Faden und ähnlichen Materialien sind Erfahrungen verbunden. Allerdings sind sie bei uns viel reduzierter als in früheren Zeiten. Die Seilfamilie wird immer mehr durch andere Materialien abgelöst: Klebebänder, Klebstoffe, Gummiringe, Folie zum Einschweißen. Wer hat noch Paketschnur oder Wollknäuel im Haus? In der Alltagssprache findet man allerdings noch viele Spuren dieses Materials:

- »Ich fühle mich mit dir verbunden.«
- »Das eine ist mit dem anderen verknüpft.«
- »Das hängt ganz davon ab.«
- »Das ist an den Haaren herbeigezogen.«
- »Jetzt kannst du aber einpacken.«
- »Da ist ein Knoten in unserer Beziehung.«
- »Wir müssen die anderen zu uns herüberziehen.«
- »Der Verkäufer hat mich richtig eingewickelt.«
- »An der langen Leine lassen.«
- »Mir sind in dieser Sache die Hände gebunden.«
- »Gott sei Dank bin ich in diese Affäre nicht verwickelt.«
- »Ich fühle mich total eingeschnürt.«
- »Sie hat sich einen Neuen geangelt.«
- »Dann ist mir der Faden gerissen.«
- »Wir brauchen einen Verbündeten.«
- »Jetzt müssen wir endlich den Knoten durchhauen!«
- »Lass mich bitte nicht hängen.«
- »Wie können wir das am besten aufdröseln?«
- »Das hat mich magisch angezogen.«
- »Den müssen wir in unsere Sache einbinden.«
- »Ich brauche dringend mal Entspannung.«
- »Hat die den Anton gestern doch noch abgeschleppt.«
- »Da werden wieder mal Intrigen gesponnen.«

Sie können im Training mit diesen Erfahrungen arbeiten. Die Methoden in diesem Kapitel liefern dafür Beispiele.

- Wenn ein Seil oder ein Faden eine Gruppe verbindet, wird der Zusammenhang (auch das Wort »Zusammenhang« hat übrigens etwas mit Seil oder Faden zu tun) für jeden spürbar (siehe Methode »Unterstützer-Netz«).
- Wenn Sie, um Arbeitsgruppen zusammen zu stellen, die Teilnehmer Stücke von farbigen Schmuckbändern ziehen lassen oder die Feedbackkarten nach einem Rollenspiel in ein solches Band einwickeln, bevor Sie sie dem Teilnehmer überreichen, werden Erinnerungen an Geschenke wach (siehe das Beispiel in der Einleitung zum Kapitel »Papier«).

- Wenn ein Seil zwischen Pinnwände gespannt wird, um Karten aufzuhängen, kommen Erinnerungen an Wäschestücke, die im Wind trocknen. Klar, dass Sie echte Wäscheklammern verwenden!
- Wenn man beim beliebten Spiel »Der Gordische Knoten« (siehe Einleitung Kapitel »Körper«) ein kompliziertes Armewirrwarr entknotet, hat man zuerst die hemmende Verwicklung erlebt und dann das erlösende Gefühl, wieder frei zu sein. Bei dieser Methode ist zwar kein Seil im Spiel, aber die Arme sind zu Seilen geworden.

Seile können auch einsperren, Räume oder Personen ab- und ausgrenzen, fesseln. Dann will man sie durchschneiden, um freizukommen. Eine eindringliche Metapher, die Sie für alle möglichen Prozesse im Training nutzen können, bei denen die Beweglichkeit behindert ist und wieder hergestellt werden muss.

Eine Seilgeschichte zum Vorlesen

Den folgenden Text können Sie oder ein begabter Teilnehmer vorlesen, wenn im Training etwas passiert ist, was hätte nicht passieren dürfen. Der schwarze Humor ist ansteckend. Und die Schilderung legt Fragen nahe, die zu einer guten Verarbeitung des Problems führen können. Zum Beispiel können Sie sagen: Was hätte noch Schlimmeres passieren können? Haben mehrere Faktoren unglücklich zusammengewirkt? Ist jemand in unserer Gruppe beschädigt worden? Wer von uns übernimmt den Part der Klinik oder der Versicherung?

**Brief eines Dachdeckers
an die SUVA (Schweizerische Unfallversicherungsanstalt)**

In Beantwortung Ihrer Bitte um zusätzliche Informationen möchte ich Ihnen Folgendes mitteilen: Bei Frage 3 des Unfallberichtes habe ich »ungeplantes Handeln« als Ursache angegeben. Sie baten mich, dies genauer zu beschreiben, was ich hiermit tun möchte. Ich bin von Beruf Dachdecker. Am Tag des Unfalles arbeitete ich allein auf dem Dach eines sechsstöckigen Neubaus. Als ich mit meiner Arbeit fertig war, hatte ich etwa 250 kg Ziegel übrig. Da ich sie nicht die Treppe hinuntertragen wollte, entschied ich mich dafür, sie in einer Tonne an der Außenseite des Gebäudes hinunterzulassen, die an einem Seil befestigt war, das über eine Rolle lief. Ich band also das Seil unten auf der Erde fest, ging auf das Dach und belud die Tonne. Dann ging ich wieder nach unten und band das Seil los. Ich hielt es fest, um die 250 kg Ziegel langsam herunterzulassen.

Wenn Sie in Frage 11 des Unfallbericht-Formulars nachlesen, werden Sie feststellen, dass mein damaliges Körpergewicht etwa 75 kg betrug. Da ich sehr überrascht war, als ich plötzlich den Boden unter den Füßen verlor und aufwärts gezogen wurde, verlor ich meine Geistesgegenwart und vergaß, das Seil loszulassen. Ich glaube, ich muss hier nicht sagen, dass ich mit immer größerer Geschwindigkeit am Gebäude hinaufgezogen wurde.

Etwa im Bereich des dritten Stockes traf ich die Tonne, die von oben kam. Dies erklärt den Schädelbruch und das gebrochene Schlüsselbein. Nur geringfügig abgebremst, setzte ich meinen Aufstieg fort und hielt nicht an, bevor die Finger meiner Hand mit den vorderen Fingergliedern in die Rolle gequetscht waren. Glücklicherweise behielt ich meine Geistesgegenwart und hielt mich trotz des Schmerzes mit aller Kraft am Seil fest. Jedoch schlug die Tonne etwa zur gleichen Zeit unten auf dem Boden auf und der Tonnenboden sprang aus der Tonne heraus. Ohne das Gewicht der Ziegel wog die Tonne nun etwa 25 kg.

Ich beziehe mich an dieser Stelle wieder auf mein in Frage 11 angegebenes Körpergewicht von 75 kg. Wie Sie sich vorstellen können, begann ich nun einen schnellen Abstieg. In der Höhe des dritten Stockes traf ich wieder auf die von unten kommende Tonne. Daraus ergaben sich die beiden gebrochenen Knöchel und die Abschürfungen an meinen Beinen und meinem Unterleib. Der Zusammenstoß mit der Tonne verzögerte meinen Fall, sodass meine Verletzungen beim Aufprall auf dem Ziegelhaufen gering ausfielen und so brach ich mir nur drei Wirbel. Ich bedauere es jedoch, Ihnen mitteilen zu müssen, dass ich, als ich da auf dem Ziegelhaufen lag und die leere Tonne sechs Stockwerke über mir sah, nochmals meine Geistesgegenwart verlor. Ich ließ das Seil los, womit die Tonne diesmal ungebremst herunterkam, mir drei Zähne ausschlug und das Nasenbein brach.

Ich bedauere den Zwischenfall sehr und hoffe, Ihnen mit meinen präzisen Angaben dienen zu können. Für genaue Auskünfte bitte ich Sie, mich anzurufen, da es mir manchmal schwer fällt, mich schriftlich auszudrücken.

Wäscheleine

Zeitbedarf: Immer wieder im Seminarverlauf einzubauen, jeweils 5 Minuten.

Material: Wäscheleine, Wäscheklammern, Plastikschnur (farbig), Pinnwandkarten, Stifte, Schere, Locher.

Situation: Transfer. Man will Nützliches für die Zeit nach dem Seminar festhalten.

Kurzbeschreibung: Immer wenn ein Teilnehmer etwas für ihn Nützliches und Wertvolles im Seminar erfährt, schreibt er es auf eine Pinnwandkarte und hängt sie an ein Wäscheseil.

Beschreibung: Sie spannen vor dem Seminar ein Wäscheseil im Raum und heften viele Wäscheklammern an. Den Teilnehmern erklären Sie den Sinn: Dieses Seil soll alle Erkenntnisse, Tipps und Vorsätze festhalten und vor dem »Davonfliegen« schützen, damit sie nach dem Seminar in der Praxis zur Verfügung stehen. Wer also zwischendurch etwas erfährt, erlebt, erkennt, was er unbedingt »mitnehmen« will, notiert es auf einer Pinnwandkarte und klammert sie ans Seil. Wenn das Seil voll ist, wird ein zweites aufgespannt.

Am Ende des Seminars schauen sich alle die Fülle der Karten an. Wenn ihm eine Karte für seine eigene Praxis wichtig erscheint, schreibt er sie auf eine neue Karte ab. Die Karten werden dann in das Leben nach dem Seminar mitgenommen. Allerdings nicht bevor sich jeder überlegt hat, wo später der beste Platz für diese Memos ist: Auf einem Pinnbrett über dem Schreibtisch, als langes Kartenband (man verbindet die Karten durch Klebestreifen) oder durch eine Schnur zusammengehalten (s. Methode »Knoten mit Inhalt«, S. 152).

Chancen und Gefahren: Damit dieses Werkzeug genutzt wird, sollten Sie nach jedem Trainingsabschnitt die Teilnehmer zu einer Ernte-Meditation anregen, um eine »Das-will-ich-nicht-vergessen«-Karte zu schreiben und am Wäscheseil aufzuhängen.

Varianten: Die Teilnehmer teilen mit, welche Karten sie für sich ausgesucht haben. Bei vielen Teilnehmern kann man das in Untergruppen machen. Das öffentliche Berichten setzt einen weiteren Erinnerungsanker.

Ideengeber: Volkmar Abt (s. S. 323).

Methoden und Übungen

Knoten mit Inhalt

Zeitbedarf: Mehrmals im Seminar, jeweils zirka 10 Minuten.

Material: Seil (Plastikschnur aus ästhetischen Gründen nur im Notfall), Schere, Pinnwandkarten-Streifen mit Lochung (das Seil muss durchpassen).

Situation: Schlusssituation, Transfer.

Kurzbeschreibung: An einem Seilstück befestigt man Karten mit Erkenntnissen oder Vorsätzen, die man nach dem Seminar auf keinen Fall vergessen will.

> Ein gutes Gedächtnis ist nicht so gut wie ein bisschen Tinte.
>
> *aus China*

Beschreibung: Jeder Teilnehmer bekommt zu Beginn des Seminars ein Stück Seil (etwa 50 cm). Bereit liegen außerdem Stapel mit verschieden farbigen Streifen aus Pinnwandkarten. Schneiden Sie die Moderationskarten der Länge nach in zwei Teile, sodass Streifen entstehen, die so lang sind wie die Karte. Lochen Sie jeden Streifen, damit er auf das Seil gezogen werden kann.

Sagen Sie den Teilnehmern: »*Früher hat man einen Knoten ins Taschentuch gemacht, um etwas ganz Wichtiges nicht zu vergessen. Auch Sie werden hoffentlich in diesem Seminar Erfahrungen machen und Neues kennenlernen, das Sie unbedingt später umsetzen wollen. Das können auch persönliche Vorsätze sein. All das können Sie auf den Kartenstreifen festhalten. Ziehen Sie die Streifen auf Ihr Seilstück auf. Am Ende machen Sie dann einen Knoten und haben alle Karten gesichert.*«

> Ich habe mir extra einen Knoten ins Taschentuch gemacht. Jetzt finde ich das Taschentuch nicht mehr.

Im Seminar planen Sie dann (zum Beispiel jeweils am Tagesende) Zeiten ein, in denen die Teilnehmer überlegen, was sie festhalten wollen. So füllt sich nach und nach das persönliche Erinnerungsseil.

Der besondere Tipp: Sie können, angeregt von Assoziationen zum Seil, für das Seminar ein Bergsteiger- oder Seefahrerszenario wählen. Das sollten Sie zu Beginn lebendig werden lassen und im Laufe des Seminars wieder aktivieren.

Beispiel für Bergsteigen:
- Die Seminarabschnitte sind Berge, die man besteigt.
- Störungen beschreiben Sie als Lawinen, Schneestürme oder Wetterstürze.
- Wenn einige länger brauchen als andere, appellieren Sie an die Hilfsbereitschaft im Kletterteam (s. S. 159 Methode »Das Seil reicht nicht für alle«).
- Beim Tagesüberblick am Morgen geht es um die Routenwahl.

So machen die Erinnerungsseile noch mehr Eindruck.

Chancen und Gefahren: Die Teilnehmer könnten ihre Punkte natürlich auch auf einem Papier oder in einem »Lerntagebuch« notieren. Doch das Seil mit den bunten Papierstreifen ist origineller und etwas zum Anfassen. Es fällt auf und liegt vor jedem Teilnehmer auf dem Tisch.

Nebenbei entsteht ein pädagogisch erwünschter Effekt: Ein Teilnehmer wird es sich schon aus Image-Gründen kaum leisten, sein Seilstück leer zu lassen. Er wird also vielleicht doch ernsthaft nachdenken und entdecken, was ihm wichtig ist.

Nach dem Seminar hängt jeder das Seilstück mit den Streifen am Arbeitsplatz auf und wird an die wichtigen Dinge erinnert.

Wozu geknotete Taschentücher außerdem gut sind

Unverheiratete Mädchen, die sich bald vermählen wollen, haben eine Möglichkeit zu erfahren, wer der Glückliche sein wird. Es genügt, wenn sie die Namen von drei infrage kommenden Bräutigamen auf drei Zettel schreiben und diese jeweils in ein Taschentuch knoten. Zudem wird ein viertes leeres Taschentuch geknotet. Die vier Taschentücher legen sie am Heiligen Abend unter das Kopfkissen. Am nächsten Morgen knoten sie eines der Tücher auf. Sollte es das leere sein, wird sich das Mädchen nie vermählen. Diese trübe Aussicht können sie aber noch mithilfe von Knödeln abwenden. Die drei Zettel mit den Namen backen sie am ersten Weihnachtsfeiertag in Knödel ein. Der vom Schicksal vorbestimmte Bräutigam gibt sich beim ersten Zerschneiden zu erkennen.

(alter Brauch aus Tschechien)

Das Unterstützer-Netz

Zeitbedarf: 15–20 Minuten.

Material: Wollknäuel oder Ball aus Paketschnur.

Situation: Schlusssituation, Transfer.

Kurzbeschreibung: Ein Knäuel wird von Teilnehmer zu Teilnehmer geworfen. Nach und nach formt sich ein Netz.

Beschreibung: Am Ende eines Seminars sind einige Teilnehmer in Gedanken schon zu Hause. Jetzt können Sie als Trainer die Zusammenarbeit über das Seminar hinaus fördern. Während des Seminars hat man sich nicht nur in Funktionen, sondern auch als Mensch kennen gelernt. Ein informelles Netzwerk ist entstanden. Das »Unterstützer-Netz« visualisiert es und verknüpft es mit den Inhalten des Seminars.

Teilnehmer und Trainer stellen sich im Kreis auf. Übergeben Sie das Wollknäuel an einen Teilnehmer und stellen Sie zwei Fragen: »Was war besonders wichtig für Sie?«, »Was wird sich nach dem Seminar in Ihrer Praxis ändern?« Es geht also um eine Frage zum Seminar (retrospektiv) und eine zum Transfer (prospektiv).

Wenn der Teilnehmer sich geäußert hat, behält er das Ende des Wollfadens in der Hand und wirft das Knäuel zu einem anderen Teilnehmer (nicht zum Nachbarn!). Auch dieser Teilnehmer sagt etwas zu den beiden Fragen, behält ein Stück Schnur in der Hand und wirft das Knäuel zum nächsten weiter. Stück für Stück entsteht so ein Netz.

Sie als Trainer warten mit Ihrem Beitrag bis zum Schluss. Damit Ihnen die Teilnehmer nicht zwischendurch das Knäuel zuwerfen, gibt es einen einfachen Trick: Legen Sie die Hände hinter den Rücken und schauen zu einem Teilnehmer, der noch nicht dran war. Wenn Sie als Letzter an der Reihe sind, heben Sie die Bedeutung von Netzwerken im Beruf hervor: »Wir sind alle auf andere Menschen angewiesen. Zusammenarbeit hängt von der Qualität der Beziehung ab. Je größer und dichter Ihr Netzwerk, desto mehr Unterstützung haben Sie im Beruf. Auch während des Seminars haben Sie neue Menschen für Ihr Netzwerk gewonnen. Dieses Netzwerk sollten Sie nutzen.«

Mit dem entstandenen Netz können Sie die Eigenschaften von Netzen schön verdeutlichen. Wenn ein Teilnehmer den Faden loslässt, ist an dieser Stelle das Netzwerk geschwächt (hängt schlaff herab). Wenn aber jeder sein Fadenstück straff hält, ist das Netzwerk belastbar. Auch ein dünner Wollfaden ist in einem dichten Netz tragfähig. Probieren Sie es aus! Legen Sie einen Gegenstand darauf. Ein Wollfadennetz hält sogar einen Seminarstuhl aus. Regen Sie die Gruppe zu Ideen an, wie sie ein Netzwerk nach dem Seminar installieren oder weiterführen wollen.

Chancen und Gefahren: Die Methode steht und fällt mit zwei Dingen:

- der Qualität der Teilnehmeräußerungen und
- der Qualität Ihrer Entfaltung der Metapher »Netzwerk«.

Die Qualität der Teilnehmeräußerungen können Sie nur wenig steuern.

Überlegen Sie sich aber eine gute Formulierung für die Impulsfragen. Wählen Sie einen geeigneten Anfangsteilnehmer, denn der setzt die Struktur für die Übrigen. Keinen Lobhudler und auch keinen Überkritischen, sondern einen intelligenten Nachdenklich-Konstruktiven.

Die Qualität der Metapher »Netzwerk« wird davon beeinflusst, ob Sie generell mit Netzwerken etwas anfangen können. Viele Trainer sind Einzelkämpfer. Sind Sie ein guter Netzwerker? Wollen und können Sie Teil des Seminar-Netzwerkes mit Ihren Teilnehmern werden? Manche Trainer sind froh, wenn sie ihre Teilnehmer nicht wieder sehen. Entscheiden Sie für sich: Können Sie die Metapher mit Leben füllen? Wenn nicht, dann ist eine andere Methode geeigneter.

Das Wollnetz wird von manchen Trainerkollegen für die Blitzlichtmethode oder zum gegenseitigen Abfragen benutzt. Aber dabei wird die schöne Metapher »Netzwerk« verschenkt.

Varianten: Wenn Ihre Teilnehmer aus verschiedenen Ländern oder Kontinenten kommen, können Sie eine Karte auf Pinnwandpapier skizzieren und die Teilnehmer sich nach ihrem Wohnort aufstellen lassen. Von diesen Positionen aus wird dann das Knäuel geworfen. So wird das globale Netzwerk deutlich.

Ideengeber: Frank Busch (s. S. 324).

Gegenseitige Unterstützung statt Konkurrenzkampf

Soziale Unterstützung ist der vielleicht wichtigste menschliche Schutzfaktor. Mit ihm können auch schwere Belastungen, Lebenskrisen und ungünstige Lebenssituationen überwunden werden. Soziale Unterstützung am Arbeitsplatz durch Kollegen oder Vorgesetzte reduziert betrieblichen Stress und mildert die psychische Stresssituation. Unzufriedenheit, Angstzustände oder Depressionen verlieren an Intensität, wenn wir wissen, dass uns jemand in der Not zur Seite steht. Der Volksmund hat Recht, wenn er sagt: »Geteiltes Leid ist halbes Leid!«. Darüber hinaus fördert ein intaktes soziales Umfeld die für unser Selbstwertgefühl so wichtige Erfahrung von Anerkennung und Bestätigung.

Damit das soziale Umfeld seine schützende Kraft entfalten kann, ist es wichtig, dass wir diese Ressource erkennen und zu nutzen verstehen. Hilfe wird erst dann wirksam, wenn wir sie als solche erleben und annehmen. Das objektive Vorhandensein potenzieller Unterstützung alleine reicht nicht aus. Wir müssen gleichzeitig in der Lage sein, unser Problem nach außen zu tragen, unsere innere Welt ein Stück weit zu öffnen und anderen Menschen zu vertrauen.

Wie schätzen Sie Ihr soziales Umfeld am Arbeitsplatz ein? Können Sie auf die Hilfe von Kollegen zählen, wenn Not am Mann ist? Wer spendet Ihnen Anerkennung und Bestätigung?

Soziale Unterstützung ist in unserer Arbeitswelt nicht selbstverständlich. In vielen Betrieben und Abteilungen macht sich eine Ellenbogenmentalität breit, die durch den wachsenden Wettbewerbs- und Rationalisierungsdruck in den Unternehmen heraufbeschworen wurde. Die Beschäftigten erleben sich als gegenseitige Konkurrenten im Kampf um den beruflichen Aufstieg. Wer will da noch helfen? Nicht umsonst häufen sich die Berichte über Kleinkriege zwischen Mitarbeitern (Mobbing). Aber auch Führungskräfte erfahren meist nur geringe oder keine soziale Unterstützung. Die Führungsposition macht einsam. Wem soll man seine Probleme schon anvertrauen? Schließlich können Probleme als Führungsschwächen ausgelegt werden, egal ob man sich an untergebene Mitarbeiter oder übergeordnete Vorgesetzte wendet. Auch ein intakter Freundes- und Familienkreis kann dieses Problem nur bedingt auffangen.

(www.gesundheit-foerdern.de)

Roter Faden

Woher kommt der rote Faden?

Der Ariadnefaden war der griechischen Mythologie zufolge ein Geschenk der Prinzessin Ariadne an Theseus. Mithilfe des Fadens fand Theseus den Weg durch das Labyrinth, in dem sich der Minotauros befand. Nachdem Theseus den Minotauros getötet hatte, konnte er mithilfe des Fadens das Labyrinth wieder verlassen. Der Hinweis für die Verwendung des Fadens stammt von Daidalos, der auch das Labyrinth entworfen hat. Als Strafe für den Hinweis wurde anschließend Daidalos mit seinem Sohn Ikaros ins Labyrinth gesperrt. Mithilfe selbst gebauter Flügel konnten sich beide befreien.

Aus dieser Geschichte rühren Redewendungen:

Jemand hat den Faden verloren bedeutet, dass jemand eine Argumentationskette nicht zu Ende führen kann oder sich nicht mehr erinnert, was er zuletzt gesagt hat.

Etwas zieht sich wie ein roter Faden durch etwas bedeutet, dass überall gleichartige, immer wiederkehrende Elemente bei einer bestimmten Sache vorhanden sind.

Nach anderer Auffassung hat diese Redewendung ihren Ursprung in dem Brauch der britischen Marine, in all ihrem Tauwerk einen roten Faden mit zu verflechten, um Diebstähle zu unterbinden.

(www.wikipedia.org)

Zeitbedarf: 10 Minuten.

Material: Rote Plastikschnur, Wäscheklammern, Papierblätter.

Situation: Seminarbeginn, Überblick über die Inhalte.

Kurzbeschreibung: An einem roten Seil werden Blätter mit den Seminarthemen aufgehängt. Die Abfolge wird visualisiert. Die Teilnehmer können sich orientieren.

Beschreibung: Wenn Teilnehmer den roten Faden im Seminar vermissen, liegt dies nicht immer daran, dass keine Struktur vorhanden ist. Oft ist die Struktur einfach nicht sichtbar genug. Der rote Faden visualisiert den Aufbau eines Seminars oder Themenblocks. Spannen Sie den roten Faden zum Beispiel zwischen zwei Pinnwände oder zwischen Flipchart und Garderobenständer. Der Faden sollte quer und gut sichtbar zu den Teilnehmern angebracht werden.

Dies müssen Sie nicht unbedingt vor dem Seminar tun. Sie können den Faden auch spannen, während die Teilnehmer Ihnen zusehen: »Das hier ist der rote Faden, der sich durch unser Seminar zieht.«

> **Wenn der rote Faden fehlt**
>
> Nachdem wir das Ziel endgültig aus den Augen verloren hatten, verdoppelten wir unsere Anstrengungen.
>
> *Mark Twain*

Von links nach rechts (von den Teilnehmern aus gesehen in der Leserichtung) hängen Sie jetzt einzelne Themenblätter mit Wäscheklammern auf. Zu jedem Themenblatt können Sie zusätzliche Erläuterungen geben oder Fragen beantworten.

Wenn das Seminar voranschreitet, zeigt ein kleiner Reiter oder ein Pfeil aus roter Pappe, den Sie mit einer Wäscheklammer an das jeweilige Themenblatt heften, die momentane Position an.

Chancen und Gefahren: Der rote Faden gibt den Teilnehmern einen guten Überblick über die geplanten Themen. Sie als Trainer können damit auch den Zusammenhang zwischen den Themen erläutern. Allerdings ist der rote Faden nur bei einer begrenzten Anzahl Themen praktikabel. Ab 15 Themenblättern wird die Methode unhandlich. Auch eine thematische Untergliederung in Haupt- und Nebenthemen ist schwierig.

Varianten: Die Methode eignet sich auch zur Gliederung eines Tagesprogramms.

Oder: Die Teilnehmer können im Zwischenraum zwischen den Blättern Fragekarten oder Wünsche zum Thema anheften.

Ideengeber: Frank Busch (s. S. 324).

Das Seil reicht nicht für alle

Zeitbedarf: 5–10 Minuten.

Material: Schnur oder Seil.

Situation: Die Lerngruppe ist unzufrieden. Den einen geht es zu langsam, den anderen zu schnell. Sie als Trainer stehen unter Druck.

Kurzbeschreibung: Sie machen das Problem mit einem Seil augenfällig. Ein konstruktives Gespräch kommt in Gang.

Beschreibung: Diese Methode können Sie beispielsweise mit den folgenden Worten einleiten.

> *»Ich habe beobachtet, dass es einigen zu schnell, anderen zu langsam geht. Stellen Sie sich doch bitte in eine Reihe, je nach Ihrem gewünschten Lerntempo. Wer es gerne viel zügiger haben möchte, geht ganz nach links, wer ein viel langsameres Vorgehen wünscht, ganz nach rechts. Wem das Tempo ideal passt, stellt sich genau in die Mitte. Die anderen suchen sich Ihren Platz auf dieser Linie.«*

Die Strecke zum Aufstellen darf nicht zu kurz sein. Die Teilnehmer sollen Platz haben, auch weit auseinander stehen zu können.

Jeder hat nun seine Position gefunden. Sie schneiden von einer Schnur oder einem Seil so viel ab, dass es ungefähr für die Hälfte der Teilnehmerstrecke

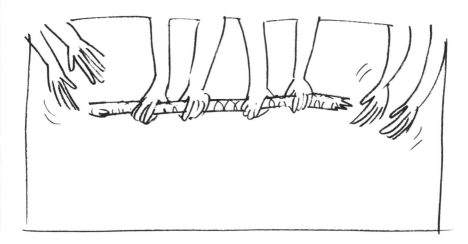

reicht. Der mittlere Teilnehmer dieser Gruppe nimmt nun die Seilmitte in die Hand, die Nachbarn links und rechts ergreifen das übrige Seil, insofern es bis zu ihrem Standpunkt reicht. Es zeigt sich, dass einige Teilnehmer »abgehängt« sind.

Damit ist die Situation exakt abgebildet. Sie als Trainer können jetzt fragen: »Sehen Sie einen Zusammenhang mit unserer Situation?« Wenn es nur zu Stirnrunzeln kommt: »Das Seilstück ist die Spanne des Lerntempos, die ich als Trainer anbieten kann. Ich muss mich auf das Tempo einstellen, das für die Mehrzahl passt. Es ist mein Dilemma, dass das Seil nicht für alle reicht.« Weitere Fragen:

- »Wie geht es?« Ihnen links neben dem Seil?
- »Wie Ihnen rechts davon?«
- »Wie geht es Ihnen in der Mitte?«

Es kommt zum Gespräch zwischen diesen Teilnehmern. Die Ungeduldigen verstehen, dass die Langsameren sich von ihnen gedrängt fühlen und sich als Bremser sehen. Die Langsamen hören, dass die Schnelleren nichts gegen sie haben, aber für sich möglichst viel aus dem Seminar mitnehmen wollen.

Anschließend werden gemeinsam Lösungen für das unlösbare Problem gesucht. Man entwickelt mehr Verständnis und Toleranz für die Unterschiede und kommt auf Ideen: dass man zum Beispiel die Aufgaben für die »Schnelleren« und die »Langsameren« differenziert, dass man sich in Lerntandems gegenseitig hilft.

Das Seil wird während des gesamten Gesprächs von der mittleren Gruppe gehalten. Jeder Teilnehmer behält seine Position. Zum Schluss suchen sich die »abgehängten« Teilnehmer einen Platz an dem relativ kurzen Seilstück und genießen für einen Augenblick die Nähe.

Chancen und Gefahren: Die Visualisierung des Problems macht schlagartig und ohne Worte die Realität deutlich: einerseits die Unterschiede zwischen den Teilnehmern, andererseits das Dilemma des Trainers. Das Sprechen vom jeweiligen Standort aus (Abstand oder Nähe zu anderen) und die Tatsache, ob man das Seil in der Hand hält oder nicht, machen Gefühle bewusst, wie man sie in Gruppen erlebt. Hier ist das Thema die Dynamik zwischen dem jeweiligen »Ich« und der gesamten »Gruppe«, zwischen berechtigtem Egoismus und notwendiger Anpassung. Wenn die Gruppe dies erfolgreich bearbeitet hat, kommt es zu einem Gewinn weit über das aktuelle Problem des Lerntempos hinaus.

Eine Gefahr ist, dass Sie als Trainer das Problem auf die Gruppe abschieben nach dem Motto »Nun schaut mal, was euch einfällt« oder dass Sie negative Emotionen bei den Teilnehmern, zum Beispiel zwischen den Ungeduldigen und den Langsameren, keinen Raum geben wollen (»Aber wir wollen doch sachlich bleiben«).

Sie sollten sich auf den seltenen Fall einstellen, dass die größere Teilgruppe nicht um die Mitte platziert ist, sondern davor oder dahinter. Dann landet das Seilstück nicht im Mittelfeld. Der Trainer lernt, dass sein bisheriges Tempo nur einer Minderheit angemessen war. Auch ein Gewinn!

Varianten: Die Aussagen der Teilnehmer zu ihrer Situation am oder neben dem Seil können Sie zunächst auch als Blitzlicht abfragen. Jeder sagt der Reihe nach ein zwei Sätze dazu, wie es ihm in dieser Situation geht, bevor das Gruppengespräch beginnt.

Zum Schluss des Seminars können Sie den Teilnehmern die Möglichkeit eröffnen, dass jeder seine Position verändern kann. Er oder sie sollte diesen Wechsel dann kurz kommentieren.

Die Seilbrücke

Zeitbedarf: 10–30 Minuten.

Material: 2 dünne Seile, Wäscheklammern, Papierblätter, 2 Pinnwände.

Situation: Problemlösung, Transfer, Prozessanalyse.

Kurzbeschreibung: Zwei dünne Seile (zum Beispiel farbige Nylonschnur) werden parallel zueinander in ca. 30 cm Höhenabstand von Pinnwand zu Pinnwand gespannt. Beschriebene Papierblätter bilden die »Sprossen« der Brücke vom Ausgang zum Ziel. Die Teilnehmer finden Lösungsschritte und visualisieren sie.

Beschreibung: Eine Seilbrücke führt vom Start zum Ziel. Start und Ziel werden durch zwei Pinnwände symbolisiert. Die Seile werden dazwischen gespannt. Zunächst wird auf den beiden Pinnwänden visualisiert: »Wo stehen wir (Ist-Analyse)?« und »Wo wollen wir hin (Soll-Analyse)?« Dann stellt sich die Frage: »Wie kommen wir von Ist zu Soll?« Der Brücke fehlen noch die Sprossen. Diese werden durch Papierblätter dargestellt. Auf den einzelnen Blättern werden Zwischenschritte zur Lösung festgehalten.

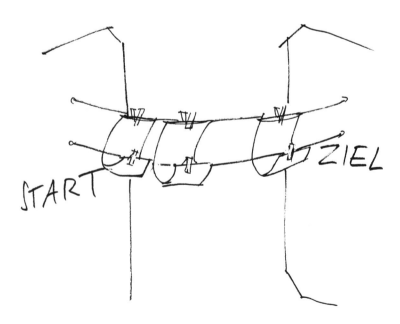

In der Diskussion der einzelnen Zwischenschritte können Sie als Trainer die Brücken-Metapher heranziehen. Mögliche Fragen sind:

- »Wie viele Schritte brauchen wir bis auf die andere Seite?«
- »Sind die Sprossen tragfähig?«
- »Sind sie noch zu weit voneinander entfernt?«
- »Mit welchen Maßnahmen können wir die Brücke weiter stabilisieren?«

Wie tragfähig die Brücke ist, hängt davon ab, wie gründlich Sie die Zwischenschritte erarbeiten. Hier sollten Sie Problemlösemethoden einsetzen.

Eine Brücke kann nicht nur von einer Ausgangssituation zur Lösung geschlagen werden. Brücken führen auch von der Vergangenheit zur Gegenwart (»Wie sind wir erfolgreich geworden?«), zur Zusammenarbeit von verfeindeten Abteilungen (»Wie überbrücken wir die Kluft?«) oder vom Seminar zum Alltag (»Wie ist der Weg zur Umsetzung?«).

> Verwandle große Schwierigkeiten in kleine und kleine in gar keine.
>
> *aus China*

Als Metapher für Übergänge ist die Brücken-Metapher immer geeignet.

Chancen und Gefahren: Manche Gruppen machen sich bei Diskussionen den Weg vom Start zum Ziel recht einfach. Es wird nur oberflächlich diskutiert. Fast hat man den Eindruck, der Weg zum Ziel würde durch Beamen à la Raumschiff Enterprise erreicht. Die Methode »Seilbrücke« bietet die Chance, sich auf den Weg zu konzentrieren. Welche Einzel(sic!)schritte sind nötig, um zur anderen Seite zu gelangen? Wie genau kommen wir von einer Sprosse zur nächsten? Mancher Teilnehmer realisiert erst jetzt, dass das Gestalten des Übergangs die Hauptarbeit ist, nicht die Ist-Analyse oder die Zukunftsvision.

Zu den Gefahren zählt auch das rein mechanistische Aufbauen der Brücke. Es geht bei dieser Methode nicht darum, ein paar Blätter an Seile zu heften. Wie bei einer Überquerung eines schönen Gebirgsflusses ist der Weg das Ziel. Die Brücke ist lediglich das Vehikel.

Variante: Benutzen Sie die Methode alternativ zum roten Faden zum Vorstellen der Seminarthemen. Auf eine Pinnwand kommen die Ziele der Teilnehmer für das Seminar. Die Brücke besteht aus den Themen. Auf der zweiten Pinnwand werden die Karten gesammelt, die erreicht wurden. So entsteht jederzeit ein guter Überblick über den Stand des Seminars.

Ideengeber: Frank Busch (s. S. 324).

Methoden und Übungen

KAIZEN: Veränderung durch kleine Schritte

Wörtlich übersetzt mit »Verbesserung in kleinen Schritten« steht Kaizen für den Gedanken, dass ein wesentlich größerer Erfolg damit zu erzielen ist, dass man kleinere Ziele schnell erreicht, als dass man für das große Ziel alles 100-prozentig plant, ohne (parallel) etwas zu tun.

Gemeinhin wird Kaizen sofort mit Japan in Verbindung gebracht. Die Ursprünge kommen jedoch aus den USA, England und Deutschland. Erst der Zusammenschluss vieler Techniken aus der ganzen Welt und deren Perfektionierung machen aus Kaizen eine »japanische« Methode, mittels derer sowohl Führungskräfte als auch der Arbeiter den Unternehmenserfolg steigern können.

Kaizen bezeichnet den Prozess der permanenten und schrittweisen Verbesserung durch alle Mitarbeiter eines Unternehmens. Man versteht Kaizen als eine geistige Grundhaltung. Grundsatz: kein Prozess ist so gut, dass er nicht noch besser werden kann. Außerdem geht man davon aus, dass keine Verbesserung zu unbedeutend ist, dass sie keinen Nutzen bringt.

Das Kaizen-Konzept ist entscheidend beim Verständnis des Unterschieds zwischen japanischem und westlichem Management. Im Grundsatz ist Kaizen die konsequent prozessorientierte Art zu denken im Gegensatz zu dem in westlichen Ländern verbreiteten innovations- und ergebnisorientierten Denken.

Das eine muss das andere aber nicht ausschließen, Kaizen ist in der Lage die hierzulande üblichen Innovationsschübe sehr gut zu unterstützen und zu ergänzen. So sind Innovationsschübe nur erfolgreich, wenn gleichzeitig das Qualitätsniveau gehalten werden kann. In der Praxis sinkt das Niveau, wenn keiner Energie investiert, um es zu halten.

Hier setzt Kaizen an, denn es hilft den großen Schritt einer Innovation in kleine Schritte zu unterteilen und daran kontinuierlich prozess- und nicht ergebnisorientiert zu optimieren.

Stühle

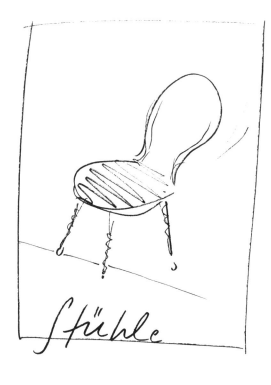

Das steht bereit:
- Stühle mit Armstützen oder ohne
- Sitzfläche starr oder federnd
- Sitzfläche schmal oder breit
- Sitzfläche flach oder muldenförmig
- Rückenlehne starr oder federnd
- Lehne von Nieren- bis Kopfhöhe
- Material kalt oder warm
- Material hart oder weich
- Gewicht leicht oder schwer
- Sitzposition steif oder bequem
- hell oder dunkel, einfarbig oder bunt

Das kann man damit anstellen:
- sitzen
- frei lassen
- kippen
- rücken
- arrangieren (zum Beispiel Stuhlkreis, Reihen, Inseln)
- kombinieren (zum Beispiel zweiten Stuhl als Fußauflage)
- umdrehen (zum Beispiel Rücken an Rücken sitzen)
- etwas darauf abstellen
- etwas daran heften (zum Beispiel Beschriftung)
- irgendwohin tragen
- Barriere bauen
- aufeinander stapeln

Probieren Sie es aus!

Ein Stuhl ist mehr als eine Sitzfläche

Stuhl und Körper

Stuhl und Körper nehmen Kontakt auf. Der Stuhl trägt den Körper. Ohne Stuhl würde man in dieser Position zu Boden fallen. Daher spürt man das eigene Gewicht in der Sitzfläche, auf den Armlehnen, im Rücken. Sich setzen heißt: nach dem Gehen und Stehen eine neue Ruheposition finden. Der Stuhl ist ein sicheres Nest. Man richtet sich auf einen längeren Aufenthalt ein.

Der Stuhl ist bedeutsam für die Körpersprache. Ich nehme ihn mit, wenn ich vom Tisch oder vom Nachbarn wegrücke oder näher heran will. Ein schwerer Stuhl nagelt fest. Leichte Stühle mit federnder Lehne und Sitzfläche geben der Körpersprache mehr Ausdrucksmöglichkeiten. Armstützen rahmen die Person ein und geben Halt, auch wenn man zwischendurch das Gewicht verlagert.

Gerade sitzen!

Falsches Sitzen ist »Gift für den Rücken«. Insbesondere das Sitzen in vorgebeugter Haltung bedeutet eine unphysiologische und übermäßige Belastung. In dieser Position sind die Bandscheiben einem relativ hohen statischen Druck ausgesetzt und ihre Versorgung mit Nährstoffen und Flüssigkeit ist eingeschränkt. Dadurch können einzelne Bandscheiben vorzeitig verschleißen und degenerieren, was zu gesundheitlichen Beschwerden und dauerhaften Erkrankungen führen kann.

(ERGO T.I.M.E.)

Sitzen im Stuhlkreis ohne Tisch ist für alle Teilnehmenden anstrengend. Man kann nie die Arme aufstützen. Schreiben auf den Knien ist mühsam. Bei einem mehrtägigen Seminar sollte man daher zwischen dem Sitzen im Stuhlkreis und an Stühlen am Tisch wechseln.

Als Trainer haben Sie wenigstens drei Möglichkeiten, mit diesem Thema umzugehen. Erstens: Sie entscheiden, wann es einen Stuhlkreis gibt und wann die Tische genutzt werden. Zweitens: Sie sagen am Anfang, dass dies die Teilnehmer – jeder für sich – selbst regeln sollen. Dann gibt es vielleicht eine Runde, in der einige einen Tisch vor sich haben, andere keinen. Drittens: Sie lassen die Teilnehmer immer zu Tagesbeginn entscheiden, wie sie es an diesem Tag halten wollen. Die Mehrheit entscheidet dann für alle, ob heute im Stuhlkreis oder mit Tischen gearbeitet wird.

> **Dynamisch sitzen!**
>
> Erwachsene und insbesondere Kinder können und sollten nicht über längere Zeit in ein und derselben Körperhaltung verharren. Der gleichmäßige und unbewusste Belastungswechsel zwischen Spielbein und Standbein bei einem frei stehenden Menschen macht dies deutlich. Auch während einer nächtlichen Schlafphase verändert der Mensch etwa 40-mal seine Schlafhaltung. Jeder Haltungswechsel im Stehen oder Liegen entlastet die vorher beanspruchten Muskel- und Skelettanteile zulasten anderer. Jede statische Haltung ist auf Dauer gesundheitsschädlich. Der dynamische Wechsel verschiedener Haltungen stellt die Grundlage für eine ausgeglichene physiologische Beanspruchung dar. Der Körper regelt dieses Wechselspiel von Statik und Dynamik, von Belastung und Entlastung ganz unbewusst und autonom, wenn er – wie im Stehen beispielhaft gegeben – die Freiheit für diverse Wechselhaltungen hat.
>
> Auch beim Sitzen sollte deshalb dieses wichtige dynamische Verhalten zum Tragen kommen. Dabei spielt die Bewegungsfreiheit des Beckens eine zentrale Rolle. Erst die Balance des Beckens ermöglicht die Balance des darauf aufbauenden Halte- und Bewegungssystems. Solange die muskuläre Balance der Nacken-, Schulter- und Rumpfmuskulatur im Sitzen dynamisch beansprucht wird, ist ein aktives und rückenfreundliches Sitzen gewährleistet.
>
> Dabei werden insbesondere die Wirbelsäulenschwingungen regelmäßig verändert. So werden ...
>
> - die Bandscheiben permanent mit Nährstoffen versorgt, dadurch erhalten sie ihre notwendige Elastizität;
> - die komplexen Rückenmuskeln wechselseitig belastet und entlastet, damit stimuliert und gekräftigt;
> - die über 100 Gelenke an der Wirbelsäule in Bewegung gehalten, was die Wirbelsäulenbeweglichkeit fördert;
> - Hirnstoffwechselfunktionen angeregt, welche die Aufmerksamkeits- und Konzentrationsfähigkeit aufrecht erhalten.
>
> *(Dr. Dieter Breithecker, Bundesarbeitsgemeinschaft für Haltungs- und Bewegungsförderung e.V.)*

Auch im Hinblick auf Körpersignale unterscheiden sich Stuhlkreis und Sitzen am Tisch. Im Stuhlkreis sieht man den ganzen Körper. Hinter dem Tisch ist manchmal die untere Körperhälfte verborgen. Man erblickt dann die Handhaltung nicht, wenn die Hände unter der Tischfläche sind. Da kann jemand im Gesicht ganz ruhig wirken. Dass er dabei nervös seine Finger presst, spielt sich verborgen unter dem Tisch ab. Auch die Beinhaltung ist am Tisch eingeschränkt. Will man die Beine kreuzen, muss man vom Tisch weg rücken. Dafür können die Frauen unter dem Tisch die engen Schuhe abstreifen, ohne dass es jemand auffällt.

Stuhl und Raum

Wo ein Stuhl im Raum steht ist bedeutsam. Vorne sitzen ist anders als hinten, in der Mitte anders als am Rand. Ranghöhere sitzen exponiert. Sie wählen am liebsten eine Position mit dem Licht im Rücken. So bleiben sie im Schatten, während der Rangniedere ausgeleuchtet wird. (Auch der Falke fliegt seine Beute immer mit der Sonne im Rücken an.)

Der beliebte Stuhlkreis signalisiert nicht nur Wir-Gefühl, sondern gleichzeitig auch Gleichberechtigung, Abschaffung von Hierarchien. Es macht einen Unterschied, ob der Trainer im Stuhlkreis sitzt oder außerhalb, ob er zu den Teilnehmern einen Abstand hält oder nicht. Wenn der Trainer sich während eines Rollenspiels oder einer Präsentation als Beobachter auf den freien Stuhl des Akteurs setzt, ist das eine ungewohnte Situation nicht nur für die Teilnehmer. Er selbst wird durch den Sitzwechsel für kurze Zeit zum Teilnehmer und sieht den Akteur im Trainerspielfeld agieren.

Zeige mir wie du sitzt und ich sage dir wer du bist

Ein Mensch, der die ganze Sitzfläche mit seinem vollen Körpergewicht ausnutzt, signalisiert, dass er sich hier mit vollem Recht niedergelassen hat und auch erst mal hier bleibt. Er »thront« sozusagen auf seinem Stuhl.
Setzt er sich dagegen nur auf den Rand der Sitzfläche, ist er stets zur »Flucht«, aber auch zum Erledigen von Diensten bereit. Eine solche Sitzposition strahlt Unsicherheit aus.
Wer sich lasch in einen Sessel fallen lässt, ist entweder wirklich erschöpft oder es fehlt ihm an Halt und innerer Festigkeit.
Wer die Stuhllehne nach vorne dreht und sich dann rücklings auf den Stuhl setzt, ist übrigens nicht »cool«, sondern einfach unsicher, da er zwischen sich und seinen Gesprächspartnern eine Barriere braucht.

(Kommunikationstrainer Holger Filges)

Der Stuhl wird zum Revier. Man »nimmt Platz«. Wenn nach der Pause ein anderer auf meinem Platz sitzt, hat er mir den Platz weggenommen, mein Nest okkupiert. Auch ein Nestphänomen ist: sich auf einem Stuhl niederlassen und die Wärme des Vorgängers auf dem Sitz fühlen. Es ist den meisten Menschen unangenehm. Ein vom Trainer verordneter Stühlewechsel im Seminar – auch wenn es nur um ein kurzes Bewegungsspiel geht – ist nicht nur eine Ortsveränderung, sondern gleichsam eine Vertreibung auf Zeit. Und jede Änderung der Stuhlanordnung, zum Beispiel vom bestuhlten Tisch zum Stuhlkreis oder umgekehrt, bedeutet Verändern von vertrauter Ordnung.

> Bekanntlich braucht man zum Denken einen Stuhl, auf dem man sitzt.
>
> *Ödon von Horvath*

Beispiele für den Einsatz bei Active Training

Die Methoden in diesem Kapitel bieten ein breites Spektrum dessen, was Sie mit Stühlen alles anstellen können:

- Als die Teilnehmer zum ersten Mal den Seminarraum betreten, trifft sie fast der Schlag: Stühle, Tische, Pinnwände – alles liegt kreuz und quer durcheinander. Was soll dieses Tohuwabohu (siehe Methode »Chaos«, s. S. 176)?
- Teilnehmer sitzen sich in einem inneren und einem äußeren Kreis gegenüber und unterhalten sich (je nach Aufgabe). Dann rutschen die äußeren mit ihren Stühlen einen Platz weiter, sodass neue Paare entstehen (Methode »Karussell«, s. S. 178).
- Die Teilnehmer stehen auf, stellen sich hinter ihre Stühle und sind plötzlich Beratungsexperten (Methode »Seminarberater«, s. S. 180).
- Ein Teilnehmer sitzt hinter einer Pinnwand und ruft verschiedene andere Teilnehmer an (Methode »Telefonbefragung«, s. S. 182).
- Nach einem Rollenspiel hat der Feedbacknehmer die Wahl zwischen drei Stühlen mit der Aufschrift »weich«, »mittel« und »hart« (Methode »Eier kochen«, s. S. 184).
- Aus einem lustigen Spiel mit kippenden Stühlen wird ein Gruppentest zum Umgang mit Regeln (Methode »Kippstuhl«, s. S. 186).
- Seltsam: Da umkreisen Teilnehmer einen Kollegen, der in der Mitte auf einem Stuhl sitzt und werfen ihm völlig übertriebene Komplimente an den Kopf (Methode »Tankstelle«, s. S. 188).

Der leere Stuhl

Bei manchen Methoden und Übungen gehört es dazu, dass ein Stuhl frei bleibt, auf den sich jeder setzen kann, der möchte. Aber mit dem Hinsetzen signalisiert er, dass er etwas sagen möchte. Einige Beispiele:

- Gruppenarbeiten kann man mit der Methode »Goldfischglas« auswerten. Ein Sprecher jeder Gruppe sitzt im Innenkreis. Die anderen setzen sich außen herum und hören zu. Die Sprecher berichten aus den Gruppenarbeiten, befragen sich und diskutieren. Ein Stuhl in ihrer Runde bleibt frei. Den kann jemand aus dem Außenkreis nutzen, um eine eigene Frage oder Ergänzung einzubringen. Danach verlässt er den Stuhl wieder und kehrt in den Außenkreis zurück.
- Beim Bearbeiten des Anliegens eines Teilnehmers ist es hilfreich, die inneren Stimmen zu Wort kommen zu lassen. Dabei können andere Teilnehmer helfen und Stimmen Worte geben, die vielleicht auch im Teilnehmer schlummern. Dazu stellt man einen Stuhl hinter den Teilnehmer. Wer glaubt, etwas beitragen zu können, setzt sich darauf (sieht also den Rücken des zu beratenden Teilnehmers vor sich) und formuliert eine Stimme. In einem anderen Zusammenhang kann es auch eine Frage an den Teilnehmer sein oder eine »Resonanz«, zum Beispiel ein eigenes Erle-

ben, das beim Zuhören des Anliegens in Erinnerung kam (s. auch »Konferenz der inneren Stimmen« im Kapitel »Fantasie«, S. 265 ff.)

- Ein Helferstuhl kann auch bei Lernspielen frei bleiben. Wenn man der Reihe nach abfragt (siehe zum Beispiel die Methode »Abfragen mit Aktion« im Kapitel »Papier«, S. 69), kommt es immer wieder vor, dass der Befragte die Antwort nicht weiß. Wer dann am schnellsten auf dem Helferstuhl sitzt, kann den Punkt holen.
- Einen leeren Stuhl können Sie ebenso mit einer Rolle verbinden, die für das Seminar wichtig ist. Sie können an die Stuhllehne eine Karte mit der Aufschrift »Reporter« anheften. Wer eine Beobachtung der Gruppe oder dem Leiter mitteilen möchte, setzt sich auf den Stuhl. Andere Belegungen für einen oder mehrere freie Stühle sind »Kritiker«, »Heiler« oder »schneller Brüter« (bringt Ideen ein). Lesen Sie zur Anregung auch die Rollen bei der Methode »Jobkarten« im Kapitel »Papier« (S. 54).

Der Stuhl ist heiß!

Die Methode »Heißer Stuhl« stammt aus einer Fernsehsendung. Etwas hart gesagt: Sobald sich jemand darauf setzt, ist er zum Abschuss freigegeben. Einer gegen alle, alle gegen einen ist das Drehbuch.

Spekulationen zum heißen Stuhl

Aus einem Internetforum:

11.6., 7.22 Uhr
Hallo Leute,
meine Freundin hat mir gestern erzählt, eine Bekannte von ihr hätte in ihrer Firma auf den »heißen Stuhl« gemusst. Wir haben beide keinen blassen Schimmer, um was es dabei geht. Weiß jemand von Euch darüber was?
LG Adele

11.6., 9.03 Uhr
Hm, also ich würde denken, entweder den Stuhl, der vor Cheffes Schreibtisch steht, oder der von der Person. Würde mir jetzt spontan so einfallen. Edit: hat sie was ausgefressen?!

11.6., 9.48 Uhr
es gab da mal so eine sendung »heißer stuhl« dort wurden personen raufgesetzt, die mit irgendwas nicht einverstanden waren!!

12.6., 15.50 Uhr
Ausgefressen hat sie nichts. Ihr Mann ist kürzlich verstorben, es ging wohl darum, ob sie damit klar kommt (beruflich). Sie hat das Ganze einer Kollegin zu verdanken, die sie offensichtlich mobbt.

In humaner Form (anders als im Kasten oben) können Sie das Szenario »heißer Stuhl« in unterschiedlichen Trainingssituationen einsetzen, zum Beispiel:

In der Anfangssituation können Sie sich als Trainer beispielsweise so vorstellen: *»Ich setze mich auf diesen heißen Stuhl.* (Sie können ja vorher eine große Karte mit der roten Aufschrift »heiß« auf den Stuhl legen.) *Fragen Sie mich alles, was Sie wollen. Es gibt allerdings zwei Bedingungen: Sie fragen nur, was Sie wirklich interessiert. Und ich antworte nur, wenn ich den Mut dazu habe. Schießen Sie los!«*

Dann können Sie sicher sein, dass Ihre Vorstellung nicht langweilig wird. Außerdem haben Sie ein wichtiges Signal gesendet: Hier ist ein Trainer, der gefragt werden will und die Teilnehmer nicht mit einer Vorstellungsrede, mehr oder weniger routiniert, überfällt. Nicht schlecht für den Anfang! Für die Vorstellung der Teilnehmer ist die Methode nicht geeignet.

Sie können den heißen Stuhl auch beim Feedback einsetzen: Gemeint ist dabei zum einen das personbezogene Feedback nach einem wichtigen Rollenspiel. Zum anderen kann es Feedback in schwierigen Situationen sein. Wenn etwa ein Teilnehmer sich dauernd daneben benimmt und Sie entschieden haben, ihm ein Feedback aus der Gruppe zu geben, können Sie einen heißen Stuhl in die Mitte stellen. Der Teilnehmer bekommt dort Rückmeldungen, kann aber auch Fragen dazu stellen. Sie können das Ganze auch entschärfen, indem Sie die Methode »Eier kochen« (s. S. 184) in diesem Kapitel anwenden. Richtig heiß ist dabei natürlich nur der Stuhl »Hart kochen«. Eine andere Möglichkeit ist, einen leeren Stuhl als »Helferstuhl« neben den heißen Stuhl für den betroffenen Teilnehmer zu stellen. Darauf können vorübergehend – immer nur für einen Wortbeitrag – andere Teilnehmer Platz nehmen und dem Kollegen »zur Seite springen«.

Methoden und Übungen

Quasselliege

Zeitaufwand: 5 Minuten.

Material: 2 Stühle.

Situation: Problemlösung, Beratung.

Kurzbeschreibung: Auf der Quasselliege entwickeln Teilnehmer Lösungen.

Beschreibung: Die Quasselliege besteht aus zwei oder drei bequemen Stühlen, die so zusammengeschoben werden, dass man dann wie auf einer Coach beim Analytiker mehr liegt als sitzt. Wer sich darauf bettet, darf wie beim Analytiker frei drauf los reden, was ihm gerade zum Thema in den Sinn kommt: Assoziationen, innere Bilder, eigene Erlebnisse, Tipps, Fantasien zu Erfolg und Scheitern. Die Qualität der Formulierung spielt keine Rolle, auch nicht Logik oder Genauigkeit. Hauptsache, man »quasselt« unbeschwert ohne Pause vor sich hin.

Diese Methode kann man bei ganz unterschiedlichen Situationen anwenden. Hier ein Beispiel aus einer Beratungssituation.

In einem Verhaltenstraining klagt Frau Naumann nach einem Rollenspiel: *»Ich weiß jetzt durch die Feedbacks, dass ich in Verhandlungen meine Interessen offener vertreten sollte. Aber ich habe Hemmungen, weil ich auf keinen Fall als die harte Egoistin da stehen will.«* Der Trainer baut daraufhin die Quasselliege und platziert Frau Naumann auf einem Stuhl so neben das Kopf-

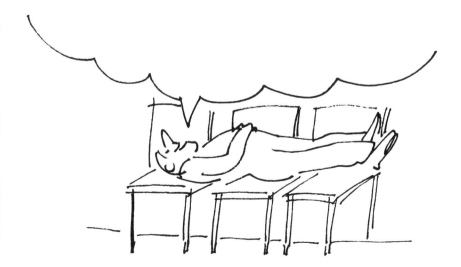

Methoden und Übungen

ende, dass der Liegende sie nicht sieht. So sitzt in der klassischen Psychoanalyse der Therapeut. Aber diesmal ist Frau Naumann diejenige, die hofft, vom »Quassler« Anregungen für Ihre Situation zu bekommen. Sie bekommt Papier und Stift, damit sie sich Notizen machen kann, wenn etwas für sie Brauchbares zu hören ist. Dann erklärt der Trainer die Regel: »*Hier ist die Quasselliege. Wer Frau Naumann helfen will, legt sich darauf und redet einige Minuten ohne Unterbrechung, was ihm oder ihr gerade in den Sinn kommt. Frau Naumann hört nur zu. Es liegt ganz bei ihr, was sie davon verwenden will. Der Quassler liefert nur Material und übernimmt keine Garantie.*«

Wenn sich spontan kein Teilnehmer meldet, darf sich Frau Naumann einen oder mehrere (maximal drei) aussuchen. Der Trainer achtet darauf, dass der Redestrom nicht ins Stocken kommt. Notfalls sagt er einfach »Weiter«. Nach einigen Minuten kann der nächste Teilnehmer die Quasselliege aufsuchen.

Wenn kein Teilnehmer mehr quasseln möchte, fragt der Trainer Frau Naumann: »*War was für Sie dabei?*« und »*Möchten Sie den Quasslern noch etwas sagen?*«

Chancen und Risiken: Der psychologische Trick bei diesem Quasseln besteht darin, den Beratern jeden Druck zu nehmen. Es ist für sie erst einmal paradox, dass sie alles vergessen sollen, was sie über gutes Feedback und dezentes Beraten gelernt haben. Aber darin liegt die Chance, dass auch Dinge ausgesprochen werden, die man normalerweise zensiert und für sich behalten hätte. Damit erhöht sich das Risiko, dass dem Zuhörer einiges abverlangt wird. Deshalb ist die Instruktion wie im Beispiel wichtig: »Es liegt ganz bei Frau Naumann, was sie verwenden möchte.«

Der besondere Tipp: Drehen Sie die Quasselliege so, dass der Quassler nicht zur Gruppe schaut. Das lenkt ihn nur ab. Das Quasseln fällt leichter, wenn man dabei die Augen schließt.

Die **Freie Assoziation** ist eine Methode der psychoanalytischen Therapie Sigmund Freuds. Der Patient soll in der Therapie seinen Einfällen (Assoziationen) zu Personen, Ereignissen, Dingen oder Symbolen völlig freien Lauf lassen, ohne seine Äußerungen zu zensieren, auch wenn sie ihm als unpassend, unangenehm, sittenwidrig, unsinnig oder unwichtig erscheinen.
Um möglichst gut frei assoziieren zu können, sollte gewährleistet sein, dass der Patient sich so entspannt und unbeeinflusst von seiner Umgebung wie möglich dem Assoziieren widmen kann. Hierzu dient das mittlerweile klassisch gewordene, aber nicht zwingend notwendige Setting der Psychoanalyse: Der Patient liegt auf einer Couch, ohne Blickkontakt zu dem meist hinter ihm sitzenden Analytiker zu haben, wodurch sich der Patient unbeobachtet fühlen soll. Auch setzt die liegende, dem Schlafen nachempfundene Position die Muskelspannung des Körpers herab und kann durch ihre entspannende Wirkung das Entstehen tran-

ceähnlicher Zustände sowie insbesondere das Entstehen »innerer Bilder« fördern.

Freud selbst beschrieb dieses Setting einmal folgendermaßen: »Nachdem es sich der Patient auf der Couch bequem gemacht hat, nimmt der Arzt hinter ihm ungesehen Platz: ›Bitte teilen Sie mir mit, was Sie von sich wissen, eröffnete er die erste Analysestunde, sagen Sie alles, was ihnen durch den Sinn geht. Benehmen Sie sich so, wie zum Beispiel ein Reisender, der am Fensterplatz eines Eisenbahnwaggons sitzt und den ihm inneren Eindruck beschreibt, wie sich vor seinen Blicken die Aussicht verändert.‹«

(www.wikipedia.de)

Chaos

Zeitbedarf: 20 Minuten.

Material: Möbel und Geräte des Seminarraums.

Situation: Seminarbeginn.

Kurzbeschreibung: Die Teilnehmer treffen einen Seminarraum an, in dem alle Möbel kreuz und quer durch- und übereinander stehen.

Beschreibung: Bevor die Teilnehmer eintreffen, richten Sie die Möbel und die Geräte im Seminarraum so her, als sei ein Wirbelsturm durchgezogen.

Gleich an den Eingang legen Sie Postkarten (Fotos oder Kunst) nebeneinander aus, die eines gemeinsam haben: sie zeigen Wege oder Straßen. Sie können auch Fotos aus Illustrierten ausschneiden und auf Karton kleben.

Sie begrüßen die Teilnehmer vor geschlossener Tür und warten, bis alle da sind. Dann öffnen Sie die Tür und warten ab. Wenn Teilnehmer Sie fragen:»Was soll das?« antworten Sie: »Das macht Sinn, wenn Sie das Richtige tun.« Die Teilnehmer sind zuerst geschockt und irritiert. Dann beginnen sie, Ordnung in das Chaos zu bringen.

Wenn alle sitzen, können Sie fragen: »Was hat sich eben abgespielt?« und nachdem die Teilnehmer das Geschehen beschrieben haben: »Haben Sie dabei Erfahrungen gemacht, die Sie im Seminar gebrauchen können?« – Erwünschte Antworten: Wir sind hier nicht nur passiv, sondern gestalten mit. Wenn Probleme auftauchen, packen wir sie an.

Zeigen Sie der Gruppe Ihre Anerkennung und Ihre Freude auf die Zusammenarbeit.

Methoden und Übungen

Chancen und Gefahren: Vielleicht haben Sie schon von der berüchtigten Anfangssituation gehört, bei welcher der Trainer 20 bis 30 Minuten vor der Gruppe sitzt und kein Wort sagt. Das Ziel dieses Verfahrens ist das gleiche wie bei der Chaos-Übung: die bequeme passive Teilnehmerhaltung bewusst machen und aufbrechen.

Die Chaos-Übung ist jedoch eindeutig der bessere Weg. Sie visualisiert das Problem, die Wegekarten sind eine Hilfe, die Gruppe erkennt eine Aufgabe und sieht sich nicht vom Trainer im Stich gelassen, das Ergebnis schafft eine »aufgeräumte« Stimmung. Die Dramaturgie dieser Übung ist perfekt: anfangs Irritation, dann Aktion, dann Aha-Erlebnis und Stolz auf die gemeinsame Leistung. Ein erstes Wir-Gefühl ist entstanden durch einen Arbeitsstil, wie der Trainer ihn sich für das Seminar wünscht.

Sollte der Fall eintreten, dass eine Gruppe bockig passiv bleibt oder die »Schuld« beim Trainer sucht, beginnen Sie wortlos mit dem Aufräumen. Wenn alle sitzen, stellen Sie auch hier die beiden Fragen wie oben. Wenn die Gruppe nicht die erhoffte Erkenntnis gewonnen hat, helfen Sie nach, formulieren Ihre Erwartungen und stellen den Gewinn für alle heraus.

> Chaos ist Ordnung, die wir nicht verstehen.
>
> *Konstantin Wecker*

Ideengeberin: Ute Pelzer (s. S. 327).

Trainings-Karussell

Zeitbedarf: Ungefähr 30 Minuten.

Material: Rollenspielkarten mit Situationen zum Trainingsthema.

Situation: Üben, Wissen anwenden.

Kurzbeschreibung: Zu den Situationen finden abwechselnd kurze Stegreifrollenspiele statt.

Beschreibung: Sie bereiten mehrere Rollenspielkarten vor. Diese schildern Situationen, in denen die Teilnehmer das erlernte Wissen anwenden sollen. Es gibt so viel Karten wie die halbe Teilnehmerzahl.

Zwei Beispiele für Karten im Kommunikationstraining: »Ein Mitarbeiter beschwert sich bei der Führungskraft über einen Kollegen und verlangt Parteinahme. Die Führungskraft weiß davon noch nichts.«
Oder: »Die Führungskraft will den Mitarbeiter wegen mancher Pannen eine Zeit lang stärker kontrollieren. Der Mitarbeiter will das nicht.«

Die Teilnehmer gruppieren sich in einen inneren und äußeren Stuhlkreis. Die Hälfte sitzt innen mit dem Gesicht nach außen, die andere Hälfte außen mit dem Blick nach innen. Es sitzen sich also jeweils zwei Gesprächspartner gegenüber.

Sie teilen mit, dass die Teilnehmer im Außenkreis jeweils die eine, die innen jeweils die andere Rolle spielen. (Zum Beispiel außen die Führungskräfte, innen die Mitarbeiter.) Jedes Paar erhält eine der Situationskarten und einige Notizblätter. Nach einer Lesezeit von einer Minute beginnen die Paare gleichzeitig ihre Dialoge, in denen sie das vorher Gelernte anwenden. Nach einigen Minuten wird das Gespräch auf ein Zeichen von Ihnen abgebrochen. Jeder notiert sich Erkenntnisse aus dieser Übungsrunde.

Beim zweiten Durchgang rutschen die Teilnehmer im Innenkreis einen Sitz im Uhrzeigersinn weiter, sodass neue Paare entstehen. Die Situationskarten bleiben bei den gleichen Personen im Außenkreis. Nach fünf Minuten wird wieder abgebrochen.

In der dritten Runde wechseln die Personen im Außenkreis ihre Rollen und tauschen den Platz jeweils mit der übernächsten Person des Innenkreises im Uhrzeigersinn. Wieder wird geübt. Im vierten Durchgang rücken die Personen im Innenkreis wieder einen Stuhl weiter.

Am Ende werden die Erfahrungen auf einer Pinnwand oder einem Flipchartposter aufgeteilt nach Plus und Minus festgehalten. Sie können auch eine Kartenabfrage zu den Themen »typische Fehler« und »Tipps« durchführen.

Chancen und Gefahren: Das Stegreifrollenspiel »aus dem Stand« ist auch als Revolvermethode bekannt, weil der Betreffende auf eine neue Situationsvorgabe schnell reagieren muss. Der Vorteil dieser Methode mit den beiden Stuhlkreisen liegt darin, dass gleichzeitig mehrere Rollenspiele stattfinden. Man spart also Zeit. Durch den Wechsel (Sie können sich auch andere Verfahren zum Mischen nach jeder Runde ausdenken) kommt jeder Teilnehmer in kurzer Zeit mehrmals zum Üben.

Der Nachteil ist, dass es kein ausführliches individuelles Feedback gibt, weder vom Trainer noch von den Teilnehmern. Aber man setzt hier voraus, dass das Basiswissen vorhanden ist und jetzt vor allem geübt werden soll.

Die Methode eignet sich für alle Übungen in Zweiersituationen.

Varianten: Situationskarten werden in Kleingruppen von den Teilnehmern selbst entwickelt und dann von Ihnen für die Übung ausgewählt oder ergänzt. Das macht das Training für die Teilnehmer noch praxisnäher.

Oder: Die Teilnehmer können sich jeweils noch ein kurzes konstruktives Feedback geben: »Du hast ... Es wäre hilfreich/überzeugend/wirkungsvoll, wenn du stattdessen ...«

Sie können diese Methode auch im Stehen durchführen lassen, wenn die Teilnehmer lange gesessen haben.

Ideengeber: Matthias Mantz (s. S. 326).

Seminarberater

Zeitbedarf: 10 Minuten.

Material: Stühle, Flipchart oder Pinnwand.

Situation: Bestandsaufnahme (Gruppenprozess, Effektivität der Arbeit und Ähnliches).

Kurzbeschreibung: Die Teilnehmer versetzen sich in die Rolle von Beratern, die das Seminar bisher beobachtet haben.

Beschreibung: Sie bitten die Teilnehmer, sich hinter ihre Stühle zu stellen.

> Sie können sagen: »*Wir stehen jetzt hinter den Stühlen, weil wir von außen auf das schauen, was sich hier bei uns abspielt. Sie sind nämlich Experten, die eingeladen wurden, das Seminar zu beobachten. Ich bin Ihr Auftraggeber. Jetzt haben Sie genug gesehen, um eine Diagnose zu stellen und Empfehlungen abzugeben. Wie das die Unternehmensberater so machen. Beginnen wir mit einer ersten Runde zum Thema ›Diagnose‹. Danach machen wir eine Runde zum Thema ›Empfehlungen‹. Ich werde am Flipchart Stichworte mitschreiben. Denken Sie also eine Minute über Punkte nach, die Ihrer Meinung nach zur Diagnose gehören. Dann sagt jeder reihum, was er dazu meint. Wer nicht mag, sagt ›Ich passe‹.*«

Sie notieren unter der Überschrift »Diagnose« Stichworte mit. Am besten schreiben Sie sie auf jeweils eine Pinnwandkarte. Sie können sie später anpinnen und ordnen. Dann folgt die zweite Runde, bei der Empfehlungen eingeholt werden.
Die Teilnehmer setzen sich wieder auf ihre Stühle, kehren also wieder in ihre Realität zurück. Gemeinsam schaut man sich nun die Aufzeichnungen an und wertet sie aus.

Chancen und Gefahren: Es ist wichtig, dass die Teilnehmer tatsächlich ihre Rolle wechseln. Das Verlassen der Stühle, das Stehen und »von oben« auf die Arbeitsplätze schauen soll es leichter machen.
Aber Sie können den Wechsel noch weiter unterstützen: durch einen Firmennamen, den die »Experten« tragen, eine kurze Begrüßungsansprache von Ihnen als »Auftraggeber«, das konsequente Ansprechen der Teilnehmer als Berater oder Experten. Sie können auch mit den Teilnehmern zuerst vor die Tür

gehen und sie draußen instruieren, bevor sie dann als Experten den Raum betreten und sich hinter die Stühle stellen. Damit wird der Ausstieg aus der Teilnehmerrolle noch deutlicher abgebildet.

Die Auftraggeberrolle erlaubt es Ihnen, das Gespräch zu steuern und auch einzugreifen, wenn Beiträge nicht konstruktiv, sondern verletzend sind.

Varianten: Sie können das Seminarberater-Szenario auch spontan anwenden, etwa wenn das Seminar in einer kritischen Phase ist. Welche Aufgaben Sie den Beratern geben, liegt bei Ihnen. Es müssen nicht die sein, die oben genannt wurden.

Ideengeber: Matthias Mantz (s. S. 326).

Methoden und Übungen

Telefonbefragung

Zeitbedarf: Pro Teilnehmer ungefähr 3–5 Minuten.

Material: Stühle, große Stifte als Telefone.

Situation: Feedback.

Kurzbeschreibung: Ein Teilnehmer kann den anderen drei Fragen zu seiner Person stellen.

Beschreibung: Nach einiger Zeit des Zusammenlebens im Seminar wächst die Neugier der Teilnehmer, zu erfahren, wie sie von den anderen wahrgenommen werden. Die Chancen sind jetzt gut, weil mit der Zeit ein Klima der Offenheit entstanden ist.

Die Blitzbefragung erfolgt am besten im Stuhlkreis. Lassen Sie einen Stuhl vorne in der Mitte leer.

Leiten Sie die Übung etwa so ein: »*Sie haben sicher schon erlebt, dass abends das Telefon klingelt und sich ein freundlicher Mensch meldet, der Sie bittet, an einer kurzen Befragung teilzunehmen. Vielleicht ist es Ihre Autofirma, die sich erkundigt, wie Sie mit dem Fahrzeug zufrieden sind. Oder es ist ein Internetanbieter, der wissen möchte, welche Dienste Sie nutzen. Wir machen jetzt eine Runde nach dem gleichen Muster. Wer von den anderen etwas über sich wissen möchte, muss sich nur auf den freien Stuhl setzen. Dann kann er drei Personen »anrufen« und Ihnen jeweils eine Frage über sich stellen. Ob die Angerufenen antworten, liegt ganz bei ihnen. Wenn Sie auf eine Frage keine Antwort bekommen, dürfen Sie noch bis zu zwei andere Teilnehmer dazu anrufen. Insgesamt dürfen Sie aber maximal drei Fragen loswerden. Wer möchte anfangen?*«

Wenn sich ein Teilnehmer entschließt, setzt er sich auf den freien Stuhl und benutzt seinen Stift als Handy. Er wählt also eine Nummer und sagt dann: »Guten Abend Frau …« (Name der Teilnehmerin, die er fragen möchte). Die Angerufene nimmt ebenfalls ihren Stift als Telefon und gibt die Antwort. Der Anrufer erspart sich jede Einleitung, stellt einfach seine Frage. Jeder Angerufene kann antworten, abwimmeln, Nein sagen, ganz wie ihm beliebt.

Chancen und Gefahren: Die Telefonumfrage hat einige Vorteile gegenüber anderen Methoden, Feedback einzuholen:

- Der Fragende bestimmt, was er von wem wissen möchte. Der Befragte kann entscheiden, wie er mit der Frage umgeht.
- Das bekannte Szenario »Telefonumfrage« passt gut, weil es hier wie dort darum geht, zu fragen, um besser zu werden.
- Das Telefonieren schafft etwas Distanz. Das macht es beiden, Frager und Befragten, leichter, ehrlich zu sein.

Varianten: Die Distanz beim Telefonieren können Sie noch vergrößern: Zum einen indem die anderen Teilnehmer so sitzen, dass sie dem Fragenden den Rücken zuwenden. Zum anderen können Sie den Fragenden hinter eine Pinnwand plazieren.

Eier kochen

Zeitbedarf: 5 Minuten.

Material: 3 Stühle.

Situation: Ein Teilnehmer erhält von anderen Teilnehmern ein Feedback, zum Beispiel nach einem Rollenspiel.

Kurzbeschreibung: Der Teilnehmer entscheidet sich zuerst, ob er das Feedback schonend oder unverblümt hören will. Dazu wählt er unter drei Stühlen einen aus, von dem aus er sich das Feedback anhört.

Beschreibung: Vor den Feedbackgebern stehen drei Stühle nebeneinander. Auf der Rückenlehne oder auf dem Fußboden vor jedem Stuhl befindet sich eine beschriftete Pinnwandkarte (gefaltet wie bei den Namenskarten, die man vor sich auf den Tisch stellt). Die Aufschriften lauten wie auf einem Eierkocher »hart«, »mittel«, »weich«. Vor dem Feedback wählt der Teilnehmer den Stuhl mit der Beschriftung aus, die ihm zusagt. Entscheidet er sich zum Beispiel für den Stuhl »weich«, dann wissen die Feedbackgeber, dass der Empfänger ein schonendes Feedback haben möchte. »Hart« bedeutet: kein Blatt vor den Mund nehmen.

Chancen und Gefahren: Diese Methode hat psychologisch zwei positive Wirkungen.

- Zum einen trifft der Feedbacknehmer eine bewusste Entscheidung, wie er das Feedback haben möchte. So wird deutlich, dass auch Feedback nehmen eine Aktivität ist.
- Zum anderen klärt die Entscheidung für einen Stuhl die Situation für die Feedbackgeber. Wird »hart« gewählt, können sie frei von der Leber weg reden, denn der Teilnehmer wollte es ja so.

Wichtig ist, den Feedbackgebern zu sagen, dass sie auch bei »weich« oder »mittel« alles äußern sollen, was es als Feedback zu sagen gibt. Lediglich die Verpackung ist anders.

Dass sich ein Teilnehmer auf den Stuhl »weich« setzt, habe ich übrigens noch nie erlebt. Deshalb verwende ich diese Methode besonders dann, wenn eine Gruppe sich bei den Feedbacks zu sehr schont. Dies ist meistens bei den ersten Feedbacks der Fall. Jeder Feedbacknehmer, der »hart« wählt, trägt dazu bei, dass in der Gruppe Ehrlichkeit und Offenheit selbstverständlich werden.

An die Weichkocher

»If you can stand the heat, stay out of the kitchen.«

Variante: Nachdem der Teilnehmer seine Wahl getroffen hat, sagt er einen Satz dazu.

Wie Informatiker Eier kochen

Fall 1: Die Eier sind im Keller
Hole die Eier aus dem Keller
Setze einen Topf mit Wasser auf den Herd
Lege die Eier in den Topf
Schalte den Herd ein

Fall 2: Die Eier sind im Kühlschrank
Trage die Eier in den Keller und verfahre wie in Fall 1

Kippstuhl

Zeitbedarf: 15 Minuten.

Material: Stühle der Teilnehmer.

Situation: Sie als Trainer möchten eine Diskussion über Regeln anstoßen. Oder Kick zwischendurch.

Kurzbeschreibung: Regelverstöße und der Umgang miteinander werden sichtbar.

Beschreibung: Die Teilnehmer stehen in einem Kreis, jeder hinter seinem Stuhl. Man dreht sich so, dass man den Rücken des Vordermanns sieht. Die Stühle werden vom Körper weg auf die vorderen Stuhlbeine gekippt. Man hält die Lehnenkante mit der ausgestreckten rechten Hand. Der andere Arm wird auf den Rücken gelegt.

Aufgabe ist, dass sich die Gruppe einmal um den Kreis von Stuhl zu Stuhl bewegt, ohne dass ein Stuhl zu Boden geht oder auf die hinteren Stuhlbeine zurückfällt. Wenn also mein Vordermann seine Kante loslässt, um die Kante des nächsten Stuhls zu fassen, muss ich schnell zugreifen, bevor sein Stuhl auf alle vier Beine kippt oder umfällt. Ich darf auch nicht Oberschenkel oder Hüfte einsetzen, um das Umfallen zu verhindern.

Wenn zwischendurch ein Stuhl fällt oder auf alle vier Beine kippt, muss die Gruppe von vorne beginnen; jeder geht an seinen Startplatz zurück.

Für die Auswertung – wenn Sie es nicht beim Kick belassen wollen – bietet sich der Umgang mit Regeln an. Wenn die Gruppe öfter von vorne anfangen muss, kommt es vor, dass sie nicht von der Ausgangsposition aus startet, sondern von der Position, bei der sie stehen geblieben ist. Interessant ist, ob der Regelverstoß von der Gruppe erkannt oder korrigiert wird. Manchmal wird derjenige, der den Regelverstoß anspricht, ignoriert oder kritisiert. Nach dem Motto »Shoot the messenger«.

Zu beachten ist, wie die Gruppe miteinander umgeht. Übernimmt jemand das Kommando? Wie verständigt man sich untereinander? Stimmt man sich in einen gemeinsamen Rhythmus beim Greifen und Loslassen der Stuhllehnen ein?

Je nach Seminarthema können anschließend die Aspekte »Umgang mit Regeln«, »Fehlerkultur« oder »Kommunikation« in den Vordergrund gestellt werden.

Der besondere Tipp: Tarnen Sie dieses Spiel als reine Auflockerungsübung. Mischen Sie sich selbst nicht als Schiedsrichter ein. Merken Sie sich die Regelverstöße und beobachten Sie, ob es in der Gruppe Teilnehmer gibt, die die Regeln verteidigen.

Chancen und Gefahren: Das Stuhlkippen wird in Methodensammlungen ausschließlich als lustiger Kick empfohlen. Wie das Beispiel zeigt, wäre es schade, es bei einem belanglosen Bewegungsspiel zu belassen. Für die Gruppe ist es ein eindringlicher »Aha-Effekt«, wenn Sie den vermeintlichen Kick als einen Gruppentest für den Umgang mit Regeln aufdecken. Der Effekt ist noch größer, wenn Sie das »Spiel« gerade dann einsetzen, wenn im Seminar Regeln nur lasch gehandhabt werden oder Teilnehmer, die an Regeln erinnern, gemobbt werden.

Ideengeber: Frank Busch (s. S. 324)

Methoden und Übungen

Tankstelle

Zeitbedarf: 5 Minuten.

Material: 1–4 Stühle.

Situation: Ein Teilnehmer ist down, frustriert, missmutig, verärgert. Jetzt ist Zeit, dass er Energie und gute Laune tankt.

Kurzbeschreibung: Der Teilnehmer sitzt auf einem Stuhl. Die anderen gehen um ihn herum und rufen ihm einen Energiesatz zu.

Beschreibung: Der Energie tankende Teilnehmer sitzt auf einem Stuhl. Die anderen gruppieren sich im Kreis um ihn herum. Der Tankende teilt ihnen seinen Wunschsatz mit. Zum Beispiel: »Du bist super!«, »Heute ist dein Tag!«, »Wir lieben dich!«, »Du bist der Größte!«

Dann umkreisen die anderen Teilnehmer langsam den Stuhl. Immer wenn ein Teilnehmer am Tankenden vorbei kommt, trägt er den Energiesatz mit größter Leidenschaft vor. Das Übertreiben in Tonfall und Körpersprache gehört dazu! Die Gruppe umrundet den Stuhl so lange, bis der Teilnehmer in der Mitte genug Energie aufgetankt hat.

Chancen und Gefahren: Das Tanken klappt immer. Auch der verdrossenste Teilnehmer beginnt irgendwann zu lachen. Trotz aller Übertreibung scheint die Situation zu wirken: Man ist im Mittelpunkt und die anderen geben sich Mühe um einen. Schief gehen kann nichts.

Varianten: Man kann auch zwei, drei oder vier Stühle in die Mitte stellen. Dann tanken gleichzeitig mehrere Teilnehmer Rücken an Rücken. Natürlich hat jeder seinen eigenen Energiesatz.

Eine andere Auftankmethode arbeitet mit dem Aufstellen. Man legt sieben bis zehn farbige, runde, große Pinnwandkarten (»Kuller«) in eine Reihe auf den Boden. Die erste wird mit einem grimmigen oder leidenden Gesicht markiert, die letzte mit einem strahlenden (Smiley). Wer sich gerade mies oder schlapp fühlt, sucht sich den Kuller in der Reihe aus, der seinem Zustand am ehesten entspricht und stellt sich daneben. Dann spricht er über sich selbst: »Also, dem (hier kommt der eigene Name) ginge es viel besser, wenn ...« Dann positioniert sich der nächste und sagt ebenfalls, was er braucht, um sich wohler zu fühlen. Wenn alle »Leidenden« zu Wort gekommen sind, wird überlegt, wie man ihre Wünsche umsetzen kann. Eine energetisierende Methode, wenn einige »down« sind!

Energiesatz »Ich bin der Größte«: typisch deutsch?

In der deutschen Sprache bedeutet das Wort »Selbstbewusstsein« Durchsetzungsvermögen, Selbstsicherheit, Unbefangenheit. Ein selbstbewusster Deutscher denkt von sich selbst: »Ich bin der Größte«. Die Vorstellung allein genügt, eine Übereinstimmung mit der Wirklichkeit ist nicht erforderlich. Wenn jemand der Größte ist, dann ergibt sich daraus, dass alle anderen kleiner sein müssen. Und wenn alle die Größten sind, dann sind gleichzeitig alle anderen auch die Kleinen. An dieser Stelle wird die Wirklichkeit so kompliziert, dass verständlicherweise niemand mehr darauf Rücksicht nimmt.

Im Englischen hat das Wort »*self-consciousness*« die genau entgegengesetzte Bedeutung; es drückt Schüchternheit, Befangenheit, Gehemmtheit aus. Vermutlich ist eine Erfahrung darin berücksichtigt, wie sie in diesem kleinen Gedicht beschrieben ist:

A centepede was happy quite
Until a toad in fun
Said, »Pray, which leg goes after which?«
This worked his mind to such a pitch
He lay distracted in a ditch
Considering how to run.

Der Tausendfüssler wird gefragt, wie er sich fortbewege. Während er darüber nachdenkt, um die Frage zu beantworten, gerät er mit seinen Füßen durcheinander und kann sich nicht mehr bewegen. Wenn man darüber nachdenkt, wie man etwas tut, während man es tut, tritt eine Blockierung ein.
Die Schlussfolgerung aus einer solchen Erfahrung von »*self-consciousness*« scheint zu sein, über das eigene Tun besser nicht nachzudenken. Dies hat eine Einstellung gefördert, die sich nach dem Motto richtet: »Augen zu und durch!« An diesem Punkt treffen sich die beiden Begriffe wieder. Allerdings ist im Englischen bereits die unbekümmerte Naivität abhanden gekommen, mit der man auf Deutsch durch die Weltgeschichte tappt. Immerhin muss man bei »*self-consciousness*« Nachdenklichkeit noch vermeiden, die bei »Selbstbewusstsein« gar nicht erst aufkommt.

(Robert Mittelstaedt)

Figuren

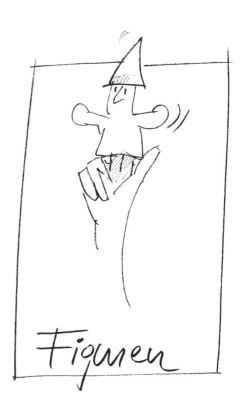

Das steht bereit:

- Fingerpuppen
- Handpuppen
- Knotenpuppen*
- Klappmaulpuppen
- Maskottchen
- Plastik- oder Metallfiguren
- Marionetten
- farbige Brettspielfiguren (»Holzmännchen«)
- ausgeschnittene Papier- oder Pappfiguren (z.B. aus der Werbung)
- Plastiktiere
- Plüsch- und Stofftiere
- präparierte Tiere
- aufziehbare mechanische Figuren (z.B. hüpfender Metallfrosch, Sprechpuppe)
- selbst erstellte Figuren aus Pappmaschee, Holz, Metallteilen und vieles mehr

* **Was sind Knotenpuppen?** In ein größeres Tuch (Geschirrtuch) macht man einen dicken Knoten an einer Ecke. Der Zipfel, der oben heraus schaut, wird in den Knoten gesteckt, damit er nicht wegsteht. In diesen Knoten kann man den Zeigefinger stecken. Der Knoten ist jetzt der Kopf der Puppe. Das restliche Tuch hängt herunter. Es verdeckt den Unterarm des Spielers und bildet den Körper der Puppe.

Das kann man damit anstellen:

- Figuren sprechen lassen
- eine Situation nachstellen oder nachspielen
- sich oder andere mit der Figur vergleichen
- Figur als Leitbild
- Figur eine Funktion zuteilen (Kommentator, Feedbackgeber usw.)
- Figur als Gedächtnisanker (z.B. Erinnerung an Vorsätze)
- Gruppentier (z.B. die Tiernamen in der American Football League)
- Impulsgeber für Ideen
- Leitmotiv für Seminare
- Muntermacher, Spaß
- auf den Projektor legen und als Schattenriss projizieren

Probieren Sie es aus!

Wie Figuren lebendig werden

Im Fernsehen oder im Zirkus tritt manchmal ein Bauchredner mit seiner Handpuppe auf. Schon nach wenigen Sekunden hat man den Eindruck, er unterhalte sich mit einem Lebewesen. Die Bewegungen von Mund und Körper, die Stimme, sie machen vergessen, dass es nur eine unbelebte Puppe ist.

Nun werden Sie im Seminar nicht als Bauchredner auftreten wollen. Doch es gibt noch andere Techniken, um Puppen oder Tierfiguren Leben zu geben:

- Eine Figur – Puppe oder Tier – wird zum Seminarorakel erklärt. In besonderen Situationen fragt man es um Rat. Man kann ihr auch andere Rollen zuteilen, zum Beispiel den Feedbackgeber. Der Trainer oder ein Teilnehmer nimmt die Figur in die Hand und spricht »mit ihrer Stimme« (Methode »Sag´s durch die Puppe«, s. S. 198).
- Eine schwierige Situation wird nachgestellt, indem man Figuren als Stellvertreter für die beteiligten Personen aufstellt (Methode »Figurenkabinett«, s. S. 204).
- Für ein Feedback suchen sich Teilnehmer je eine Tierfigur aus einer größeren Sammlung Plastiktiere aus (Methode »Zoo«, s. S. 200). Beispiel: »Ich habe für dich den Löwen ausgesucht, weil ich dich in dieser Situation als absolut ruhig und souverän erlebt habe.«
- Eine sympathische Puppe oder Tierfigur wird zum »Guten Geist« des Seminars erklärt. Wenn es etwas Persönliches zu erzählen gibt, nimmt sich ein Teilnehmer oder Sie als Trainer diese Figur als Zuhörer und tut so, als seien die anderen Teilnehmer gar nicht im Raum (Methode »Intimus«, s. S. 203). Natürlich kann auch diese Figur reden. So entsteht ein vertraulicher Dialog, paradoxerweise vor aufmerksamen Zuhörern.

Mein Seminar ist doch kein Kindergeburtstag!

Fingerpuppen und Tiere aus Plastik oder Plüsch sind Requisiten von Kinderzimmern und Kindergärten. Ich kann jeden Trainer verstehen, der damit nichts in seinem Seminar zu tun haben will oder befürchtet, dass seine Teilnehmer es ihm nicht verzeihen, dass er diesen Kinderkram mit ihnen veranstaltet. Wenn es eine Regel für Trainer gibt, dann die: »Tu nur Dinge, bei denen du dich wohl fühlst.« Wer sich mit den Methoden dieses Kapitels nicht wohl fühlt, sollte die Finger davon lassen.

Entscheiden Sie aber nicht vorschnell. Machen Sie sich mit den Figuren vertraut. Nehmen Sie eine Fingerpuppe und unterhalten sich mit ihr. Lassen Sie sie sprechen. Probieren Sie aus, wie Sie die Puppe halten, wie Ihre Stimme am besten klingt, wie Sie die Puppe bewegen. Nach einigen Minuten werden Sie schon erleben, dass Sie das Spiel mit der Puppe recht locker und natürlicher hinbekommen.

Stellen Sie sich nun eine Seminarsituation vor, in der Sie mit Puppen oder Tierfiguren arbeiten. Spielen Sie das Beispiel durch. Versetzen Sie sich auch in einen Teilnehmer. Wenn es nicht gleich klappt, machen Sie noch einen Versuch. Sie haben das Ziel erreicht, wenn es Sie nicht anstrengt. Wenn Sie sich nicht verstellen, sondern so sind wie immer. Wenn Sie bemerken, dass sich manches viel leichter »durch die Puppe« sagen lässt. Jetzt sind Sie in der Lage, jede der Methoden in diesem Kapitel mit der Selbstverständlichkeit und Vorfreude einzuleiten, die nötig ist, um die Teilnehmer neugierig zu machen. Wenn die Teilnehmer an Ihnen beobachten, wie leicht es fällt, mit den Figuren zu arbeiten, werden Sie schnell dabei sein und es nicht mehr missen wollen.

So nicht

Natürlichkeit, Selbstverständlichkeit ist das Wichtigste bei der Arbeit mit Figuren. Typische Anfängerfehler sind

- übertriebene Mimik und Gestik (nicht Sie, die Puppe soll die Aufmerksamkeit binden),
- affektierte Stimme und Sprache (Sie sind kein Märchenerzähler),
- zu hohes Tempo (nicht Hektik, sondern Ruhe und Gelassenheit geben den Äußerungen Gewicht),
- langes Reden (sprechen Sie wenig, das aber langsam und betont),
- herumfuchteln mit der Figur.

Probieren Sie es ein paarmal zu Hause aus. Sie werden dann schnell einen Stil finden, mit dem Sie sich wohl und sicher fühlen.

Wo bekomme ich die Figuren her?

Fingerpuppen und Tierfiguren gibt es im Spielzeugladen, im Internet und auf Flohmärkten. Außerdem finden Sie im Internet mehrere Bezugsquellen.

Ich habe es mir im Laufe der Jahre angewöhnt, die Augen für Figuren oder andere Requisiten offen zu halten, die ich in Seminaren gebrauchen kann. Es passiert dann manchmal, dass ich eine Figur sehe, die mich sofort anspricht, die eine Ausstrahlung hat. Ich kaufe solche Funde auf Vorrat. Irgendwann wird es eine Situation geben, zu der die Figur perfekt passt.

Für manche Methoden brauchen Sie eine richtige Sammlung von Figuren, damit die Teilnehmer auswählen können. Bei Fingerpuppen ist das nicht billig. Tierfiguren gibt es allerdings manchmal als Zoo in einer Plastiktüte zu kaufen. Die sind dann alle gleich groß und im gleichen Stil gefertigt.

Einige Tipps für den Umgang mit einer Fingerpuppe oder Figur

Mit den folgenden Hinweisen können Sie die Wirkung bei den Teilnehmern noch steigern:

- Die Figur soll für die Zuhörer ein Eigenleben entfalten. Wenn Sie sie beim Sprechen nahe an Ihr Gesicht halten, tritt dieser Effekt kaum ein. Halten Sie die Puppe oder die Tierfigur also vom Kopf weg, damit sich die Aufmerksamkeit der Teilnehmer nicht auf Ihren Mund richtet, sondern auf die Figur. Wenn Sie hinter einem Tisch sitzen, legen Sie den Arm auf und lassen die Puppe vom Tisch aus agieren.
- Richten Sie die Puppe so, dass sie die Zuhörer anblickt. Das verstärkt die Illusion, die Figur wäre lebendig. Sitzen alle im Stuhlkreis, dann drehen Sie immer wieder den Kopf der Puppe, damit sie den Blickkontakt zu allen Teilnehmern hält.
- Die Figur sollte beim ersten Auftritt den Teilnehmern vorgestellt werden. Das können Sie als Trainer machen. Am besten ist es, wenn Sie die Figur zuerst begrüßen und sie dann bitten, sich selbst vorzustellen.
- Ermutigen Sie die Teilnehmer auch, wenn es zur Situation passt, in einen Dialog mit der Figur zu treten. Die Teilnehmer können an die Figur Fragen stellen, Aussagen bekräftigen oder eine andere Meinung äußern.
- Sie selbst sollten keinen längeren Dialog mit der Figur versuchen. Im Unterschied zu Profis, vor allem zum erwähnten Bauchredner, müssten Sie die Stimme verstellen, wenn die Figur spricht, damit diese sich von Ihrer normalen Stimme abhebt. Das wirkt schnell gekünstelt. So lange Sie mit der Figur ein Gespräch simulieren, muss ihr Gesicht Ihnen zugewandt sein.
- Wenn Sie mit einer Fingerpuppe arbeiten, können Sie ihr in den Bewegungen, in der Betonung oder im Sprechrhythmus die eine oder andere Eigenheit verleihen. Zum Beispiel ein ruckartiges Bewegen des Kopfes am Ende jedes Satzes. Oder ein leichtes Stocken oder Stottern mitten in den Sätzen. Es muss natürlich zum Wesen der Puppe passen. Aber solche Kleinigkeiten tragen zusätzlich dazu bei, dass die Puppe lebendig wirkt und sich von Ihrem üblichen Sprachstil unterscheidet, ohne dass Sie das über die Stimmhöhe oder Stimmtiefe erreichen müssen. Sie können ihr auch einen Dialekt mitgeben, den Sie beherrschen, aber sonst im Seminar nicht hören lassen.
- Statische Figuren nehmen Sie in die Hand, während Sie sie sprechen lassen. Dann können Sie sie doch bewegen. Je größer die Figur, desto leichter können Sie den Eindruck bei den Zuhörern erwecken, dass sie eine »Seele« hat.

Figuren als Stellvertreter für Personen

Figuren sind unbelebte Stellvertreter. Sie erwachen, sobald man sie sprechen und agieren lässt. Für den Zuhörer ist das Hin- und Herkippen der Wahrnehmung zwischen Figur und Lebewesen unterhaltsam, bisweilen auch irritierend. Figuren können aber auch ohne Aktion allein durch die Imagination mit Erinnerungen, Gefühlen, Gedanken »aufgeladen« werden. Etwa wenn man eine erlebte Konfliktsituation mit Mensch- oder Tierfiguren nachstellt. Als Stellvertreter für reale Personen nehmen sie dann deren Eigenschaften an. Dadurch vermenschlicht sich der Umgang mit ihnen. Man vermeint, ihr wirklich etwas anzutun, wenn man zum Beispiel die Figur, die einen gehassten Menschen verkörpert, an den Rand der Szene verbannt, sie malträtiert oder gar beschädigt.

Umgekehrt beobachtet man, wie auch Erwachsene lieb gewonnene Figuren streicheln und ihnen Kosenamen geben. So hat sich bei uns ein Rest der Magie erhalten, die Naturvölker mit Mensch- und Tierfiguren verbinden. Figuren entwickeln mit dem Gebrauch zunehmend ein Eigenleben. Wir bemerken das daran, dass sich unser Umgang mit der Figur ändert.

Weil Figuren Stellvertreter sein können, eignen sie sich als idealer Türöffner für das Sprechen über sensible Themen. Sensibel, weil sie das erwünschte Fremdbild (»So will ich von den anderen gesehen werden«) eintrüben könnten. Man befürchtet, wenn man zu einer anderen Person über sich oder über andere offen spricht, soziale Anerkennung zu verlieren. »Die anderen erfahren Dinge, die ich ihnen eigentlich verschweigen wollte. Nun mögen sie mich nicht mehr.« Figuren als Stellvertreter machen es leichter.

Beispiel: In der Vorstellungsrunde wählt ein Teilnehmer aus dem Figurenzoo des Trainers das Plastik-Kamel. Er erläutert, er sei ausdauernd und belastbar, aber auch manchmal bissig wie ein Kamel. Die Teilnehmer lachen. Ohne die Figur wäre die Aufmerksamkeit der Teilnehmer ausschließlich auf ihn fokussiert gewesen. Hätte er gesagt: »Ich bin ausdauernd und belastbar, aber manchmal auch bissig«, hätte wohl niemand gelacht. Doch so ist es in erster Linie die Figur, der die Aufmerksamkeit gilt. Dass es um ihn geht, ist ein »auch«.

Ähnlich lassen sich unbequeme Wahrheiten, Kritik, Ironie – allesamt sozial brisant – gefahrloser einer Puppe oder einem Maskottchen in den Mund legen. Es ist ja die Figur, die sich das herausnimmt. Das entlastet Sprecher wie Angesprochene.

Lustige Figuren

Ich erinnere mich an einen Trainerkollegen, der immer eine Käpt'n-Blaubär-Handpuppe bei sich hatte. Er selbst kam auch von der Waterkant, sah wie ein gezähmter Seebär aus und hatte die tiefe raue Stimme, die man dafür braucht. Zwei oder drei Mal am Tag kam Käpt'n Blaubär als Kommentator zum Einsatz. Seine Beiträge waren knapp und deutlich, immer mit hanseatischem Humor. Käpt'n Blaubär wurde schnell zum zusätzlichen Seminarteilnehmer. Er brachte gute Laune herein und entspannte manche brenzlige Situation.

Wenn Sie kein Typ sind, dem eine lustige Figur besonders liegt, müssen Sie trotzdem nicht auf die Chancen verzichten, die darin liegen. Wählen Sie eine Figur aus, zu der sowohl Ernsthaftigkeit als auch Humor (nicht Klamauk!) passt, und stellen Sie sie der Gruppe vor. Geben Sie ihr dann einen exponierten Platz und animieren Sie die Teilnehmer in Feedbackrunden oder zwischendurch die Figur sprechen zu lassen. Wenn die Gruppe zuerst nicht anbeißt, können Sie ja sagen: »Unser (Name der Figur oder Puppe) will unbedingt dazu etwas sagen. Wer gibt ihm seine Stimme?«

Wie funktioniert Bauchreden?

Die Historiker nehmen an, dass Bauchreden schon vor Jahrtausenden erfunden und praktiziert wurde. Schamanen, Stammesführer, aber auch Orakelsprecher sollen mit dieser Technik ihre Mitmenschen beeindruckt haben. Sie wurden damit zu »Medien«, durch die ein Geist oder ein höheres Wesen sich mitteilte. Wenn Sie als Trainer diese Technik erlernen wollen, können Sie im Internet Kursanbieter und im Handel Bücher zum Selbstlernen finden.

Beim so genannten Bauchreden kommt es darauf an zu sprechen, ohne sichtbar Mund oder Brustkorb zu bewegen. Die Bezeichnung Bauchreden ist irreführend, weil man überhaupt nicht mit dem Bauch redet. Vielmehr lernt man beim Sprechen die Lippen still zu halten.

Man täuscht das Publikum mit folgenden Mitteln:

- Im Alphabet gibt es nur wenige Laute, bei denen man die Lippen bewegen muss: B, F, M, P, V, W. Diese Laute oder Kombinationen muss man durch solche ersetzen, die ähnlich klingen, aber keine Lippenbewegungen benötigen (zum Beispiel »b« durch ein weiches »d«, »m« durch ein »ng« wie in »singen«).
- Spezielle Laute, die man nicht ersetzen kann, werden gemieden (zum Beispiel »pp«).
- Der Mund wird nur leicht geöffnet. Die Zunge kann sich unbemerkt bewegen.
- Das Heben und Senken des Brustkorbs beim Atmen wird möglichst eingeschränkt.
- Man lenkt die Zuhörer durch die Puppe vom eigenen Gesicht und Körper ab. Das menschliche Ohr kann leicht getäuscht werden, wenn es darum geht, die Quelle eines Geräusches zu lokalisieren. Also verlässt man sich mehr auf die Augen. Und die sind auf die Puppe gerichtet.
- Wenn die Puppe nicht so deutlich artikuliert, nehmen ihr das die Zuhörer nicht übel. Durch eine veränderte Tonlage kann das etwas andere Sprechen zusätzlich kaschiert werden.
- Üben Sie mit einem Spiegel. Legen Sie den Zeigefinger beim Sprechen an die Lippen, um zu kontrollieren, dass diese sich nicht bewegen.

Sag´s durch die Puppe!

Zeitbedarf: 10–20 Minuten.

Material: Hand- oder Fingerpuppe, auch Tierpuppen.

Situation: Bestimmte Ansichten oder Aspekte kommen nicht zur Sprache, zum Beispiel beim Feedback nach einem Rollenspiel. Der Trainer will aber keine Partei ergreifen.

Kurzbeschreibung: Mit der Puppe steuert der Trainer fehlende Aspekte bei. Ein kleines Rollenspiel oder ein Kommentar wird von der Handpuppe vorgestellt. Der Trainer dissoziiert sich mit der vorgestellten Position.

Beschreibung: Ein typisches Problem in Diskussionen ist die Vermischung von Moderatorenrolle und Inhaltsbeitrag. Klare Positionen oder Inhaltsbeiträge führen dazu, dass der Trainer die Moderatorenrolle nicht mehr effektiv ausüben kann. Er schlägt sich auf eine Seite und bringt damit ein Ungleichgewicht in die Gruppe. Mit einer Finger- oder Handpuppe schaffen Sie einen neuen Mitspieler und den Ausweg aus dem Dilemma zwischen Moderation und Inhaltsbeitrag.

Möglichkeiten für den Einsatz der Handpuppe sind beispielsweise: Ein Clown überspitzt eine Situation humorvoll, ein Engel und ein Teufel liefern sich ein Rededuell zwischen Gewissen und Versuchung, ein Polizist mahnt zur Einhaltung von Regeln, ein Pirat spielt den advocatus diaboli, ein Arzt überprüft eine Firma auf ihre Gesundheit.

Entscheidend für den erfolgreichen Einsatz von Finger- und Handpuppen sind vor allem zwei Faktoren: die Auswahl der Puppe und die Passung mit der Teilnehmergruppe. Die Puppe muss durch die Anlage ihres Charakters und durch ihr Spiel der Diskussion einen neuen Aspekt hinzufügen. Wirkungsvoll ist der Einsatz der Puppe, wenn er aus der Diskussionssituation spontan entsteht und nicht von langer Hand geplant wurde.

Chancen und Gefahren: Die Puppe kann unliebsame Wahrheiten aussprechen, die Ihnen als Trainer vielleicht nicht verziehen würden. Als Symbol für einen neuen Aspekt kann sie eine Diskussion bereichern und zum durchgängigen Thema im Seminar werden: »Haben wir die Eule schon gefragt, was sie davon hielte?«

Gruppendynamisch können Sie den Einsatz der Puppe mit einem neuen Seminarteilnehmer vergleichen: Er wird kritisch beäugt, getestet und muss sich in die Rangordnung einfinden. Wenn Sie den »neuen Teilnehmer« mit Fingerspitzengefühl und ruhiger Hand einführen, kann er die Gruppe bereichern.

Eine Gefahr liegt darin, dass Sie durch einen übertriebenen oder unzutreffenden Einsatz Widerstand auslösen. Weitere Quelle für Widerstand kann die verinnerlichte Haltung bei Teilnehmern sein, dass Jungen nicht mit Puppen spielen und Führungskräfte schon gar nicht. Setzen Sie Hand- und Fingerpuppen nur ein, wenn Sie Ihre Seminargruppe schon eine Zeit lang kennen und man Sie als seriösen Trainer schätzt. Dann wissen auch hart gesottene Manager, dass Sie mit dem Puppeneinsatz etwas zeigen wollen und keinen billigen Klamauk veranstalten. Eine »zahmere« Version finden Sie im nächsten Abschnitt.

Variante: Für diejenigen, die sich mit der Puppenmethode partout nicht anfreunden können, können Sie folgende Variante ausprobieren: Sie können Meinungen, die nicht mit der jeweiligen Person assoziiert werden sollen, auch durch einen Positionswechsel im Raum deutlich machen. Sie setzen sich dann zum Beispiel auf den »Kritiker-Stuhl« oder »Spieglein-an-der-Wand-Stuhl«, den Sie vorher als solchen »eingeweiht« haben.

Ideengeber: Frank Busch (s. S. 324).

Der Zoo

Zeitbedarf: 5–20 Minuten.

Material: Tierfiguren aus Plastik. Es sollten nicht weniger als 15–20 unterschiedliche Tiere in etwa der gleichen Größe sein. Plüschtiere eignen sich weniger, weil sie Schmusetiere sind. Die Tiersammlung für die hier genannten Methoden ist kein Streichelzoo.

Situation: Kennenlernen, Feedback geben, Konflikte bearbeiten, Transfer.

Kurzbeschreibung: Die Plastikfiguren werden als Stellvertreter benutzt: für Personen, für Anteile der eigenen Person (siehe Methode »Konferenz inneres Team« im Kapitel »Fantasie«, S. 279), für Wunschkonstellationen.

Kennen Sie Ihr Totemtier?

Für jeden Indianer war es wichtig, durch bestimmte Rituale sein persönliches Totemtier zu finden. Mit dem Adler, Koyoten, Bären, Wolf oder der Eule verbanden sich bestimmte Eigenschaften. In Esoterikkreisen lebt dieser Wunsch nach einem Tier als Identifikationsfigur heute bei modernen Büromenschen weiter. Als Beispiel ein Text zur Bedeutung des Bibers:

Wie ihr Totemtier, der Biber, sind Menschen, die in der Zeit des Wachstums geboren werden, zuverlässig, fleißig, ausdauernd und gehen methodisch vor. Mit ihrer praktischen Veranlagung und ihrem liebevollen Wesen fühlen sie sich in einer sicheren, angenehmen und optisch ansprechenden Umgebung am wohlsten. Biber sind konstruktiv und arbeiten hart. Mit ihrer Kreativität und ihrem Geschick machen sie aus jeder Situation das Beste und bringen auch schwierige Beziehungen wieder ins Lot.
Ihr künstlerisches Talent und ihr ausgeprägter Sinn für Ästhetik zeigen sich vor allem in der Einrichtung ihres Heimes – dort umgeben sie sich gern mit schönen Dingen. Als Freund und Beziehungspartner sind sie liebevoll, loyal und beständig. Sie bauen meist dauerhafte Beziehungen auf. Doch ihr Wunsch nach schönen Dingen sowie nach materieller und emotionaler Sicherheit lässt sie manchmal Menschen gegenüber recht besitzergreifend werden.
Gesundheit: Biber-Geborene führen zwar gern ein bequemes, wenig aktives Leben, haben aber eine robuste Konstitution. Ein gewisses Maß an weltlichen Genüssen können sie also durchaus verkraften. Anfällig sind sie vor allem für Halsentzündungen und Blasenbeschwerden, in späteren Jahren auch für Herz- und Nierenprobleme.

(aus: »Ihr persönliches Indianerhoroskop« von Kenneth Meadows)

Beschreibung: Das Grundprinzip für alle Anwendungen ist folgendes: Teilnehmer suchen sich aus dem Figurenzoo eine oder mehrere Figuren aus. Sie erklären dann ihre Wahl. Dazu einige Beispiele:

- *Kennenlernen*: Jeder sucht sich ein Tier aus, das möglichst viel mit ihm gemeinsam hat. Dann sagt jeder, warum er oder sie das Tier ausgesucht hat (Methode »Ein Gegenstand findet mich«, s. S. 111).
- *Feedback geben*: Man gibt jemandem Feedback, indem man ein Tier aussucht, das möglichst viel mit dem anderen gemeinsam hat, und erläutert die Wahl.

- *Konflikte bearbeiten*: Die Konfliktbeteiligten oder die Außenstehenden stellen den Konflikt mithilfe der Tiere nach, so wie die Akteure sich in der Situation erleben. Auch die Position der Tiere zueinander ist wichtig. Wenn der Ist-Zustand abgebildet und besprochen ist, kann man den Weg dahin noch einmal nachspielen. Oder man schaut nach vorne und nimmt Veränderungen vor, die einen Ausweg aufzeigen. Das aggressive Krokodil wird vielleicht durch ein friedliches und selbstsicheres Pferd ausgetauscht. Oder es kommen neue Figuren ins Spiel.
- *Transfer, Vorsätze entwickeln*: Die Teilnehmer stellen sich vor, wie es sein könnte, wenn sie ihr Verhalten verändern. Wie reagieren die Kollegen, wie die Vorgesetzten oder der Partner? Welche Probleme könnten sich den Vorsätzen in den Weg stellen? All dies lässt sich gut mit Tierfiguren darstellen und durchspielen.

Der besondere Tipp: Man kann die Tierfiguren auf den Overheadprojektor legen. Man sieht dann die Umrisse groß an der Wand, während über sie gesprochen wird.

Chancen und Gefahren: Tiere, auch wenn sie nur aus Plastik bestehen, sind uns näher als Objekte (Methode »Ein Gegenstand findet mich«, s. S. 111). Als Lebewesen können sie mehr Eigenschaften repräsentieren als ein Ding. Deshalb kann man sich leichter mit ihnen identifizieren. Sie werden sehen, dass bei der Arbeit mit dem Plastikzoo, besonders bei der Lösung von Problemen und Konflikten, viel und lebhaft geredet wird. Es macht Spaß, immer wieder in die Tiersammlung zu greifen und die Konstellation zu verändern.

Sie als Trainer tragen zum Erfolg dieser Methode bei, indem Sie für Ruhe, Achtsamkeit und Konzentration sorgen.

- Es empfiehlt sich vorher eine entspannende kleine Übung.
- Schauen Sie sich jede Aufstellung in Ruhe an und hören Sie in sich hinein, was sie Ihnen mitteilt.
- Regen Sie die Teilnehmer an, ebenso vorzugehen.
- Bitten Sie die Teilnehmer, nach einer Aufstellung erst eine Pause zu machen und gar nichts zu sagen. Die anderen sollen die Tiere erst auf sich wirken lassen, bevor sie die Erklärung hören. Wenn Sie so vorgehen, kommt der Eindruck nicht auf, das sei nur was für Kids.

Tiersymbolik am Beispiel Hase

Die Gestalt eines Hasen haben unterschiedliche Kulturen – von Indien über die Kalahari bis zu den Anden – in den Kraterlandschaften des Vollmondes erkannt. In japanischen Legenden putzt der Hase die Mondscheibe. Im alten China erzählte man sich von der Häsin im Mond. Sie mixt das ewige Wasser – das Elixier der Unsterblichkeit. Die Häsin ist die Hüterin wilder Tiere und symbolische Gattin des Kaisers, der die göttliche Herrschaft auf Erden vertritt. Das sanfte Mondtier gehört in China auch zu den Tierkreiszeichen.
Im Buddhismus gilt der Hase als Symbol der Selbstaufopferung. Ein Märchen erzählt von Buddha, der in einer frühen Inkarnation ein Hase war. Als ihn ein Bettler um Essen bat, stürzte er sich für ihn ins Feuer. Der Bettler war jedoch der höchste Himmelsgott, er prägte zum Dank das Hasenporträt auf die Mondscheibe.
Für die Indianer war der Hase der Ahnherr. Der Hase Manitu lebte einst mit seiner Großmutter im Mond. Er gebot über die Winde und das fruchtbringende Wasser.
In Ägypten vermochte der Sonnengott in der Morgendämmerung die Gestalt eines Hasen anzunehmen.
Griechen und Römer ordneten ihn der Göttin der Liebe zu.
Im Winter nahm die irische Muttergöttin die Gestalt einer Häsin an. Ein weißer Hase brachte in den Mythen Nordeuropas den Schnee.
Bei den Germanen schüttelte die Göttin »Frau Holle« Schneeflocken vom Himmel. Sie umgab sich mit Kaninchen und Hasen.

(Text zu einer TV-Sendung des HR)

Intimus

Zeitbedarf: 10 Minuten.

Material: Eine Handpuppe oder ein Stofftier.

Situation: Feedback, Stimmungsabfrage.

Kurzbeschreibung: Man vertraut seine Äußerungen einer Puppe oder einem Stofftier an.

Beschreibung: Eine Puppe oder ein Stofftier wird von den Teilnehmern »getauft« und zum Intimus, zum Vertrauten, bestimmt. Man einigt sich auf bestimmte Eigenschaften, welche die Figur zum idealen Vertrauten prädestinieren: zum Beispiel diskret, verständnisvoll, weise, geduldig.

Intimus, lat.: Vertrauteste(r)

In Feedbacksituationen nimmt nun der jeweilige Sprecher die Puppe oder das Stofftier und spricht zu ihm als seinem Intimus anstatt zum Feedbackempfänger. Er kann auch so tun, als würden Puppe oder Tier antworten. So kann sich ein scheinbarer Dialog entwickeln, bei dem allerdings die Äußerungen der Puppe oder des Stofftiers nur der Sprecher hört und sie in eigenen Worten wiederholt. Man kann so tun, als flüstere die Figur ihre Bemerkungen einem ins Ohr und wiederholt sie dann laut. Beispiel: »Aha, du meinst, wir sollen lieber ...?«, »Aber weißt du, wenn wir ...«

Wenn der Sprecher fertig ist, wandern Puppe oder Tier zum nächsten Teilnehmer.

Chancen und Gefahren: Das Sprechen mit einem Intimus fällt leichter als die direkte Ansprache an einen »realen« Teilnehmer oder Teilnehmerkreis.

Ein weiterer Vorteil: Manchmal ist man bei einem Feedback oder einer anderen Stellungnahme gespalten. Die andere Sichtweise kann man der Puppe oder dem Stofftier »in den Mund legen«.

Wichtig ist, dass der Intimus mit Leben erfüllt wurde. Dann kann sich im Laufe eines Seminars so etwas wie eine emotionale Beziehung entwickeln.

Aber: Wählen Sie als Intimus keine Figur, die zu sehr festgelegt ist (Polizist, Kasper).

Es kann vorkommen, dass ein Teilnehmer sich nicht auf dieses Szenario einlassen will. Er kann dann natürlich seine Äußerungen ohne Puppe von sich geben.

Figurenkabinett®

Zeitbedarf: Je nach Variante unterschiedlich.

Material: Sammlung von Fingerpuppen. Sie können sich selbst eine Sammlung zusammenstellen. Ein Alukoffer mit 24 unterschiedlichen Figuren, verschieden hohen Ständern und Holzinseln ist zu beziehen bei der Fa. Simmerl (Adresse s. S. 328).

Situation: Situationen, die man im Training oder Coaching bearbeiten möchte.

Kurzbeschreibung: Mit den Figuren werden Situationen und Szenen nachgestellt oder künftige Situationen vorweggenommen.

Beschreibung: Mit dem Figurenkabinett® kann in einer dyadischen Beratungssituation ebenso wie in einer Gruppe gearbeitet werden.

Ein *Anwendungsbeispiel* aus dem Training:
Zwischen Frau Müller (emanzipiert, intelligent, schlagfertig) und Herrn Huber (etwas Macho, eitel, besserwisserisch) kommt es häufig zu Sticheleien. Teilweise beteiligen sich auch andere Teilnehmer an dieser schwelenden Auseinandersetzung, indem sie für einen der beiden Partei ergreifen. Das Arbeitsklima im Seminar leidet darunter. Es kann so nicht weiter gehen. Der Trainer teilt der Gruppe seine Beobachtungen mit und schlägt vor, das Problem zunächst mithilfe des Figurenkabinetts® darzustellen. Frau Müller ist bereit, als Erste ihre Sicht darzulegen. Sie wählt aus dem Figurenkabinett® Puppen für alle Beteiligten aus, nicht nur für sich und Herrn Huber, sondern auch für die anderen und den Trainer. Dann stellt sie sie so auf, wie es ihrer Sicht der Situation entspricht. Sie kann die Distanz der Figuren variieren und die Höhe der Puppen durch Wahl der Ständer. Außerdem überlegt sie, welche Figuren einander zugewandt sind, welche nur mit dem Rücken zueinander stehen oder Schulter an Schulter in die gleiche Richtung blicken. Mit den Holzinseln kann sie Gruppen bilden oder eine Figur isolieren. Wenn sie ihre Aufstellung beendet hat, lassen alle die Szene auf sich wirken. Nun kann jeder sagen, was der Blick auf die Aufstellung und die Position seiner Stellvertreterfigur in ihm für Gedanken und Gefühle auslöst.
Der Trainer kann durch Fragen neue Aspekte einbringen. Zum Beispiel: »Was würde sich ändern, wenn die Figur ... nicht dabei wäre?«, »Was ist positiv und sollte daher so bleiben?«, »Wessen Ressourcen blühen in diesem System und wessen Ressourcen liegen eher brach?«

Danach wird der Blick nach vorne gerichtet: Wie sollten die Figuren stehen, damit sich alle besser fühlen? Jeder kann Vorschläge machen, vor allem was »seine« Figur betrifft. Man probiert verschiedene Szenarien aus und lässt sie jeweils wieder wirken. Erneut ist es wichtig, die Reaktionen jedes Einzelnen zu erfahren.

> Wenn das Spiel zu Ende ist, kommen König und Bauer wieder in den gleichen Kasten zurück.
>
> *(aus Italien)*

Wenn Sie zwei Figurenkabinette® zur Verfügung haben, können Frau Müller und Herr Huber parallel ihre Sicht der Situation darstellen. Anschließend fokussieren alle auf Unterschiede und Gemeinsamkeiten.

Eine andere Situation wäre es, wenn Frau Müller oder Herr Huber in einer Pause den Trainer anspricht und sich über den »Gegner« beklagt. Dann würde sich das Figurenkabinett® gut für ein Beratungsgespräch unter vier Augen eignen.

Chancen und Gefahren: Das Figurenkabinett® lässt sich für Probleme innerhalb einer Person ebenso erfolgreich einsetzen wie für Probleme zwischen Personen, wie im obigen Beispiel.

Im Unterschied zur Aufstellmethode mit realen Personen (siehe Methode »Hier stehe ich« im Kapitel »Raum«, S. 240) hat das Figurenkabinett® einige Vorteile. So werden Personentypen zur Auswahl angeboten (im Figurenkabinett® von Simmerl zum Beispiel Prinzessin, Clown, Gespenst, Polizist und viele mehr). Ein weiterer Vorteil: Puppen lassen sich leichter positionieren und interpretieren als Teilnehmerkollegen, die real die Szene nachstellen.

Ein Nachteil ist manchmal, dass die Teilnehmer das Darstellen mit Puppen zunächst mal komisch finden. Es ist deshalb sinnvoll, darauf hinzuweisen, dass Sie die Situation auf eine vielleicht eher ungewöhnliche Art und Weise sichtbar machen und die Teilnehmer bitten, sich darauf einzulassen.

Der Ablauf sollte immer beide Schritte enthalten: zuerst das Nachstellen des (subjektiv erlebten) Ist-Zustandes, dann Veränderungen in Richtung Wunsch-Zustand.

Um das Potenzial dieser Methode auszuschöpfen, gilt es, sich Zeit zu lassen. Jeder muss seine Gedanken und Gefühle sammeln können. Es ist erstaunlich, wie das Bild der Situation immer vielfältiger und »richtiger« wird, je mehr die Betroffenen ihre Wahrnehmungen äußern. Alle Beteiligten sehen, wie unterschiedlich die Sichtweisen desselben Geschehens sind.

Varianten:

- Als Trainer können Sie das Figurenkabinett® alleine nutzen, um eine für Sie schwierige Situation im Seminar nachzustellen, zu analysieren und zu verändern.

- Die Figuren können auch dazu dienen, verschiedene »innere Stimmen« einer Person – zum Beispiel vor einer schwierigen Entscheidung oder zum Verhalten in einem Konflikt – zu visualisieren und zu bearbeiten (siehe Methode »Konferenz inneres Team« im Kapitel »Fantasie«, S. 243). Wählt zum Beispiel eine Person neben anderen Fingerpuppen Mönch und Teufel, um zwei innere Stimmen zu charakterisieren, kann der Berater direkte und indirekte Fragen einsetzen. Direkt wäre: »Was denkt der Mönch darüber?« Indirekt: »Was denkt der Teufel, wie es dem Mönch geht, wenn er als Teufel seinen Willen durchsetzt?«
- Das Nachstellen in der Gruppe können Sie – wenn Sie mehr als zehn Teilnehmer haben – auch mit der Methode des »reflecting teams« durchführen. Dann gibt es einen agierenden Innenkreis und einige Beobachter im Außenkreis.

Ideengeber: Claudia und Werner Simmerl (s. S. 328).

Körper

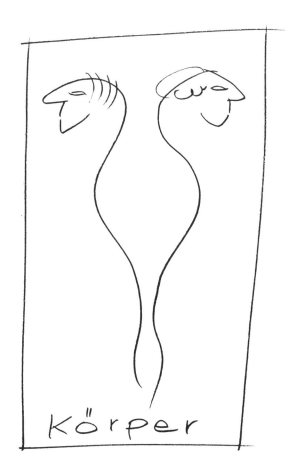

Das steht bereit:
- Körperhaltung
- Bewegung
- Gesichtsausdruck
- Blick

Das kann man damit anstellen:
- jemanden nachahmen
- Pantomime
- etwas ausdrücken
- entspannen
- sich austoben
- rangeln
- umarmen
- kommunizieren
- tanzen
- schlendern
- drücken, schieben
- massieren
- kriechen
- rennen

Probieren Sie es aus!

Körper: ein fast vergessenes Medium

Bleib mir vom Leib!

»Ich brauche meinen Freiraum. Anders kann ich es nicht ausdrücken. Direkten Körperkontakt ertrage ich nur bei Menschen, die mir unglaublich sympathisch sind. Und zwar auf eine ganz bestimmte Art sympathisch, die nur auf einen kleinen Teil meines Bekanntenkreises matcht. Nur diese umarme ich zur Begrüßung oder zum Abschied freiwillig, auch wenn ich aus Gründen der höheren Sozialkompatibilität versuche, bei einigen Anlässen auf Autopilot zu schalten, um die überflüssigen Küsschen-Küsschen Zeremonien über mich ergehen lassen zu können.
Im Allgemeinen bevorzuge ich um meinen Körper herum eine gewisse Schutzzone, die sich im Idealfall durch einen halben Meter Freiraum zwischen mir und anderen Menschen definiert ... im Notfall immer noch durch Ellenbogenfreiheit.«

(aus einem Internetforum zum Thema Ängste)

Dieser Text aus einem Internetforum zum Thema Ängste stammt von einer jungen Frau. Was sie beschreibt, erleben auch Menschen, die an keiner Phobie leiden. Man will zwischen sich und anderen Körpern einen Abstand halten. Wird er zu klein, fühlt man sich unwohl. Im Stehen tritt man einen Schritt zurück, am Tisch rückt man mit dem Stuhl beiseite. Im Fahrstuhl verändern sich die Positionen der Passagiere, wenn jemand hinzukommt. Im Restaurant sucht man einen Tisch, an dem noch niemand sitzt. Im Kino hält man einen Sitz Abstand. Am Strand gibt es böse Blicke, wenn sich jemand direkt an der Grenze des eigenen Badetuchs niederlässt. Es gilt die persönliche *Minimaldistanz* zu schützen.

Allerdings gibt es Unterschiede. Minimaldistanzen sind flexibel. Südländer »stehen sich näher« als Briten und Deutsche. Familienangehörige und Freunde berühren sich öfter als Fremde. In offiziellen Situationen hält man vornehm Abstand voneinander. Wenn hier jemand einen anderen anfasst, kann man sicher sein, dass er der Ranghöhere ist. Ungeschriebene Normen gibt es auch dafür, welche Körperzonen man bei wem und in welcher Situation berühren darf. Die Körperkontakte, die sich Fußballspieler nach einem Tor leisten, würden zwischen Kollegen in einem Unternehmen skandalös wirken.

In einem Seminar kommen oft Menschen zusammen, die sich noch nie gesehen haben. Es handelt sich außerdem um eine formelle Situation. Und es gibt mit dem Trainer einen Ranghöheren. Schon auf den ersten Blick werden Statussymbole und andere Informationen über den möglichen Rang der anderen Teilnehmer ins Spiel aufgenommen und beeinflussen das Verhalten. Der Unterschied zwischen Frauen und Männern steuert ebenfalls die Körpersprache. Alles in allem ein subtiles Zusammenwirken von Wahrnehmung, ungeschriebenen Verhaltensregeln, Signalen und Interaktionen. Interessant, dass dieses Konzert von den Akteuren unbewusst aufgeführt wird.

Manche Trainer setzen schon in dieser Anfangssituation körperbetonte Kennenlernmethoden ein. So wird die Methode »Gordischer Knoten« in Methodensammlungen für Trainer in der Kategorie »Spiele zum Kennenlernen«, »Seminareinstieg« oder »Aufwärmspiel« beschrieben.

Der Gordische Knoten

Der Ausdruck »Gordischer Knoten« bezeichnet ursprünglich der Legende nach kunstvoll verknotete Seile, die am Streitwagen des Königs *Gordios* von Phrygien aus der griechischen Antike durch die Götter befestigt waren. Sie sollten die Deichsel des Zeus geweihten Wagens untrennbar mit dem Zugjoch verbinden.
Der Legende nach prophezeite ein Orakel, dass nur derjenige, der diesen Knoten lösen könne, die Herrschaft über Asien erringen würde. Viele kluge und starke Männer versuchten sich an dieser Aufgabe, aber keinem gelang es.
Im Frühjahr 334/333 v. Chr. soll Alexander der Große diesen Knoten einfach mit seinem Schwert durchschlagen und damit seinen darauf folgenden Siegeszug durch Asien eingeläutet haben.
Heute meint die Redewendung von der *Lösung des Gordischen Knotens* die simple Lösung eines als überaus schwer geltenden Problems.
Der gordische Knoten bezeichnet auch ein Aufwärmspiel, nutzbar für Erwachsene und Kinder, bei dem je nach Anzahl der Teilnehmer genau halb so viele Seile verdreht werden. Jeder Teilnehmer greift sich ein Seilende und muss nun seinen Partner herausfinden, ohne dabei das Seil loszulassen. Somit bilden alle Teilnehmer ein riesiges Menschenknäuel, das es zu entwirren gilt.
Alternativ können die Teilnehmer sich eng zusammenstellen und in der Mitte der Gruppe mit jeder Hand die Hand eines anderen Mitspielers greifen. Nach dem Entwirren entsteht einer oder mehrere Kreise.

(freenet Lexikon)

In der Variante mit den Seilen mag das ja noch angehen. Aber die klassische Methode »Gordischer Knoten« ist jene, bei der die Teilnehmer sich verquer an den Händen fassen, auf diese Weise kompliziert verknotet sind, um sich dann in intensivem Körperkontakt wieder zu entwirren. Positiv mag sein, dass man mit dieser Übung schon in der Anfangssituation die meisten Normen für Körperkontakte in formellen Situationen unbekümmert außer Kraft setzt. Übliche Phasen des Sich-Näher-Kommens in neuen Gruppen überspringt man einfach. Manche Teilnehmer werden danach viel lockerer miteinander umgehen.

Doch was, wenn einer oder mehrere Teilnehmer mit diesem Crashkurs in Körperkontakt überfordert sind? Weil ihnen das alles zu schnell geht? Weil sie so engen Kontakt mit Fremden als unangenehm erleben? Der gordische Knoten als Einstieg wäre mir als Trainer zu riskant. Später im Seminar ist er dann allerdings eine spannende

Übung mit hilfreichen Erfahrungen. Zuerst glaubt jeder, der Knoten aus Händen und Armen ließe sich nie entwirren. Dann folgt die mühsame Arbeit, sich mit Verrenkungen und lenkenden Zurufen weiter zu helfen. Schließlich ereignet sich schlagartig das Wunder: man steht wieder im Kreis (manchmal auch in zwei Kreisen) und ist endlich befreit. Für die Gruppe ist Positives geschehen. Man ist sich körperlich sehr nahe gewesen und man hat eine schwierig aussehende Aufgabe gemeinsam gelöst. Nach dieser Übung sieht man nur strahlende Gesichter. Manche Gruppen klatschen sich sogar spontan Beifall.

Beispiele für den Einsatz beim Active Training

Die Methoden, die ich für dieses Kapitel ausgewählt habe, sind alle aktivierend. Die Teilnehmer benutzen ihren Körper für spannende Aufgabenstellungen. Es gibt etwas zum Grübeln, zum Lachen, zum Staunen.

- Man stellt sich ohne Worte vor (Methode »Stimme verloren«, s. S. 216).
- Ein Unwetter zieht durch den Seminarraum (Methode »Sommergewitter«, s. S. 219).
- Es gilt einen rätselhaften Körpersprachen-Code herauszufinden (Methode »Kurz zu lang«, s. S. 221).
- Teilnehmer verwandeln sich in arrogante Bosse und devote Untergebene (Methode »Die da oben«, s. S. 223).
- Wie können drei Teilnehmer eine Waschmaschine vorführen (Methode »Lebender Katalog«, s. S. 225)?
- Können alle Teilnehmer nacheinander einen Ball in nur einer Sekunde anfassen (Methode »Ballberührung«, s. S. 227)?

Nicht aufgenommen und detailliert beschrieben habe ich andere körperbetonte Übungen und Spiele, die den meisten Trainern schon bekannt sind. – Beispielsweise sind das:

- *Das gemeinsame Aufstehen aus der Hocke:* Je zwei Teilnehmer lehnen Rücken an Rücken, verschränken die Arme auf der Brust, gehen gemeinsam in die Hocke und versuchen wieder aufzustehen, ohne den Körperkontakt zu verlieren.
- *Das Pendel:* Ein Teilnehmer stellt sich mit geschlossenen Augen in die Mitte, die anderen in engem Kreis um ihn herum, die Handflächen zum Teilnehmer. Der lässt sich nach hinten fallen, wird dann sanft von den Händen wieder nach vorne geschubst und pendelt so zwischen den stützenden Händen hin und her.
- *Der Vertrauensfall:* Ein Teilnehmer stellt sich auf einen Tisch. Die anderen Teilnehmer bilden mit ihren verschränkten Händen im Spalier eine Art Netz. Der Teilnehmer schließt die Augen und lässt sich rückwärts in das Händenetz fallen. (Vorsicht, die Hände müssen perfekt verschränkt sein!)
- *Die lebende Skulptur:* Teilnehmer stellen einen Sachverhalt oder einen Zustand in Form einer Skulptur aus ihren Körpern dar.

- Schweben: Zwischen zwei Reihen von Teilnehmern legt sich einer auf den Boden. Die anderen bücken sich, fassen ihn von Kopf bis Fuß und heben ihn langsam bis in Kopfhöhe. Ein schönes Erlebnis für den Schwebenden. Das Hochheben geht ganz leicht.
- *Tierhandlung:* Der Trainer ruft nacheinander Tiernamen in die Runde. Die Teilnehmer spielen das jeweilige Tier mit Bewegungen und Geräuschen nach.
- *Konzentrationsspiele*, bei denen die Teilnehmer bestimmte Bewegungen auf Kommando ausführen müssen. Das Tempo wird immer schneller. Wer einen Fehler macht, verlässt den Stuhlkreis.
- *Aufwärmübungen*, die den Kreislauf in Schwung bringen sollen: »Fliegen«, »Äpfel vom Baum pflücken« (man muss sich strecken und bücken)«, »nasse Hunde« (man schüttelt sich Wasser aus dem Fell), »Radfahren«.
- *Entspannungsübungen*, bei denen die Teilnehmer bestimmte Körperhaltungen einnehmen und bewusst atmen.
- *Isometrische Übungen* im Wechsel von Anspannen und Entspannen.

Körper und Gefühle

In jedem Training gibt es Situationen, in denen Emotionen das Geschehen bestimmen.

- Ein Teilnehmer hat versagt, reagiert mutlos. Man will ihm helfen, ihn trösten, wieder aufbauen.
- Es gibt Aggressionen, offene oder verdeckte. Die negative Energie im Raum nimmt zu.
- Ein Teilnehmer ist stolz, etwas Schwieriges perfekt hin bekommen zu haben.
- Teilnehmer sind erschöpft, haben keine Lust mehr. Die Motivation ist verflogen.

Die meisten Trainer reagieren und agieren in solchen Situationen mit Worten. Den resignierenden Teilnehmer bauen sie auf, indem sie seine Ressourcen ansprechen. Als Technik bei aggressiven Stimmungen haben sie gelernt, dass Metakommunikation helfen kann. Bei Erfolg wird gelobt. Lustlosigkeit bekämpfen sie wie ein guter Verkäufer mit Nutzenargumentation, Bedarfsermittlung, positiven Zielvisionen.

Als gekonnte Sprechberufler vergessen sie, dass in Situationen wie diesen der Einsatz des Körpers sehr wirkungsvoll sein kann:

- *Zum mutlosen Teilnehmer:* Machen Sie mit ihm die Übung »Schweben« oder »Pendel« (siehe oben) oder die Übung »Batterie aufladen« (s. S. 291). Bei den ersten beiden spürt er, dass die Gruppe ihn hält und auffängt. Bei »Batterie aufladen« bauen ihn die Kraftsätze auf.
- *Zu den wachsenden Aggressionen:* Lassen Sie die Gruppe körperbetonte Wettspiele machen, bei denen man seinen Ärger innerhalb von Regeln abreagieren kann, zum Beispiel »Schneeballschlacht« (s. S. 71).

- *Für tolle Ergebnisse bieten sich Siegesrituale an:* Oskar verleihen, jemand auf den Schultern durch den Raum tragen, Gesänge (»We are the champions«).
- *Die erschöpften Teilnehmer weckt ein Bewegungsspiel wieder auf,* bei dem es etwas zu lachen gibt (zum Beispiel die Methode »Lebender Katalog« in diesem Kapitel). Gut sind hier auch Ratespiele (siehe »Brainjogging« im Kapitel »Geschichten« oder »Kurz zu lang« in diesem Kapitel).

Tun ist besser als reden – das gilt auch in solchen Situationen. Achten Sie einmal darauf, ob in Ihren Trainings das Kommunikationssystem Körper neben der Sprache auch zum Zuge kommt.

Der Körper des Trainers

Wer vorne steht oder sitzt, wird von allen angeschaut. Deshalb kann man erwarten, dass jeder Trainer weiß, seinen Blickkontakt zu steuern, seine Hände und Arme sprachbegleitend einzusetzen, an Flipchart und Pinnwand eine »gute Figur« abzugeben.

Doch neben diesem Repertoire von Körpersprache der Rhetorik und Präsentation gibt es noch viele andere Möglichkeiten, als Trainer seinen Körper gezielt einzusetzen.

- Wenn Sie nach einem Satz eine Pause machen und die Teilnehmer dabei direkt anschauen, bekommt der Satz ein Gewicht. Der gleiche Effekt tritt ein, wenn Sie diese Technik innerhalb eines Satzes einsetzen. Dann wird das Nachfolgende besonders bedeutsam.
- Wenn Sie während einer Diskussion zwischen Teilnehmern plötzlich aufstehen, wirkt es so, als hätten Sie gesagt: »So, jetzt habe ich das Wort.«
- Wenn zwei Teilnehmer laut miteinander reden, während Sie etwas ausführen, können Sie sagen »Wenn gleichzeitig ich rede und Sie, verstehen die anderen gar nichts mehr« oder »Dürfen wir zuhören?«. Sie können aber

> Nur wer wesentlich schweigen kann,
> kann wesentlich reden.
>
> *Sören Kierkegaard*

 auch ganz einfach schweigen, zum Fenster gehen und hinaus sehen. Damit signalisieren Sie: »Ich höre auf, solange Sie sich unterhalten.«
- Wenn ein Teilnehmer vor der Gruppe etwas präsentiert oder ein Rollenspiel stattfindet, setzen Sie sich auf den freien Stuhl des Teilnehmers. Damit sagen Sie ohne Worte: »Jetzt spielt da vorne die Musik. Ich bin Zuhörer wie die anderen Teilnehmer auch.«
- Wenn Sie mit einem Teilnehmer ein Feedback- oder Beratungsgespräch führen, können Sie anfangs darauf achten, die gleiche Körperhaltung wie der Teilnehmer einzunehmen. Dieses Spiegeln fördert beim Gesprächspartner den Eindruck, dass man sich versteht und er Ihnen vertrauen kann.

Trainerin oder Trainer – Teilnehmerin oder Teilnehmer?

Typische Gesten und Körperhaltungen sorgen dafür, dass wir Frauen und Männer schon von weitem unterscheiden können. Sie dienen aber nicht nur als Wiedererkennungssignal. Sie wirken auch auf die Psyche. Das bedeutet, Männer und Frauen fühlen sich unterschiedlich, weil sie ihre Körper unterschiedlich bewegen.
Davon können Sie sich im Selbstversuch überzeugen. Nehmen Sie als Frau einmal die typische Haltung eines Mannes ein: Setzen Sie sich breitbeinig hin, lehnen Sie sich weit zurück und strecken Sie Ihre Arme über die ganze Sofabreite zur Seite. Wie fühlen Sie sich? Stark? Oder ungeschützt, alle Blicke auf sich ziehend?
Nehmen Sie als Mann eine weibliche Haltung ein: Stellen Sie Ihre Füße eng nebeneinander auf den Boden, geschlossene Knie leicht zur Seite geneigt. Verschränken Sie die Hände im Schoß. Senken Sie den Blick und neigen Sie den Kopf zur Seite. Zeigen Sie ein beschwichtigendes Lächeln. Wie fühlen Sie sich? Bescheiden, diplomatisch und gefühlvoll? Oder klein und ängstlich?
Mit den veränderten Geschlechterrollen ist die Körpersprache der Frauen selbstbewusster geworden. Doch die Wirkung ist widersprüchlich. Frauen finden es in der Regel angenehm, wenn eine Frau eine gerade Kopfhaltung zeigt. Männer finden das weniger sympathisch. Der Grund: Wenn die Körpersprache von den Erwartungen abweicht – also Widersprüche zeigt – reagieren wir mit Misstrauen und Zurückhaltung. Dominanzgesten wie Berührung, Näherrücken, sich größer machen erwartet man eher von Männern. Unterwürfige Signale wie Lächeln, sich klein machen, Raum freigeben eher von Frauen.

(www.egonet.de)

Bei Hospitationen von Schulungsveranstaltungen ist mir aufgefallen, wie nachlässig manche Referenten und Trainer mit ihrer Körpersprache umgehen. Da wird zu viel gefuchtelt oder der Trainer wirkt wie eingefroren, er geht unruhig vor den Teilnehmern auf und ab oder rührt sich nicht vom Fleck, er dreht den Teilnehmern den Rücken zu, hat zu oft die Hand im Gesicht, sitzt mit gekreuzten Armen vor der Gruppe.

Wenn Sie unsicher sind, ob das auch auf Sie zutrifft, brauchen Sie keine Videokamera aufzustellen (obwohl das immer ein guter Tipp ist). Setzen Sie stattdessen ein kleines Pantomimik-Spiel in Gang: bitten Sie die Teilnehmer, sitzend, stehend oder gehend Sie als Trainer nachzuahmen. Das verschafft den Teilnehmern einen Riesenspaß und Ihnen ein hilfreiches Feedback.

Anfassen oder Finger weg?

Zum Thema Körpersprache gibt es kaum Interessanteres als ein Fußballspiel. Da kann man die ganze Bandbreite beobachten: die innigen Umarmungen und Küsse nach einem Tor, die aufgerichteten Körper und die aggressive Mimik zwischen zwei Kampfhähnen, den kumpelhaften Klaps eines Spielers für den Schiedsrichter, das liebevolle über den Kopf streicheln des Gegners, den man gerade gefoult hat, das Haareraufen nach einer vergebenen Chance, den Trikot-Striptease nach dem entscheidenden Treffer. Im Vergleich dazu sind Seminare körpersprachenbereinigte Zonen. Doch es gibt einzelne Teilnehmer und Trainer, für die es selbstverständlich ist, die anderen beim Sprechen am Oberarm anzufassen, den Arm um sie zu legen, auf den Rücken zu klopfen, einen Klaps zu geben. Für die einen ist das angenehm. Sie werden lockerer, fühlen sich beachtet und akzeptiert. Für andere wirkt es aufdringlich. Frauen haben den Eindruck, man wolle sie »anmachen«. Weil die Reaktionen nicht homogen sind und man nicht weiß, wie diese Körpersprache ankommt, ist man als Trainer gut beraten, auf der sicheren Seite zu bleiben, also nicht von sich aus zu vertrauliche Signale der Körpersprache zu senden. Bei körperbetonten Spielen mache ich jedoch als Trainer immer mit. Wenn sich alle, wenigstens für ein paar Minuten, näher kommen, möchte ich mich nicht heraushalten.

Stimme verloren

Zeitbedarf: 15 Minuten.

Material: Musik, eventuell Requisiten.

Situation: Kennenlernen, Kick, Feedback, Kommunikationstraining.

Kurzbeschreibung: Die Teilnehmer kommunizieren ohne zu sprechen.

Beschreibung: Pantomime kann im Training in ganz unterschiedlichen Situationen eingesetzt werden.

- *Kennenlernen:* Die Teilnehmer gehen langsam im Raum umher. Dazu gibt es aktivierende Musik. Auf ein Stichwort von Ihnen antworten sie nur per Körpersprache. Reden ist streng verboten. Teilnehmer mit gleichen Merkmalen finden sich, haken sich unter, suchen weitere Gleichgesinnte und gruppieren sich an einem Ort im Seminarraum. Jetzt stellen Sie die Musik ab und die Gruppen können sich drei bis fünf Minuten unterhalten. Danach rufen Sie das nächste Stichwort auf.
  Beispiele für Stichworte, die pantomimisch umzusetzen sind: Familienstand (verheiratet, Kinder, ledig), Hobby oder Lieblingssport, Tierkreiszeichen. (Siehe auch Methode »4 Ecken« im Kapitel »Raum«, S. 244)
- *Aktion:* Bei *Lernspielen* mischen Sie unter die Fragekarten (»Abfragen mit Aktion«, s. S. 69) Ereigniskarten, die etwas Körpersprachliches verlangen. Zum Beispiel den Trainer imitieren, einen bestimmten Teilnehmer mit Grimassen zum Lachen bringen.
- Als *Kick* lassen Sie die Teilnehmer »Lebender Katalog« (s. S. 225) spielen. Eine *witzige Pantomime* für die gesamte Gruppe ist die »Autowaschanlage«. Die Teilnehmer stellen sich gegenüber in zwei Reihen auf und üben drei Waschprogramme: einfach ohne Vorspülen, mit Vorwäsche, Intensivwäsche. Das bedeutet unter anderem Massieren, Zischen, Trocknen. Dann wählt der erste Teilnehmer sein Waschprogramm und kriecht auf allen Vieren als Auto durch die Waschanlage. Anschließend stellt er sich hinten in seiner Reihe wieder an und wird zum Teil der Waschanlage. So geht es weiter, bis alle »sauber« sind. Sie können das Waschen auch auf Freiwillige beschränken. Sonst dauert es zu lang.
- Ein weiteres *lustiges Bewegungsspiel* ist das Verhexen. Ein Teilnehmer wirft einem anderen einen Ball zu und sagt dazu »Ich verhexe dich in einen Kanarienvogel«. Es kann auch ein Gerät, ein Gegenstand, ein Prominenter sein.

Methoden und Übungen

Der verzauberte Teilnehmer imitiert dann pantomimisch einen Kanarienvogel, bevor er den Ball mit einem anderen Zauberspruch dem nächsten Kollegen zuwirft. Bei diesem Spiel gehören Geräusche dazu.

- *Feedback:* Fast ein Standard in Methodenbüchern ist die »Lebende Skulptur«, bei der mehrere Teilnehmer nach Vorbereitung in der Kleingruppe ein Tages- oder Seminarfeedback per Körpersprache geben. Sie arrangieren sich zu einem aussagekräftigen Gebilde und bleiben in dieser Position. Die anderen können dazu Deutungen abgeben. Dann ist die nächste Gruppe an der Reihe.

Oder alle Teilnehmer denken sich gemeinsam ein pantomimisches Feedback für den Trainer aus. Der wartet draußen und wird hereingerufen, wenn die Skulptur fertig ist.

Männer verhexen

Wir kamen zur Insel Aiaia.
Diese bewohnte Kirke, die schöngelockte, die hehre melodische Göttin.
Und sie setzte die Männer auf prächtige Sessel und Throne,
mengte geriebenen Käse mit Mehl und gelblichem Honig
unter pramnischen Wein, und mischte betörende Säfte
in das Gericht, damit sie der Heimat gänzlich vergäßen.
Als sie dieses empfangen und ausgeleeret, da rührte
Kirke sie mit der Rute, und sperrte sie dann in die Koben.
Denn sie hatten von Schweinen die Köpfe, Stimmen und Leiber,
auch die Borsten; allein ihr Verstand blieb völlig, wie vormals.
Weinend ließen sie sich einsperren; da schüttete Kirke
ihnen Eicheln und Buchenmast, und rote Kornellen vor,
das gewöhnliche Futter der erdaufwühlenden Schweine.

(Homer: Odyssee)

- *Wahrnehmung schulen:* In Kommunikationstrainings ist die Verständigung ohne Sprache eine wertvolle Übung, um sensibel für außersprachliche Signale zu werden.
  Beispielsweise können Sie bei Videoaufzeichnungen zu Präsentationen im Rhetoriktraining öfter den Ton abstellen und das Bild stehen lassen.

Bei Rollenspielen frieren die Akteure auf ein »Stopp« des Trainers ihre Bewegung ein (vorher erläutern und einmal ausprobieren). Dann wird ausgewertet.

Die Technik des »Einfrierens« (s. S. 229) eröffnet weitere Möglichkeiten. Zum Beispiel: Ein anderer Teilnehmer spiegelt die Bewegung, damit der Betreffende sehen kann, wie sie wirkt. Sie fragen den »Eingefrorenen«, wie er sich fühlt, lenken seine Aufmerksamkeit auf verschiedene Körperteile. Wenn so der Kontakt zum eigenen Körper in dieser Haltung hergestellt ist, kann versucht werden, in Zeitlupe eine andere Haltung einzunehmen. Auch sie wird wieder körperlich bewusst erlebt.

Chancen und Gefahren: Es gibt Teilnehmer, die es nicht gewohnt sind, ihren Körper zur Kommunikation einzusetzen. Sie müssen erst locker werden. Das gilt erst recht für Anfangssituationen, in denen man sich besonders formell verhält. Hilfen dabei sind: Musik, alle machen mit (auch der Trainer), entspannende Einleitung (»Probieren Sie es aus, so gut Sie können«). Wenn das Eis gebrochen ist, bringen Pantomimen Spaß und Ungezwungenheit in die Gruppe.

Ideengeber: Kennenlernübung von Eduard Kaan (s. S. 326).

Sommergewitter

Zeitbedarf: 5 Minuten.

Material: Keines.

Situation: Kick an heißen Sommertagen, wenn die Teilnehmer schlapp sind.

Kurzbeschreibung: Man spielt ein Gewitter mit Platzregen.

Beschreibung: Die Gruppe stellt sich im Kreis auf. Als Trainer reihen Sie sich ein und instruieren die Gruppe, dass gleich ein Gewitter akustisch nachgespielt wird. Dazu benutzt man die Hände (zuerst Reiben der Handflächen für Wind, dann Fingerschnipsen für die ersten schweren Regentropfen), die Oberschenkel (Trommeln mit den Händen auf den Oberschenkeln für Platzregen) und die Füße (Trampeln für Donner).

Zuerst wird geübt wie bei einem Chor. Als Trainer beginnen Sie mit dem Reiben der Handflächen. Im Uhrzeigersinn setzt der Teilnehmer links von Ihnen ein. So geht es weiter, bis alle reiben. Dann beginnen Sie das nächste Geräusch und schnalzen mit den Fingern. Das wird der Reihe nach wieder imitiert. (Die anderen setzen so lange das Händereiben fort!) Wenn das Rundumwandern des Geräusches zur Zufriedenheit klappt, brechen Sie die Probe ab und starten das Sommergewitter.

Sie liefern zur Begleitung eine anschauliche Reportage in folgenden Stufen:

- Ein heißer Sommerabend. Die Luft ist schwül. Eine dunkle Wolkenwand kommt immer näher. Plötzlich kommt Wind auf und bringt die Bäume zum Rauschen. (Händereiben)
- Schon fallen die ersten Regentropfen auf den staubigen Boden. (Fingerschnalzen)
- Da, der erste Blitz. Es donnert. (Mit den Füßen schnell auf dem Boden trampeln.)
- Jetzt gießt es wie aus Kübeln. (Die Hände trommeln auf den Oberschenkeln.)
- Noch einmal donnert es. (Füße trampeln)
- Der Regen prasselt. (Oberschenkeltrommeln)
- Schnell zieht das Gewitter weiter. Der Regen lässt nach. (Fingerschnalzen)
- Jetzt hört der Regen auf. (Das Fingerschnalzen klingt langsam aus.)
- Wir schütteln das Wasser ab und sind topfit. (Arme und Beine schütteln. Strahlen.)

Chancen und Gefahren: Diese Übung ist einer meiner Lieblingskicks. Sie ist relativ kurz, aber sie schafft lebendige Vorstellungsbilder und macht garantiert alle munter. Die Teilnehmer müssen sich nämlich konzentrieren und viel bewegen. Die Dramaturgie mit tobender Natur und friedlichem Happy End verfehlt nie die Wirkung.

Immer wieder erlebe ich begeisterte Teilnehmer, die diese Übung gerne als Anregung mitnehmen, um sie selbst einmal einzusetzen.

Kurz zu lang

Zeitbedarf: 10 Minuten.

Material: Ball.

Situation: Kick zwischendurch, Denksport.

Kurzbeschreibung: Man soll herausfinden, was »kurz« und »lang« bedeuten.

Beschreibung: Die Teilnehmer sitzen im Stuhlkreis (ohne Tische). Sie als Trainer werfen einem Teilnehmer einen kleinen Ball zu und sagen »kurz zu lang«. Die Teilnehmer sollen herausfinden, was das bedeutet. Der erste Teilnehmer macht sich seine Gedanken, wirft den Ball an einen anderen Teilnehmer weiter und sagt vielleicht: »Lang zu kurz«. Darauf Sie: »Stimmt nicht« oder »stimmt«. Dann probiert es der zweite Teilnehmer, so geht es immer weiter.

Die Lösung: »Kurz« heißt, man hat die Beine übereinander geschlagen und einen Fuß nicht am Boden, »lang« ist richtig, wenn beide Füße auf dem Boden stehen. Wenn also der Werfer die Beine übereinander geschlagen hat und jemandem den Ball zuwirft, der beide Füße auf dem Boden hat, sagt er: »Kurz zu lang«.

Als Trainer sagen Sie bei jedem Satz eines Teilnehmers »richtig« oder »falsch«. So können die Teilnehmer lernen. Das Spiel dauert so lange, bis jemand den Code richtig erkannt hat. Besser ist es, vorher eine maximale Spieldauer festzulegen (zum Beispiel sieben Minuten).
Weil im Laufe des Spieles einige ihre Körperhaltung ändern, kann es vorkommen, dass ein Ball das zweite Mal zum gleichen Spieler kommt und es plötzlich »lang« heißt, was vorher »kurz« war. Das verwirrt manche, die glauben, auf der richtigen Spur zu sein.

Chancen und Gefahren: Das Spiel macht Spaß, aber es darf nicht zu lange dauern. Dann besteht nämlich die Gefahr, dass die Konzentration nachlässt. Manche Teilnehmer verlieren die Geduld und finden diese Übung dann plötzlich kindisch.

Varianten: Das Ratespiel mit Ballwerfen kann man auch mit dem Code »Ich mag Ferrari, aber nicht Opel« oder »Ich mag keinen Spinat, aber Pommes« durchführen. Jeder Teilnehmer formuliert dann einen eigenen Satz nach diesem Muster und wirft dazu den Ball weiter. Sie sagen wieder »richtig« oder »falsch«. Die Lösung: Man mag nur Wörter, in denen ein doppelter Konsonant vorkommt.

Die da oben

Zeitbedarf: 10 Minuten.

Material: Keines.

Situation: Kommunikationstraining oder Seminargruppe mit Statusunterschieden.

Kurzbeschreibung: Die Teilnehmer zeigen Körpersprache für Überlegenheit und Unterlegenheit.

Beschreibung: Zu aktivierender Musik gehen die Teilnehmer im Raum herum. Die eine Hälfte zeigt die typische Körpersprache von Ranghöheren oder solchen, die sich dafür halten. Die andere Hälfte demonstriert Verhalten von Unterlegenen oder solchen, die sich dazu machen. Das Ganze steigert sich in drei Runden von etwa zwei Minuten. In jeder Runde wechseln nach einer Minute die Teilnehmer auf ein Zeichen von Ihnen die Rollen.

- Erste Runde: Die Statushohen halten beim Gehen Kopf und Kinn hoch, die Statusniedrigen senken Kopf und Blick.
- Zweite Runde: Die Statushohen setzen beim Gehen zusätzlich die Füße nach außen, schreiten weit aus. Die Statusniedrigen drehen die Füße nach innen und machen kleine Schritte.
- Dritte Runde: Zusätzlich zur Körpersprache der ersten beiden Runden weichen die Ranghöheren den Rangniedrigen nicht aus, wenn sie ihnen in den Weg kommen. Sie nehmen auch Rempeleien in Kauf. Die Rangniedrigen machen große Bögen und weichen aus.

Fragen für die Auswertung:

- Was hat man an sich und den anderen in jeder Rolle beobachtet?
- Wie hat man den Rollenwechsel in jeder Runde erlebt?
- Welche Alltagserfahrungen gibt es dazu?
- Was kann man daraus lernen?

Chancen und Gefahren: Eine einfache, aber intensive Übung zum Thema »Über- und Unterlegenheit« und zum Thema »Wirkung von Körpersprache«. Bei manchen Teilnehmern werden sehr emotionale Erinnerungen wach. Nach dieser Übung ist die Bereitschaft groß, über eigene Schwächen bei diesem

Funktioniert das auch bei Menschen?

Bei Hunden dient Dominanz zur Rudelbildung. Umso dominanter ein Tier ist, umso höher steht es in der Rangordnung. Dabei kommt es nur zu Kämpfen, wenn zwei Tiere gleich dominant sind. Das ganze System dient dazu, ernsthafte Kämpfe und unnötige Unruhe auf ein Mindestmaß zu reduzieren.
Um aber Dominanz ausdrücken zu können müssen wir den Hund dazu bringen, uns anzuschauen. Das tut der Hund aber von alleine, wenn er eine Reaktion von uns befürchtet, die ihm nicht gefallen wird. Wie schaffen wir dies? Wir müssen den Hund jedes Mal, wenn er nicht die gewünschte Reaktion auf unsere Körpersprache zeigt oder uns nicht anschaut, wenn wir seinen Namen nennen, angreifen – das heißt, wir stürzen laut schreiend, mit hocherhobenen Kopf und Armen auf den Hund zu und greifen nach ihm.
Der Hund muss jetzt deutliche Zeichen der Unterwerfung zeigen oder wir haben ein Problem mit der Rangordnung. Wir üben zuerst innerhalb der vier Wände – dort kann der Hund nicht weg.
Wir sprechen den Hund an. Schaut er uns nicht an, wird er angegriffen. Schaut er uns an, heben wir den Kopf und strecken den Rücken durch, sodass wir gewissermaßen wachsen. Jetzt muss der Hund Kopf und Schwanz wenigstens ein wenig senken – er erkennt unsere Stellung an. Tut er es nicht und schaut uns dabei frech ins Gesicht, stellt er unsere Stellung im Rudel infrage oder fühlt sich höherrangig. Wir schauen ihm fest in die Augen. Wenn er wegschaut, gibt er auf. Solange er uns anschaut, kämpft er. Wenn er nicht innerhalb von zwei Minuten aufgibt, sollten wir ihn angreifen. Wenn er sich nicht sofort unterwirft, schadet es nicht, wenn wir ihm mit beiden Händen in die Seite greifen und etwas kneifen. Bei Unterwerfung müssen wir dieses sofort beenden – wir wollen ihn unterwerfen, nicht handscheu machen.
Die ganze Sache lässt sich mit Lautäußerungen (knurren) mit und ohne Zeigen der Zähne untermalen. Der Hund wird früher oder später darauf reagieren, so sicher wie wir dominant sind.
Wenn es uns gelingt den Hund über diese Schiene negativ aber auch positiv zu verstärken, haben wir eine gute, artgerechte Möglichkeit zur Erziehung gefunden.

(Text aus einer Hundeschule)

Thema – in der einen wie der anderen Rolle – nachzudenken und Vorsätze zu entwickeln.

Wenn die Teilnehmer vor allem in Phase 3 übertreiben, sich anrempeln und wegstoßen, ist das keine Gefahr, sondern macht die Erfahrungen noch eindringlicher. Übertreibungen in der Statushöheren-Rolle zeigen, wie enthemmend die Position des Überlegenen sein kann.

Ideengeberin: Ute Pelzer (s. S. 327).

Lebender Katalog

Zeitbedarf: 10 Minuten.

Material: Keines.

Situation: Kick zwischendurch, Denksport.

Kurzbeschreibung: Man soll herausfinden, welches Gerät aus einem Versandhauskatalog gerade dargestellt wird.

Beschreibung: Sie teilen die Gruppe in Dreiergruppen ein.

> Die Anleitung kann folgendermaßen lauten: »*Suchen Sie sich aus einem Versandhauskatalog ein Gerät aus. Stellen Sie sich vor, wie das Gerät in Funktion ist. Stellen Sie es zu dritt als Pantomime dar.*«

Bei dieser Übung kann man lachen, bis die Tränen fließen. Ich erinnere mich an eine Waschmaschine, bei der ein Teilnehmer den Kopf zwischen die Beine des anderen streckte und versuchte, damit die rotierende Trommel nachzuahmen. Dankbar ist auch der Toaster, aus dem nach einigem Glühen der Toast herausfliegt. Wichtig sind dazu die passenden Geräusche.

Nacheinander stellt jedes Dreierteam sein Gerät vor. Die anderen sollen erraten, um welches Gerät es sich handelt. Aber wichtiger als das Raten ist die umwerfende Komik mancher Aktionen.

> Man soll nie vergessen,
> dass die Gesellschaft
> lieber unterhalten als unterrichtet
> sein will.
> *Adolf Freiherr von Knigge*

Chancen und Gefahren: Die größte Chance besteht darin, dass es viel zu Lachen gibt und eine gute Stimmung entsteht, die sich auf den weiteren Seminarverlauf überträgt.

Sie müssen allerdings damit rechnen, dass ein Dreierteam etwas weniger Gelungenes vorführt. Aber auch das wirkt lustig, wenn die Lachstimmung einmal überhand genommen hat.

Varianten: Sie können natürlich auch Tiere darstellen lassen oder Sonstiges aus dem Alltag.

- *»Elefant«:* die beiden äußeren Spieler sind die wedelnden Ohren, der mittlere lässt einen Arm über den anderen quergestellten Arm als Rüssel hängen.
- *»Känguru«:* der mittlere hält einen Beutel, unter seinen Armen schauen links und rechts die äußeren Teilnehmer als Babys heraus und geben Laute von sich.
- *»Hund«:* die Mitte bellt, die beiden Teilnehmer außen heben abwechselnd das Bein.

Oder Sie geben freie Hand für alle möglichen Dinge aus dem Alltag. Besonders witzig sind Bagger, Drehtür, Pferdegespann mit Kutscher.

Ballberührung

Zeitbedarf: 10 Minuten.

Material: Ein kleiner Ball (zum Beispiel Tennisball), Stoppuhr.

Situation: Kick zwischendurch, Kreativität, Umgang mit Stress.

Kurzbeschreibung: Jeder in einem Kreis soll einen Ball mit beiden Händen berühren. Das soll so schnell wie möglich gehen.

Beschreibung: Die Teilnehmer stellen sich als Kreis auf. Es sollten mindestens zehn Teilnehmer sein. Stellen Sie sich in die Kreismitte und halten den Ball mit ausgestrecktem Arm zwischen Daumen und Zeigefinger. Mit der anderen Hand halten und bedienen Sie die Stoppuhr.

> Beschreiben Sie die Aufgabe folgendermaßen: »*Der Reihe nach muss jeder den Ball mit beiden Händen berühren. Versuchen Sie so schnell wie möglich fertig zu sein.*«

Wenn alle bereit sind, geben Sie das Startzeichen. Verändern Sie während der Runde Ihre Armhaltung mit dem Ball nicht. Stoppen Sie die Zeit.

Teilen Sie der Gruppe die Zeit mit und zeigen Sie Unzufriedenheit und Enttäuschung: »Das war ziemlich schlecht. Ich hätte Ihnen mehr zugetraut. Versuchen Sie es noch einmal.« Die Gruppe wird nun vielleicht die Strategie ändern und schneller sein. Sie zeigen sich aber wieder enttäuscht und machen Druck: »Das war's noch nicht. Andere schaffen das in einer Sekunde. Ich gebe Ihnen noch eine letzte Chance. Geben Sie sich Mühe!« Meistens halten die Teilnehmer die Zeitvorgabe für absurd. Es gibt den letzten Durchlauf.

Die Lösung: Alle strecken die Hände in die Kreismitte, Handflächen nach unten. Die Hände sind eng beieinander. Nehmen Sie den Ball so in die Hand, dass die obere Ballhälfte frei ist. Kauern Sie sich unter die Hände und streichen Sie von unten mit dem Ball einmal schnell über alle Handflächen. Das klappt in Windeseile.

Sie können es beim Kick belassen. Aber Sie können auch fragen, was die Kritik und die unmöglich erscheinende Vorgabe bei den Teilnehmern ausgelöst hat.

- War das antreibend oder entmutigend?
- Gibt es ähnliche Situationen im Beruf?
- Kann man etwas daraus lernen? Zum Beispiel als Vorgesetzter: Druck und Tadel wirken sich nicht leistungssteigernd aus. Oder: Unter Druck zerfällt die Gruppe; Einzelne haben bestimmt, was gemacht werden sollte.

Chancen und Gefahren: Die Übung lebt von der verblüffenden Lösung und der zunehmenden Entmutigung der Gruppe. Sie sollten zwischen den drei Durchgängen nicht viel Zeit zum Nachdenken lassen (maximal, wenn Teilnehmer das wünschen, 20 Sekunden), um zu verhindern, dass die Lösung vorzeitig entdeckt wird.

Körper: ein fast vergessenes Medium **229**

Schockgefroren

Zeitaufwand: 5 Minuten.

Material: Keines.

Situation: Die Aufmerksamkeit lässt nach.

Kurzbeschreibung: Unvermittelt sagt der Trainer »Stopp, nicht mehr bewegen!«

Beschreibung: Sie kennen sicher diese Situation: Aus welchen Gründen auch immer sind mehrere Teilnehmer nicht mehr bei der Sache. Ihre Körpersprache signalisiert Abwehr oder Müdigkeit oder Langeweile. Mit dem plötzlichen Impuls »Stopp. Nicht mehr bewegen! Sie sind eingefroren« wird diese Körpersprache wie auf einem Standbild fest gehalten. Jetzt kann jeder sie sich bewusst machen und darüber sprechen.

Lassen Sie Teilnehmer, deren Körpersprache Ihnen besonders prägnant erscheint, schildern, wie ihre Körperhaltung mit ihrem aktuellen »Inneren« zusammenhängt.

Die Äußerungen der Teilnehmer sollten Sie zusammenfassen und konstruktiv umsetzen. Wenn Sie etwa erfahren, dass mehrere Teilnehmer zu müde sind oder dass die Arbeitsweise im Seminar sie nicht stimuliert, sind Ideen gefragt, was verändert werden sollte.

Chancen und Risiken: Bei dieser Übung macht der Ton die Musik. Vermeiden Sie alles, was in Richtung »Jetzt habe ich dich ertappt!« verstanden werden könnte. Erklären Sie Ihr »Stopp« ganz entspannt und mit einer Prise Humor. Beim Auswertungsgespräch sollten die angesprochenen Teilnehmer spüren, dass Sie wirklich an ihnen interessiert sind und sie nicht lächerlich machen oder maßregeln wollen.

Varianten: Die Technik des Einfrierens können Sie ebenso in anderen Situationen verwenden, zum Beispiel bei Rollenspielen oder anderen Verhaltenstrainingsmethoden. Wichtig ist, dass der jeweiligen Teilnehmer sich seine Körperhaltung und Mimik (Was ist angespannt, was ist locker? Geht es mir gut in dieser Haltung oder nicht?) nach und nach bewusst werden. Im zweiten Schritt können Sie dann eine Haltung suchen lassen, die »passt«.

Der besondere Tipp: Wenn ein Teilnehmer nach dem Stoppbefehl doch noch schnell seine Körpersprache »korrigiert«, beginnen Sie die Auswertungsrunde mit ihm. Sagen Sie: »Sie haben nach dem Stopp doch noch Ihre Haltung geändert. Was ging ihnen da durch den Kopf?«

Macht des Geistes

Zeitaufwand: 5 Minuten.

Material: Keines.

Situation: Einstieg in das Thema »Kraft von Vorstellungen« (zum Beispiel positives Denken, mentales Training) oder einfach Kick zwischendurch.

Kurzbeschreibung: Jeder versucht, mit dem ausgestreckten Arm bei einer Rechtsdrehung möglichst weit zu kommen. Nach einer Phase der mentalen Vorstellung gelingt das noch besser.

Beschreibung: Jeder Teilnehmer platziert sich so im Seminarraum, dass er oder sie mit ausgestrecktem Arm eine Drehung vollführen kann, ohne irgendwo anzustoßen. (Wenn der Raum zu eng ist, gehen Sie nach draußen.) Dann stellt sich jeder bequem hin, die Beine nebeneinander in sicherem Stand. Diese Beinstellung darf sich während der Übung nicht verändern.

Sagen Sie den Teilnehmern: »*Heben Sie den rechten Arm und schauen Sie wie beim Zielen über Ihren rechten Zeigefinger auf einen Punkt. Jetzt drehen Sie Arm und Oberkörper langsam nach rechts so weit Sie können. Merken Sie sich den Punkt, den Sie über Ihrem Zeigefinger sehen.*«

Nun folgt die mentale Übung: »*Stellen Sie sich nun vor, Sie führen die Drehung wieder durch. Das geschieht aber nur in Ihrer Vorstellung. In Wirklichkeit bleiben Sie ruhig stehen. Ihren Arm heben Sie wie vorher, aber nur nach vorne. Gehen Sie in Gedanken die Rechtsdrehung langsam durch. Stellen Sie sich vor, Sie können sich immer weiter und weiter nach rechts drehen.*«

Nach dieser mentalen Runde folgt der zweite Realversuch: »*Heben Sie wieder Ihren Arm und drehen Sie sich wie beim ersten Mal langsam nach rechts. So weit Sie können.*«

Zur allgemeinen Überraschung bemerken fast alle, dass sie sich nach der mentalen Vorbereitung jetzt viel weiter nach rechts drehen konnten.

Fragen Sie die Teilnehmer: »*Wie erklären Sie sich das? – Lag es an der Fantasie, sich in Gedanken noch weiter drehen zu können? – Schaffen Gedanken also Realität? – Was kann man daraus für sein Leben mitnehmen?*«

Chancen und Risiken: Diese Übung ist immer ein Knüller, weil die Erfahrung so verblüfft. Es entsteht sofort ein Bedürfnis bei jedem, »dahinter« zu kommen. Ein minimales Risiko besteht im körperlichen Bereich. Man könnte sich den Rücken zerren oder aus dem Gleichgewicht geraten. Deshalb ist es wichtig, dass Sie die Übung aus einem sicheren Stand und sehr langsam machen lassen.

Ideengeber: Ich kenne die Übung schon seit langem von einer Seminarteilnehmerin. Jetzt habe ich sie in dem anregenden Buch von Zymyat Klein »Kreative Geister wecken« (managerSeminare 2006) wieder gefunden.

Raum

Das steht bereit:
- Fußboden
- abgegrenzte Fläche auf dem Boden
- Ecken
- Wand
- Decke
- Tür
- Fenster

Das kann man damit anstellen:
- sich aufstellen
- sich hinsetzen
- sich hinlegen
- sich fort bewegen und stehen bleiben
- dekorieren
- Objekt hinlegen
- Objekt aufhängen
- Objekt an der Wand anbringen
- Stühle platzieren
- Tische arrangieren
- Pinnwände platzieren

Probieren Sie es aus!

Umgebung, Terrain, Revier

Jeder Raum ist eine Hülle. Wie man beim Anprobieren von Kleidung rasch spürt, ob sie passt, bemerkt man auch beim Betreten eines Seminarraumes, ob man sich darin wohl fühlen kann.

Treten Sie ein!

Das Betreten eines Raumes
Wenn Sie einen Raum betreten, bleiben Sie nicht im Türrahmen stehen, ähnlich wie es eine Katze am Waldrand tut, um dann an der Grenze zwischen Wald und Flur entlang zu schleichen. Treten Sie eher auf wie ein Elefant, der sofort mitten auf die Lichtung tritt und sich umsieht.
Wenn Sie beispielsweise ein Restaurant betreten, so bleiben Sie nur kurz am Eingang, aber nicht im Eingang stehen, um sich zu orientieren. Gehen Sie dann zielbewusst in die Mitte des Raumes. Dort überblicken Sie am besten, wo ein freier Tisch ist, der Ihren Ansprüchen entspricht.

Auftreten im Job
Wenn Sie eine Rede halten sollen, treten Sie mit festem Schritt vor und nicht mit kurzen, zögerlichen Schritten.
Wenn Sie eine höher gestellte Person (Kunde, Chef) in ihrem Büro besuchen, schließen Sie die Tür hinter sich und treten einen Schritt von der Tür weg in den Raum hinein. Dort bleiben Sie kurz, zirka drei bis fünf Sekunden stehen, um Blickkontakt mit der Person aufzunehmen und um Ihren Respekt zu bezeugen. Auf die Aufforderung zur Annäherung betreten Sie dann entschlossen den Raum und steuern den Ihnen zugewiesenen Sitzplatz an.

(Text aus focus online, Beruf und Karriere)

Ebenfalls wie eine Kleidung kann ein Raum einengen oder zu groß sein. Er kann ästhetisch erfreuen oder abstoßen. In angenehmen Räume bleibt man gerne, auch zum Pausengespräch. In unangenehme Räume kommen Teilnehmer nach der Pause oder morgens gerne zu spät. Wenn mir ein Seminarraum nicht gefällt, versuche ich hartnäckig, einen anderen zu bekommen. Ich frage auch im Zweifelsfall die Teilnehmer gleich zu Beginn, ob sie die Einrichtung gerne verändern würden. Dann packen wir an, stellen um, dekorieren. Das ist ein guter Anfang (siehe auch die Methode »Chaos« im Kapitel »Stühle«, S. 176). Gott sei Dank gibt es Seminarhotels, die richtige Wohlfühl-Arbeitsumgebungen anzubieten haben. Manche arbeiten mit Feng-Shui-Methoden, Farbpsychologie und Duftzerstäubern mit anregenden oder beruhigenden Essenzen.

> **Raumpsychologie**
>
> Die Art, wie wir unsere Räume, unseren Garten, unseren privaten Wohnbereich einrichten, spiegelt unser inneres Befinden wider. Die Einrichtung wirkt wieder auf uns zurück. Es findet eine ständige Wechselwirkung zwischen uns und unserer Umgebung statt, denn wir sind ein integraler Teil unserer Welt und wir kommunizieren mit ihr in vielfältigster Weise.
> Das Meiste spielt sich auf einer unbewussten Ebene ab. Gefühlsmäßig wählen wir vielleicht diejenige Farbe für eine Wand aus, die uns auch gut tut. Oder wir stellen unseren Lieblingssessel so, dass wir in einen günstigen Energiefluss zu sitzen kommen. Andererseits gestalten wir vielleicht die Einrichtung eines Raumes so, dass sie eine Konfliktsituation oder ein aktuelles Lebensthema widerspiegelt ohne uns dessen bewusst zu sein. Und manchmal fühlen wir uns in einem Raum nicht wohl und wissen nicht wieso. Verstehen wir es, diese Sprache zu deuten, können wir besser in die Tiefe gehen, verstehen, analysieren, aber natürlich auch beeinflussen, verändern, harmonisieren.
>
> *(aus dem Werbetext einer Raumberaterin)*

Der Fußboden ist der Ort, wo jeder sich platziert. Der Trainer sitzt meistens vorne, wo die Seminartechnik steht. Da schauen alle hin. Wenn Teilnehmer in diese Trainerzone gebeten werden, etwa zu einer Präsentation oder zu einem Rollenspiel, betreten sie ungewohntes Terrain. Umgekehrt ist es etwas irritierend, wenn sich der Trainer währenddessen unter die Teilnehmer mischt.

Erfahrene Trainer arbeiten bewusst mit ihrer Position im Raum. Sie suchen sich den richtigen Zeitpunkt aus, um aufzustehen oder sich zu setzen, um nach vorne in den Teilnehmerkreis zu gehen oder sich seitlich an die Wand zu lehnen. Aufstehen bedeutet »jetzt bin ich dran, alle mal herhören«. Sich setzen oder auf die Seite treten signalisiert »jetzt ist jemand anders dran, ich bin Zuhörer«. Trainer, die ihr Revier nie verlassen, wirken autoritär oder unsicher. Trainer, die sich zufällig und ziellos im Raum bewegen, wirken zappelig und nervös.

Erfahrene Trainer sorgen auch gezielt dafür, dass die Teilnehmer immer wieder Gelegenheit bekommen, sich im Raum zu bewegen.

- Sie pinnen nach Kartenabfragen nicht selbst an, sondern lassen die Teilnehmer an die Pinnwand kommen.
- Sie machen zwischendurch kurze Spiele, bei denen die Teilnehmer ihre Stühle verlassen.
- Sie nutzen Aufstellmethoden (siehe nächster Abschnitt).
- Sie ändern die Sitzordnung.

Ein Effekt ist interessant: wenn sich die Teilnehmer während des Trainings viel im Raum bewegen, verhalten sie sich auch von ihren Stühlen aus aktiver, freier, offener. Wenn Teilnehmer nur sitzen, setzt sich auch ihr Hirn zur Ruhe.

Dem Raum Bedeutung geben

Bei Aufstellmethoden (siehe Methode »Hier stehe ich!«, S. 240) macht man sich die Tatsache zunutze, dass einen »Stand-Ort« suchen auch bedeutet »eine Position beziehen«. Eine Strecke auf dem Boden kann durch wenige Requisiten zum Beispiel zu einem Stimmungsbarometer werden. Vorne liegt eine dunkle Wolke, ganz hinten eine strahlende Sonne. Jeder Teilnehmer stellt sich genau an die Stelle auf dieser Skala, wie es seiner Zufriedenheit mit dem Seminartag entspricht.

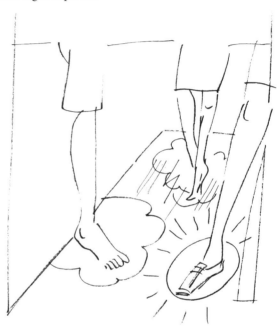

Man kann die Skala auch auf einer Pinnwand abbilden und die Teilnehmer punkten lassen. Aber sich hinstellen hat eine ganz andere Qualität. Jetzt bin ich nicht anonym. Wenn man mich fragt, kann ich sagen, warum ich gerade hier stehe. Die Teilnehmer bei der Sonne können mit den Teilnehmern bei der dunklen Wolke sprechen. Aufstellen ist also persönlicher und verbindlicher als Punkten an der Pinnwand. Die Teilnehmer nehmen wohl deshalb das Aufstellen gewissenhafter vor als das Punkten. Man kann beobachten, wie sie mit kleinen Schritten genau den richtigen Ort suchen, bevor sie stehen bleiben. Das Aufstellen kann man zu vielen Aussagen nutzen, bis zum Nachstellen von Beziehungskonstellationen.

Den Boden kann man auch verwenden, um Areale oder Raumecken mit Bedeutungen zu belegen (»4 Ecken«, s. S. 244). Das Belegen erfolgt durch beschriftete Flipchartbogen, die man auf den Boden legt oder in die jeweilige Ecke hängt. Sie können auch Pinnwände aufstellen.

In einem Managementseminar lassen sich etwa die vier Raumecken als Kritikecke, Praxisecke, Transferecke und Ichecke belegen.

- In der Kritikecke wird das Erlernte auf Schwächen und Probleme getestet.
- In der Praxisecke sucht man Anwendungsmöglichkeiten.
- In der Transferecke stellt man sich vor, man setze das Gelernte im eigenen Umfeld um und entwickelt Ideen, was passieren könnte.
- In der Ichecke fragt sich jeder, wie er persönlich zum Erlernten steht, was es für ihn verändert, wo er noch einen Widerstand spürt.

Man kann nun nach jedem Trainingsabschnitt mit der ganzen Gruppe von Ecke zu Ecke wandern. Oder jeder Teilnehmer sucht eine Ecke auf, die ihm gerade jetzt nahe liegt und erzählt dann aus der Ecke heraus, was ihm zum Thema der Ecke durch den Kopf geht.

Eine Variante ist das Schaffen von Meinungsinseln. Man schreibt auf Pinnwände oder Flipcharts je eine Meinung, verteilt sie im Raum oder im Flur und bittet die Teilnehmer, sich dahin zu stellen, wo sie ihre Meinung am treffendsten wiederfinden. Wenn man statt der Pinnwände die Poster auf den Boden legt, ist die Inselmetapher noch deutlicher. Wenn jeder seine Position gefunden hat, kann man fragen und diskutieren.

Raumteiler

Pinnwände eignen sich dazu, einen Raum abzutrennen.

> *Beispiel:* Beim Feedback »Lauscher an der Wand« (S. 260) unterhält sich die Gruppe über einen Teilnehmer, der derweil geschützt hinter der Pinnwand sitzt. Das kann auch der Trainer sein, wenn die Gruppe darüber redet, wie sie seine Arbeit erlebt hat.

Die Einrichtung eines geschützten Raumes durch die trennende Pinnwand ist überraschend wirkungsvoll. Die Feedbackgeber reden offener und lockerer. Der Feedbackempfänger kann sich besser auf das Gesagte konzentrieren, muss nicht auf seine Mimik und Gestik achten. Er kommt auch nicht in die Versuchung, das Feedback zu kommentieren.

Wände

Wände haben eine andere Funktion als der Boden. Auf dem Boden stehen und bewegen sich die Personen, an den Wänden haben die Medien ihren Platz: Poster, Wandzeitungen, Fotos, Teilnehmersteckbriefe, Vorsätze. Nur wenige Trainer ergreifen die Chance, die Wände strategisch zu nutzen.

> Man kann zum Beispiel die eine Wand für Persönliches reservieren und entsprechend durch ein Symbol markieren, die andere für alles, was mit der Sachebene des Seminars zu tun hat, die dritte als Erinnerungswand für noch Unerledigtes, für Jobs, die noch zu tun sind.

Wenn das eingerichtet wurde, können Sie als Trainer diese Wände systematisch in das Seminar einbeziehen. Es gibt dann Episoden, in denen man neue Poster oder andere Dokumente für die Wände erstellt. Zu anderen Zeitpunkten besichtigt man die eine oder andere Wand und zieht ein Fazit.

Beispiele für den Einsatz bei Active Training

Alle Methoden in diesem Kapitel haben gemeinsam, dass die Teilnehmer sich im Raum platzieren oder bewegen. Der Raum wird dabei mit einer anderen Bedeutung belegt. Lassen Sie sich davon anregen, weitere Möglichkeiten zu entdecken!

- Zwischen Personen im Innenkreis und Außenkreis finden Dialoge zum Kennenlernen statt. Der Außenkreis wandert (Methode »Begrüßungs-Kugellager« s. S. 247).
- Teilnehmer zeigen ihre Meinung durch Aufstellen (Methode »Hier stehe ich!«, s. S. 240).
- Die Ecken des Seminarraumes werden zu »speaker corners« (Methode »4 Ecken«, s. S. 244).
- Wer kann das Tempo für eine Strecke sekundengenau einteilen (Methode »Innere Uhr«, s. S. 254)?
- Wie man beim Gang durch die Firma auf gute Ideen kommt (Methode »Der Zukunftsspaziergang«, s. S. 258).
- Ein Lerntest unter extremen Bedingungen (Methode »Krokodilfluss überqueren«, s. S. 256).
- Wie schafft man es, mit verbundenen Augen eine Flasche zu finden (Methode »Fern gesteuert«, s. S. 252)?

Hier stehe ich!

Zeitbedarf: 15 Minuten.

Material: Markierungen auf dem Boden (Schnur, Papier, Klebestreifen).

Situation: Abfragen aller Art.

Kurzbeschreibung: Auf dem Boden werden Markierungen ausgelegt. Je nach Situation haben sie unterschiedliche Bedeutungen. Jeder Teilnehmer macht eine Aussage zur jeweiligen Frage, indem er sich im richtigen Abstand zur Markierung aufstellt.

Beschreibung: Abfragen und Abstimmungen erfolgen nicht durch Punkten auf einem Flipchart, sondern auf dem Boden durch Aufstellen. Diese Methode kann in den unterschiedlichsten Situationen eingesetzt werden.

- *Persönlicher Bezug zum Thema:* Ein Objekt (das zum Thema passt) oder einfach ein Flipchartbogen, auf dem das Thema steht, wird auf dem Boden oder an der Wand platziert. Die Teilnehmer stellen sich nebeneinander in einer Reihe an der entgegengesetzten Wand auf. Dann geht jeder Teilnehmer so nahe zur Markierung, wie es – je nach Anleitung durch den Trainer – seinem Vorwissen oder seinem Interesse entspricht. Wenn alle stehen, kann man einzelne Teilnehmer noch mehr berichten lassen oder das Gesamtbild auswerten. Sie können auch die Teilnehmer anregen, miteinander von ihren Positionen aus zu sprechen. Wenn die Teilnehmer zum Beispiel ihr Interesse am Thema dargestellt haben, bitten Sie einen Teilnehmer, der sich ganz nah an das Objekt gestellt hat (großes Interesse), Teilnehmer, die weit weg stehen, zu überzeugen, dass das Thema interessant ist.
- *Stimmungsbarometer:* Allseits bekannt sind Tagesfeedbacks in Form einer Skala oder mehreren Skalen auf dem Flipchart oder auf der Pinnwand: zum Beispiel von Stimmung »sehr gut« bis »ganz schlecht« (gerne symbolisiert durch strahlende Sonne bis Gewitterwolke mit Blitz). Jeder Teilnehmer platziert einen Klebepunkt an der Stelle der Skala, die seiner Stimmung entspricht. Oft wird neben der Stimmung auch nach anderen Dimensionen gefragt: nach Lernzuwachs, Zusammenarbeit, Zeiteinteilung oder nach dem Ertrag für die berufliche Praxis. Bei der so genannten Einpunktabfrage werden zwei Skalen in Form eines Diagramms kombiniert: »Stimmung« zum Beispiel bildet die x-Achse, »Lernerfolg« die y-Achse. Mit einem einzigen Klebepunkt wertet der Teilnehmer dann auf beiden Skalen.

Alle diese Abfragen kann man auch mit den Füßen durchführen. Sie markieren die Stimmungsskala durch runde Pinnwandkarten auf dem Boden und bitten die Teilnehmer, sich an die zutreffende Stelle zwischen den beiden Polen »sehr gut« und »ganz schlecht« zu begeben. Auch die Einpunktabfrage zu zwei Dimensionen gleichzeitig lässt sich auf den Boden verlagern. Der Vorteil der Aufstellungsabfragen: Sie sehen, welche Person welche Bewertung abgibt. Sie können an Teilnehmer Fragen richten, sich erläutern lassen, warum sie gerade dort stehen.

- *Feedbacks:* Eine Skala von »sehr gut« bis »muss besser werden« können Sie für Feedbacks nach Rollenspielen auf dem Boden abbilden. Die Beobachter stellen sich nach dem Rollenspiel entsprechend auf und können dann vom Feedbacknehmer zu Details, Begründungen und Tipps befragt werden.
- *Entscheidungen:* Mit Klebepunkten werden in Seminaren gerne Entscheidungen visualisiert. Man schreibt die zur Wahl stehenden Alternativen auf einen Flipchartbogen und bittet die Teilnehmer, ihren Klebepunkt auf ihren Favoriten zu platzieren. So sieht man sofort, wie sich die Stimmen verteilen. Auch diese Methode kann man durch Aufstellen ersetzen. Sie legen einfach pro Alternative eine Karte oder einen Flipchartstreifen auf den Fußboden und bitten die Teilnehmer, sich entsprechend aufzustellen (Beispiel: Wer möchte bei welchem Projekt mitarbeiten?). Hier ist es wieder ein Vorteil, dass die Personen auf ihrem »Stand-Punkt« nach Gründen befragt werden können.
- *Probleme analysieren:* Die Aufstellungsmethode wird im Bereich Therapie und Coaching eingesetzt, um schwierige soziale Konstellationen abzubilden und positiv zu verändern. Der Anliegenträger nennt zuerst die Personen, die an seiner Problem-Situation beteiligt sind. Andere Teilnehmer nehmen deren Rolle ein. Der Betroffene stellt diese Akteure so im Raum auf, wie er Nähe oder Distanz zu ihnen erlebt. Dann erzählen diese Stellvertreter, was sie in ihrer Position wahrnehmen, fühlen, denken. So beginnt die Arbeit am Fall, die in der Regel von einem in dieser Methode ausgebildeten Experten gelenkt wird.

Für »normale« Situationen im Training kann man Elemente dieser Methode ebenfalls übernehmen, ohne in Gefahr zu geraten, dass man als Therapeut dilettiert.

Beispiel: Nach einem Rollenspiel stellt sich heraus, dass ein Vorgesetzter seinen Mitarbeitern nicht die verdiente Anerkennung geben will, weil er meint, das würde ihnen zu Kopf steigen und ihre Leistungsmotivation bremsen. Außerdem sagt er: »Mir gibt doch auch keiner Anerkennung.« Der Trainer lässt nun drei Mitarbeiter, die der Vorgesetzte vorher genau beschreibt, von Teilnehmern »spielen«. Ein vierter Teilnehmer übernimmt die Rolle des Vorgesetzten-Ich, das sich selbst nach Anerkennung sehnt. Der Vorgesetzte bestimmt, wo und in welcher Haltung sich diese beiden Akteure zu ihm selbst im Raum aufstellen. Jetzt beginnt ein Dialog zwischen diesen Personen: vom Vorgesetzten zu dem einen oder anderen Mitarbeiter, zwischen den Mitarbeitern, zwischen dem Alter Ego des Vorgesetzten und den Mitarbeitern, zwischen dem Vorgesetzten und seinem Alter Ego. Die anderen Teilnehmer schauen zu und machen sich Notizen. Im zweiten Teil sucht man gemeinsam nach Lösungen und testet sie mit den Akteuren auf ihren Positionen.

Organisationsaufstellung

Das Augenmerk des Kurses richtet sich direkt auf die Anliegen der Teilnehmerinnen und Teilnehmer und ihre konkrete Situation.
Mögliche Fragestellungen:
- Welche Neupositionierungen sind in meinem Unternehmen für den Wandel nötig?
- Wie muss der Projektauftrag angebunden sein, damit er reibungslos umgesetzt werden kann?
- Wo befinden sich Widerstände in meinem Team? Wie löse ich sie auf?

Die Organisationsaufstellung basiert auf der systemischen Strukturaufstellung. Sie grenzt sich in der vorliegenden Form von der Familienaufstellung nach Bert Hellinger ab. Aus dem Kreis der Teilnehmerinnen und Teilnehmer wird ein(e) Stellvertreter(in) beziehungsweise Repräsentant(in) für Kollegen, Mitarbeiter, Kunden oder andere Personen gewählt, die mit einem persönlich erlebten, akuten Problem in Verbindung stehen. Vor dem Hintergrund unterschiedlicher Aufstellungsarten (Entscheidungs-, Lösungs-, Zielnäherungs-, Prozessaufstellungen usw.) werden die Beziehungen zueinander rekonstruiert und unbewusste Verflechtungen erkannt. Bei Bedarf ergänzen Konfliktmanagement und systemische Beratungen die Methode.

(Text zu einem Kurs von Dr. Nino Tomaschek an der Universität Augsburg)

- *Zukunft planen*: Im Training mit Menschen in einem Rehabiliationszentrum schildert eine Teilnehmerin ihr Problem. Sie möchte etwas in ihrem Beruf verändern, aber sie kann sich nicht entscheiden. Auf der einen Seite steht die Möglichkeit, in ihrem Beruf einen Neuanfang zu starten. Die Alternative ist eine Ausbildung, die ihr neue Tätigkeiten erschließt. Die Trainerin legt drei runde Pinnwandkarten – blau, rot, gelb – als Dreieck auf den Boden. Blau bedeutet »Jetzt«, Rot steht für »Alternative A«, Gelb für »Alternative B«. Die Teilnehmerin stellt sich zuerst auf den blauen Kreis. Sie schließt die Augen. Die Trainerin fragt beruhigend, wie sie die derzeitige Situation erlebt (alle Sinne), welche Menschen beteiligt sind, wie sie ihre familiäre Situation empfindet. Dann wird die Situation beendet, indem die Trainerin die Stimme ändert und einen »Separator« einsetzt (Frage nach der Uhrzeit). Nun betritt die Teilnehmerin den roten Kreis und versetzt sich in die Situation, die mit der Alternative A verbunden wäre. Zum Schluss versetzt sie sich, im gelben

Kreis stehend, in die Alternative B. Jetzt wird Bilanz gezogen. Tauchen Zweifel auf, kann jederzeit wieder einer der Kreise betreten werden.

- *Gruppen einteilen:* Sie bitten die Teilnehmer, sich in einer Reihe aufzustellen und zwar in einer bestimmten Reihenfolge: zum Beispiel nach dem Geburtstag (nicht Jahr), nach der Körpergröße, nach der Augenfarbe (von hell nach dunkel), nach der Länge des Nachnamens und andere Möglichkeiten. Wenn alle stehen, können Sie Gruppen bilden: »Die ersten drei sind eine Gruppe ...«
Der Vorteil: Die Gruppen werden neu gemischt und das lebhafte Gedränge und Sortieren energetisiert die Teilnehmer für die Gruppenarbeit.
- *Sich in andere hineinversetzen:* Bei Problemlösungen für die Praxis ist es sehr hilfreich, sich in die Positionen der beteiligten Interessengruppen hineinzuversetzen, bevor man Maßnahmen überlegt. Dazu können Sie auf dem Fußboden mit Schnur oder Klebestreifen Quadranten abteilen und sie mit Moderationskarten beschriften. Zum Beispiel in einem Train-the-Trainer-Seminar für die Gruppen Teilnehmer, Ich als Trainer, Auftraggeber, Trainermitbewerber oder Cotrainer. Dann stellt man sich nacheinander in jedes dieser Felder und denkt sich in die jeweilige Gruppe hinein. Man kann auch jederzeit wieder in ein Feld zurück gehen, wenn es nötig ist.

Chancen und Gefahren: Die Vorteile des Aufstellens gegenüber dem Punkten wurden in den Beispielen bereits genannt. Einen Nachteil gibt es: Unschlüssige Teilnehmer können erst abwarten, bis sie sehen, wo sich die meisten ihrer Kollegen hinstellen, und sich dann der Mehrheit anschließen. Diese Beeinflussung gibt es allerdings auch beim Punkten oder Abstimmen per Handzeichen.

Varianten: Siehe »4 Ecken«, eine weitere Aufstellungsmethode, s. S. 244.

Ideengeberin: Die Variante »Zukunft planen« nach Karin Bramstedt (s. S. 324).

4 Ecken

Zeitbedarf: 15–30 Minuten.

Material: Keines.

Situation: Kennenlernen, Meinungsbild, Diskussion, Feedback und vieles mehr.

Kurzbeschreibung: Jede der vier Ecken des Raumes wird mit einer Aussage verknüpft. Die Teilnehmer stellen sich entsprechend auf.

Beschreibung: Den vier Ecken des Raumes wird eine Bedeutung zugeschrieben. Oder man verknüpft sie mit einer Aussage. Die Teilnehmer suchen dann die Ecke auf, bei der sie sich am ehesten »zu Hause« fühlen. Von den Positionen aus können die Teilnehmer argumentieren, erläutern, diskutieren. Oder die Personen in einer Ecke unterhalten sich darüber, warum sie hier her gekommen sind. Mit dem Prinzip des Aufstellens in den Ecken lässt sich viel anfangen.

Kennenlernen: Sie geben nacheinander einige Themen vor, nach denen sich die Teilnehmer auf die Ecken verteilen. Bei jedem Thema muss es natürlich vier Alternativen geben.

> Etwa: »*Jetzt geht es um Ihr Hobby. Wer ein Hobby hat, das mit ›Luft‹ zu tun hat – Gleitschirmfliegen, Fallschirmspringen oder Ähnliches – stellt sich in die Ecke vorne links. Diejenigen mit einem Hobby, das mit ›Wasser‹ in Berührung kommt – Tauchen, Schwimmen, Segeln – wählen die Ecke vorne rechts. Mit einem Hobby, das Sie im Freien auf der Erde ausüben – Joggen, Fußball, Reiten – gehen Sie in die Ecke hinten links. Und wer ein Hobby hat, das man in einem Raum ausübt – Schach, Musik, Lesen – sucht die Ecke hinten rechts auf.*«

Nach dem Aufstellen unterhalten sich alle in ihren Ecken einige Minuten über ihre Hobby und entdecken erste Gemeinsamkeiten. Danach setzt man das Spiel mit zwei oder drei weiteren Themen fort. Es ergeben sich wieder neue Gruppierungen und Gespräche. Beispiele für weitere Themen beim Kennenlernen sind:

- *Beruf:* Dienstleistung, Industrie, Selbstständiger, Beamter.
- *Geburtsort:* Dazu teilt man die Landkarte von Deutschland grob in vier Quadranten ein oder man unterscheidet Flachland, Berge, Mittelgebirge, Küste.
- *Schönster Urlaub:* Europa, Afrika, Asien und Australien, Amerika.

- *Geburtstag:* Frühlings-, Sommer-, Herbst- und Winterkinder.
- *Geschwisterreihe:* Einzelkind, Ältester, Jüngster, Sandwich.
- *Neben dem Beruf:* Faulenzen, Sport, Kultur, Kulinarisches.
- *Man lobt mich für:* Engagement, Charme, Kompetenz, Dynamik.

Meinungsaustausch: Es gibt Situationen, bei denen es zu einem Thema unterschiedliche Meinungen gibt, die man klären möchte. Vielleicht weil man zu einer gemeinsamen Entscheidung kommen will oder weil Sie als Trainer Vorurteile und Widerstände zu einem Thema sichtbar machen und bearbeiten wollen. Zum Beispiel gibt es »Goldene Regeln« oder Überzeugungen, die sich Teilnehmer für bestimmte Situationen in ihrem Beruf entwickelt haben, die aber alles andere als Gold sind.

In solchen Fällen fragen Sie zuerst Meinungen ab. Dann schreiben Sie die wichtigsten jeweils einzeln als Statement auf einen Flipchartbogen und befestigen die Blätter an verschiedenen Ecken des Raumes. Oder Sie heften sie einzeln an Pinnwände und bilden mit diesen einige »Meinungsinseln« im Raum. Dann verteilen sich die Teilnehmer auf diese Meinungsplätze. Wer nicht ganz von einer Meinung überzeugt ist, kann sich etwas weiter weg stellen. Zuerst unterhalten sich die Gruppen intern,

Speakers' Corner

ist ein Versammlungsplatz (»Ecke der Redner«) am nordöstlichen Ende des Hyde Park in London, in unmittelbarer Nachbarschaft zur Marble-Arch-U-Bahn-Station. Hier kann traditionellerweise jeder ohne Anmeldung einen Vortrag zu einem beliebigen Thema halten, und auf diesem Weg die Vorübergehenden um sich versammeln.
Dieses Recht stammt noch aus der Zeit, als an dieser Stelle noch die Galgen von Tyburn standen und die Verurteilten vor ihrer Hinrichtung noch ein letztes Mal das Wort ergreifen konnten.
Obwohl die Mehrzahl der regelmäßig auftretenden Redner recht skurril ist, sah Speakers' Corner auch Berühmtheiten wie Karl Marx, Lenin und George Orwell. Im Wahlkampf sieht man dort zuweilen auch Vertreter der großen Parteien.

(Text aus www.wikipedia.org)

warum sie diesen Platz gewählt haben. Dann beginnt das Gespräch und der Meinungsaustausch von den jeweiligen Meinungspositionen aus. Wer seine Meinung aufgrund der gehörten Argumente ändert, kann jederzeit seine Position verändern, also einige Schritte vom Poster weg gehen oder in eine andere Ecke wechseln.

Tipp: Formulieren Sie die Meinungen auf den Flipchartbogen eindeutig, kurz, direkt und in Alltagssprache. Ähnlich wie Schlagzeilen in einem Boulevardblatt. Verzichten Sie auf Einschränkungen und Abschwächungen.

Einstieg in ein neues Thema: Vor einem neuen Lernabschnitt kann es interessant sein, Meinungen der Lernenden einzuholen.

Beispiel aus einem Führungskräftetraining zum Thema Motivation: Zu Beginn stellen sich die Teilnehmer zu einer dieser vier Thesen in den Raumecken auf: »Motivieren kann sich jeder nur selbst«, »Motivieren kann man am besten durch Lob und Anerkennung«, »Motivieren kann man am besten durch Fordern und Herausfordern«, »Jeder Versuch, einen Mitarbeiter zu motivieren, kann das Gegenteil erreichen«. Aus den Ecken begründen die Teilnehmer ihre Wahl. Der Trainer hält sich zurück. Der folgende Input zu diesem Thema stößt nach dieser Eingangsübung auf großes Interesse. Der Trainer hat den Vorteil, dass er jetzt Meinungen der Teilnehmer kennt und sich darauf einstellen kann.

Chancen und Gefahren: Eine vielfältig zu verwendende Aufstellungsmethode. Nachteile kenne ich keine.

Varianten: Es müssen nicht die vier Ecken des Raumes sein. Sie können auch nur drei »belegen« oder verteilt im Raum mit Pinnwänden oder Flipcharts Meinungsinseln einrichten.

Begrüßungs-Kugellager

Zeitbedarf: 15–20 Minuten.

Material: Keines.

Situation: Kennenlernen, Namen einprägen, Feedback.

Kurzbeschreibung: Man stellt sich gegenseitig mit Namen und drei einprägsamen Kennzeichen vor.

Beschreibung: Jeder Teilnehmer hat drei Minuten Zeit, um drei seltene Kennzeichen für sich zu finden. Sie sollen für kaum jemand anderen im Raum zutreffen.

Die Gruppe teilt sich dann in zwei gleich große Untergruppen auf. Personen, die sich schon kennen, sollten in der gleichen Gruppe sein. Wenn die Zahl nicht aufgeht, macht der Trainer mit. Bei dieser Übung stehen die Teilnehmer.

> You never get a second chance to make a first impression.

Die erste Gruppe bildet einen Kreis, bei dem die Teilnehmer nach außen schauen. Die andere Gruppe bildet einen Außenkreis und schaut nach innen. Jeder Teilnehmer des Innenkreises steht einem Teilnehmer des Außenkreises gegenüber.

Auf ein Startzeichen des Trainers schütteln sich die Paare die Hand und tauschen Namen sowie drei besondere Kennzeichen aus.

Beispiel: »Ich heiße Manfred Weber. Seltene Kennzeichen: Fliege Gleitschirm, spreche leidlich Japanisch und habe sechs Kinder.«

Jetzt rückt die Außengruppe einen Teilnehmer weiter, sodass neue Paare entstehen. Die Prozedur wird mit exakt gleichem Text wiederholt. So lange, bis jeder wieder bei der Ausgangsposition angelangt ist.

Doch zur Überraschung der Teilnehmer ist das Spiel keineswegs vorbei. Denn alles beginnt von neuem, jedoch mit verteilten Rollen. Jetzt sagt also der andere: »Sie sind Manfred Huber. Besondere Kennzeichen: Gleitschirm, Japanisch, sechs Kinder.« Wenn jemand sich nicht an alles erinnern kann, hilft ihm der Partner. Dann rückt die Außengruppe wieder weiter. Wenn nach dieser zweiten Runde jeder wieder vor seinem ersten Partner steht, ist das Spiel zu Ende.

Chancen und Gefahren: Diese Kennenlernmethode ist ideal, wenn sich einige Teilnehmer schon kennen, im gleichen Kreis stehen und damit nur neue Leute als Gesprächspartner haben. Durch die seltenen Kennzeichen bekommen die einzelnen Teilnehmer »Farbe«. Sie sind ein idealer Türöffner für weitere Gespräche in den Pausen. Man erfährt etwas Interessantes über eine Person und will mehr darüber wissen. Außerdem helfen diese Besonderheiten, dass sich die Namen gut einprägen. Nach den beiden Runden kennt jeder die Namen der anderen.

Der Nachteil ist, dass man nur die Teilnehmer kennen lernt, die im anderen Kreis stehen. Wenn es zu viele sind, die sich nicht kennen, ist die folgende Variante zu empfehlen.

> **Tipps zum Thema**
>
> Wenn du Eindruck zu machen versuchst, riskierst du, dass dies der Eindruck ist, den du machst.
>
> *unbekannt*
>
> Probiere, nicht Eindruck zu machen auf andere Menschen.
> Gib anderen Menschen die Chance, Eindruck auf dich zu machen.
>
> *unbekannt*
>
> Gib dich jeder Frau gegenüber so, als seist du in sie verliebt, und jedem Manne, als sei er dir überlegen!
>
> *Oscar Wilde*

Varianten: Nach den beiden Runden stellen sich alle in einen Kreis. Der Trainer wirft einem Teilnehmer einen kleinen Ball zu. Sofort müssen diejenigen, die es wissen, den Namen dieses Teilnehmers ausrufen und die dazugehörigen drei besonderen Merkmale. Der Teilnehmer wirft dann den Ball jemand anderem zu und so weiter. Diese Zusatzrunde ist interessant für jene Teilnehmer, die im gleichen Kreis wie der jeweilige Teilnehmer waren. Wichtig ist, dass diese Runde mit Tempo gespielt wird.

Das Kugellager können Sie auch als *Feedbackrunde* nutzen. Die Feedbackgeber sitzen außen, die Empfänger innen. Nach dem Feedback rutschen die im Außenkreis einen Stuhl weiter und geben dem neuen Partner ihr Feedback. Wenn alle durch sind, wechseln Innen- und Außenkreis ihre Rollen. Die bisherigen Empfänger geben Feedback. Nun gibt es die zweite Runde. Danach sollen die Teilnehmer, die im gleichen Kreis saßen, selbst kleinere Feedbackrunden bilden und sich untereinander Feedback geben. Ziel ist, dass am Ende jeder von jedem ein Feedback erhalten hat und jedem anderen ein Feedback gegeben hat.

Dadurch, dass die Feedbacks zeitlich parallel ablaufen, ist der Zeitaufwand überschaubar. Trotzdem sollten Sie den Teilnehmern sagen: »Ihr Feedback sollte maximal aus drei Sätzen bestehen.« Sie können vorgeben, dass man sich nur Positives sagen soll: »Mir gefällt an dir …« oder »Ich bin froh, dass du hier bist, weil …«. Oder Sie entscheiden, dass man Wünsche äußert: »Ich wünsche mir, dass du …« Sie können auch die Teilnehmer entscheiden lassen, welche Variante des Feedbacks sie bei jeder Person wählen.

Promi und Networker

Zeitbedarf: Bis 30 Minuten.

Material: Kaffee, Saft oder andere Getränke und etwas zum Knabbern für die Stehparty, Pinnwandkarten und Stifte für jeden Teilnehmer am Platz.

Situation: Kennenlernen, Namen merken.

Kurzbeschreibung: Bei einer Stehparty versucht jeder Teilnehmer, möglichst viele andere Teilnehmer kennenzulernen und von diesen gekannt zu werden. In zwei Tests wird danach derjenige gekürt, dem dies am besten gelungen ist.

Beschreibung: Es handelt sich um eine Variante des Kennenlernens nach dem Muster »Stehparty«, diesmal mit nicht angekündigtem Wettbewerb. Wenn die Teilnehmer den Raum betreten, finden Sie am Flipchart folgende Instruktion: »Herzlich Willkommen. Wir starten mit einer Stehparty. Dabei sollten Sie möglichst viele Teilnehmer kennenlernen, und möglichst viel Teilnehmer sollten Sie kennenlernen. Viel Erfolg!« Achten Sie darauf, dass kein Teilnehmer ein Namensschild trägt.

Wenn die Gruppe komplett ist, geben Sie eine Zeit für die Party vor, maximal eine Minute pro Teilnehmer. Wenn die Zeit um ist, bitten Sie die Teilnehmer ihre Plätze einzunehmen. Jetzt beginnt der Wettbewerb in zwei Etappen.

Zuerst wird der Prominenteste ermittelt. Dazu sagen Sie: »Wir suchen jetzt die Person, die es geschafft hat, dass die meisten anderen ihren Namen kennen. Wenn Sie glauben, Sie könnten das sein, stehen Sie auf.« Wenn einer oder mehrere aufstehen, bitten Sie die anderen (auch die Stehenden), den Namen der ersten Person auf eine Pinnwandkarte aufzuschreiben. Sie sammeln die Karten ein und notieren die richtigen Nennungen. Das Gleiche geschieht mit den anderen Bewerbern um den Promi-Titel. Wichtig ist, dass keine Namen ausgesprochen werden, sonst klappt der folgende Wettbewerb

nicht mehr. Gehen Sie dann zu der Person, die die meisten richtigen Nennungen erhalten hat und beglückwünschen Sie sie zum Sieg im Promi-Wettbewerb.

Der zweite Wettbewerb zeichnet die Person aus, die sich die meisten Namen anderer Teilnehmer gemerkt hat. Sagen Sie: »Jetzt finden wir den besten Networker unter uns. Das sind bekanntlich Menschen, die erstaunlich viele Kontakte zu anderen haben. Dabei vergessen sie niemals einen Namen. Wer glaubt, die meisten Namen der anderen Teilnehmer zu kennen, soll bitte aufstehen.« Wenn mehrere aufstehen, wird der Sieger so ermittelt: Der Reihe nach geht der Kandidat zu jedem Teilnehmer und flüstert diesem den Namen ins Ohr. Dieser nickt, wenn der Name korrekt ist oder schüttelt den Kopf. Sie als Trainer zählen die Treffer. Dann macht der nächste Kandidat die Runde. Natürlich muss so leise geflüstert werden, dass nur der Betroffene den Namen vernehmen kann. Gratulieren Sie zum Schluss dem besten Networker.

Vielleicht macht es Ihnen Freude, einen Promi- und einen Networker-Orden zum Umhängen vorzubereiten und ihn feierlich zu überreichen.

Sie sollten danach eine Auswertungsrunde zum Thema durchführen. Vielleicht berichten die Sieger, wie sie sich ihre Fertigkeiten im sozialen Bereich erklären. Und andere erzählen, warum sie sich gar nicht erst am Wettbewerb beteiligt haben. Fragen Sie die Gruppe nach einer Idee, wie man jetzt erreichen kann, dass jeder alle Namen kennt. Seien Sie sicher, da kommen gute Vorschläge.

Chancen und Gefahren: Die Stehparty ist lockerer und natürlicher als die klassische Vorstellungsrunde. Man setzt außerdem als Trainer ein Signal: »Kennenlernen ist eine persönliche Angelegenheit; da mische ich mich nicht ein.« Auch die Wettbewerbe senden eine Botschaft: »Soziales Verhalten wird bei uns belohnt.«

Ein Nachteil könnte sein, dass sich der eine oder andere Teilnehmer gleich zu Beginn der Veranstaltung unterlegen fühlt. Daher ist die Nachbereitungsrunde wichtig. Sie macht deutlich, dass es einerseits ganz menschlich ist, Namen zu vergessen, dass es andererseits Wege gibt, diese Schwäche in den Griff zu bekommen.

Die Kunst des Networkings

Ein Interview der duz (deutsche Universitätszeitung) mit Professor Dr. Uwe Scheeler

duz: Wie geht richtiges Networking?
Scheler: Im Unterschied zu solchen natürlich entstehenden Interaktionen geht es beim Networking um eine methodische und systematische Art der Beziehungspflege. Sie geschieht in der offenen Absicht der gegenseitigen Förderung, des Austausches und des persönlichen Vorteils.

Methoden und Übungen

duz: Welche Spielregeln gibt es dafür?
Scheler: Es gibt vier unverzichtbare Elemente, die man auch als Forscher immer beachten sollte. Zum Ersten sollte man sich bemühen, Kontakte und Begegnungen aktiv herbeizuführen. Wer Networking betreibt, liefert sich nicht zufälligen Begegnungen aus, sondern geht gezielt vor. Als Nächstes sollte man selbstverständlich Interesse an der Persönlichkeit von Menschen haben. Wer Menschen nur nach ihrem Nutzen betrachtet und keine Anteilnahme an ihren Sorgen und Problemen zeigt, erlangt kein Vertrauen. Weiterhin sollte man Spaß haben, mit anderen Gespräche zu führen. Wer sich lieber abkapselt, erfährt nicht, was andere planen und bleibt damit außen vor.
Und schließlich: Netzwerkbekanntschaften sind wie Beziehungen. Man muss sie pflegen, damit sie lange halten.

duz: Das klingt aufwendig. Warum nicht einfach hingehen und aus dem Netzwerk rausholen, was geht?
Scheler: Erstens muss man beweisen, dass man vertrauenswürdig ist. Das braucht Zeit. Zweitens beruht Netzwerken auf dem Gegenseitigkeitsprinzip. Haben Menschen das Gefühl, ausgenutzt zu werden, gehen sie auf Abwehr. Wer Vorteile aus seinem Netzwerk ziehen will, muss die Spielregeln einhalten. Und eine davon lautet nun einmal: »No give, no get.« Geben und Nehmen müssen in einem Gleichgewicht stehen.

duz: Es gibt aber Personen, die nahezu mühelos ihre Netze knüpfen. Kann man als begnadeter Netzwerker geboren werden?
Scheler: Auch hier gilt: von nichts kommt nichts. Hinter jedem guten Netzwerk steckt ein gut durchdachtes, reibungslos funktionierendes System. Allerdings ist die Beziehungsfähigkeit von Menschen sehr unterschiedlich ausgeprägt. Es gibt Personen, die problemlos auf andere zugehen können, eine Beziehung zu ihnen aufbauen und davon profitieren. In solchen Fällen spricht man von Beziehungsintelligenz.

duz: Das ist für Sie der Schlüssel für erfolgreiches Netzwerken. Was genau steckt dahinter?
Scheler: Beziehungsintelligenz ist ein Talent im Umgang mit anderen Menschen. Sie befähigt Menschen, sich in ihr Gegenüber hineinzuversetzen, ihre Gefühle zu erkennen und zu deuten und sie sogar emotional zu beeinflussen. In der Psychologie nennen wir das Empathie. Schließt sie gleichzeitig den angemessenen Umgang mit den eigenen Gefühlen ein, sprechen wir von emotionaler Intelligenz.

(www.duz.de)

Fern gesteuert

Zeitbedarf: 10 Minuten.

Material: 2 dunkle Augenbinden, 2 leere Flaschen, Gegenstände, die durch den Flaschenhals passen, zum Beispiel Spielfiguren, Würfelzucker, Streichhölzer.

Situation: Kick zwischendurch, Teamwettbewerb.

Kurzbeschreibung: Jedes Team soll ein Mitglied mit verbundenen Augen nur durch Zuruf zu einem Tisch steuern. Dort soll das Teammitglied einen Gegenstand in eine Flasche werfen.

Beschreibung: Die Teilnehmer gruppieren sich in zwei gleich große Teams. Auf einen Tisch stellt man pro Team eine leere Flasche mit einer Handbreit Abstand. Jede Flasche wird einem Team zugeordnet. Neben jede Flasche werden dann so viele Gegenstände gelegt wie das Team Teilnehmer aufweist.

Die Teams stellen sich in den zwei Ecken auf, die am weitesten vom Tisch weg liegen. Jedes Team einigt sich auf eine Reihenfolge. Dann verbindet man dem ersten Mitglied jedes Teams die Augen, dreht es zweimal um die eigene Achse und schickt es zur Flasche. Die Teams steuern den Gang und das Einwerfen durch Zurufe. Sobald der Gegenstand in der Flasche ist, wird die Augenbinde abgenommen und dem nächsten Teammitglied umgebunden. Dann geht dieses Mitglied auf die Reise.

Am besten einigt man sich auf eine Spielzeit von zehn Minuten. Welches Team in dieser Zeit die meisten Objekte einwerfen konnte, hat gewonnen. Wenn ein Gegenstand in der falschen Flasche landet, hat man dem anderen Team einen Gefallen getan. Die Flasche sollte nicht auf freiem, geradem Weg erreichbar sein. Man lässt also Tische und Stühle so stehen wie vor dem Spiel.

Chancen und Gefahren: Es gilt zu verhindern, dass ein »blinder« Teilnehmer stürzt oder sich an einer Tischkante weh tut. Am besten ist es daher, wenn Sie ein Teammitglied abstellen mit der Aufgabe den Akteur stumm zu begleiten und notfalls einzugreifen.

Varianten: Man kann danach eine Reflexionsphase durchführen. Themen können sein: Wie ging es jedem mit verbundenen Augen? Wie wurden die Zurufe erlebt – hilfreich oder verwirrend? Gab es eine Situation im Beruf, die ähnliche Erfahrungen vermittelte (zum Beispiel unklare Anweisungen, widersprüchliche Vorgaben)?

Innere Uhr

Zeitbedarf: 1 Minute.

Material: 2 Schnüre für Markierungen auf dem Fußboden.

Situation: Kick zwischendurch.

Kurzbeschreibung: Jeder Teilnehmer versucht, eine bestimmte Strecke in genau einer Minute zu durchqueren.

Beschreibung: Markieren Sie eine Start- und eine Ziellinie mit zwei Schnüren auf dem Fußboden. Die Strecke beträgt 10–15 Meter.

Die Teilnehmer stellen sich nebeneinander hinter der Startlinie auf. Wenn dazu der Platz nicht reicht, gibt es zwei oder drei Durchgänge.

Die Instruktion lautet: »*Jeder hat eine innere Uhr. Aber beim einen geht sie vor, beim anderen nach. Wollen Sie wissen, wie gut Ihre innere Uhr funktioniert? Dann versuchen Sie jetzt, Ihr Gehtempo so einzustellen, dass Sie exakt nach 60 Sekunden die Ziellinie überschreiten. Drei Dinge sind streng verboten. Erstens: auf die Uhr schauen, zweitens: stehen bleiben, drittens: die Ziellinie zu früh überschreiten. In allen drei Fällen scheiden Sie aus. Ich gebe das Startzeichen und sage nach genau einer Minute ›Stopp‹. Bleiben Sie dann wie eingefroren in Ihrer Bewegung stehen.*«

Nach dem Startzeichen setzen sich die Teilnehmer in Bewegung. Beim »Stopp« bleibt jeder stehen. Sieger ist, wer der Ziellinie am nächsten steht.

Chancen und Gefahren: Diese Übung eignet sich sehr gut für ein anschließendes Gespräch über die Erfahrungen:

- Wer war zu schnell?
- Wie erklären Sie sich das?
- Sind Sie auch in anderen Situationen zu schnell?
- Wie haben Sie auf das Tempo der anderen reagiert? Haben Sie sich beeinflussen lassen?
- Haben Sie versucht, auf Ihre innere Uhr zu hören?
- Oder sind Sie mit einer bestimmten Strategie vorgegangen?
- Gab es Versuche, zu schummeln? Die anderen aus dem Takt zu bringen?
- Wer war den anderen voraus? Wer war der Letzte?

Wie Sie sehen, kann diese simple Übung vielerlei ansprechen: In-Sich-Hineinhören oder mit dem Verstand vorgehen, auf sich oder auf die Gruppe achten, sich darauf einlassen oder mogeln wollen und vieles mehr.

Deutsches Zeitgefühl

»Die Chinesen leben irrsinnig schnell, versuchen, in möglichst kurzer Zeit möglichst viel zu schaffen. Meine Eltern sind nie zu Hause, weil sie immer nur arbeiten. Auch bei uns gibt es das Sprichwort, dass Zeit Geld ist – und die meisten Chinesen richten sich danach. Wir haben so gut wie keine Freizeit. Die Deutschen denken ja immer, sie wären hektisch. In Wirklichkeit aber leben sie sehr langsam, überlegen lange, was sie gerade tun möchten oder müssen. Sie haben viel Zeit für sich und ihre Familie. Die deutsche Zeit rennt nicht, sie bewegt sich in langsamen Kurven. Sie ist nicht durch einen strengen Wettkampf um Arbeit und Platz vorgegeben. Die Deutschen können sich die Zeit einfach nehmen. Vielleicht ist das so, weil hier so wenige Menschen leben und deshalb viel Zeit und Raum für alle da ist. Ich finde das wunderschön. Denn wer sich keine Zeit nimmt, wird krank und schlecht gelaunt. Manchmal gehen die Deutschen trotzdem penibel mit ihrer Zeit um. Was wirklich seltsam ist, sie haben doch so viel davon. Wenn ich zum Beispiel eine Freundin treffen will, kann ich nicht einfach vorbeikommen, das nennen sie dann ›Überraschungsbesuch‹ und so was gehört sich wohl nicht. Ich muss vorher anrufen und mich ordentlich mit ihr verabreden. Gerade wenn es ums Essen geht. Essen hat hier immer mit Zeit zu tun. Deutsche versuchen, gemeinsam zu essen und dabei in Ruhe miteinander zu reden. Sie mögen es nicht, nur schnell mal was reinzuschlingen. Es sieht gemütlich aus, wie sie essen. Sie schneiden mit Messer und Gabel klein, was sie vor sich auf dem Teller haben. In China essen die Leute mit hoher Geschwindigkeit, schon wegen der Stäbchentechnik, und weil sie keine Zeit haben. Aber das Wichtigste, wenn man sich mit Deutschen zum Essen verabredet, ist pünktlich zu sein. Die Zeit der Deutschen ist langsam, aber genau.«

(Rong Liu, 17, aus Shanghai)

Varianten: Sie geben vor, dass man das Gehtempo nicht verändern darf, bis man die Ziellinie erreicht hat.

Oder: Sie verkürzen die Zeit auf 30 Sekunden und lassen nacheinander jeden Teilnehmer einzeln gehen.

Weitere Variante: Die Teilnehmer bleiben auf ihren Plätzen sitzen. Sie schätzen, wann exakt drei Minuten vorüber sind. Wer glaubt, die drei Minuten seien um, hebt kurz die Hand. Der Trainer notiert die Namen in der Reihenfolge. Danach kann ebenfalls wie oben geschildert, über die Erlebnisse gesprochen werden.

> Ich weiß zwar nicht, wo ich hin will, aber dafür bin ich schneller dort.
>
> *Helmut Qualtinger*

Krokodilfluss überqueren

Zeitbedarf: Unterschiedlich je nach Zahl der Fragen.

Material: Schnur, 2 DIN-A4-Blätter oder Pappe.

Situation: Nach einer Lerneinheit, um das Wissen zu überprüfen und zu festigen.

Kurzbeschreibung: Ein Teilnehmer nach dem anderen überquert einen imaginären Fluss mithilfe von zwei Blatt Papier, die als Steine dienen. Bei jedem Stein gilt es, eine Frage zu beantworten.

Beschreibung: Zwei Schnüre auf dem Boden zeichnen die Ufer eines Flusses nach (etwa drei Meter Länge). Der Fluss sollte etwa drei bis vier Meter breit sein. Die Teilnehmer verteilen sich in zwei gleich großen Gruppen auf die beiden Ufer. Sie knobeln aus, wer anfängt.

Der erste Teilnehmer erhält zwei Bogen DIN-A4-Papier. Die Blätter symbolisieren weiße Steine, auf denen man den Fluss vorsichtig überqueren kann. Der Teilnehmer startet und legt ein Blatt so weit in den Fluss, dass er es vom Ufer aus mit einem Bein erreicht und schließlich mit beiden Beinen darauf stehen kann. Sobald der Teilnehmer sicher auf dem ersten Stein steht, lesen Sie eine Frage zum Lernstoff vor oder stellen eine Aufgabe dazu. Gibt der Teilnehmer die richtige Antwort, legt er das zweite Papier vor sich und stellt sich darauf. Nun wird die zweite Frage gestellt. Ist die Antwort wieder richtig, pflückt der Teilnehmer das hinter ihm liegende Blatt vom Boden und legt es als nächsten Stein vor sich aus. Sobald er darauf steht, erfolgt die dritte Frage. Das geht so lange, bis er das andere Ufer erreicht hat. Findet er bei seiner Überquerung einmal nicht die richtige Antwort, muss er einen »Stein« zurück. Tritt er zwischendurch ins Wasser, beginnt er wieder vom Ufer aus. Wenn er das Ufer erreicht hat, gibt er die beiden Blätter dem ersten Teilnehmer der anderen Gruppe und die nächste Überquerung beginnt.

Die Einleitung können Sie folgendermaßen formulieren: »*Sie haben Neues zum Thema X erfahren. Jetzt sollen Sie Ihr Wissen und Können in einer Extremsituation beweisen. Sie sehen einen Fluss, in dem es vor Krokodilen nur so wimmelt. So lange Sie auf einem Stein* (Papierblatt hoch halten) *stehen, kann Ihnen nichts passieren. Sie legen ein Blatt in den Fluss und steigen drauf. Dann nehmen Sie das zweite Blatt, drehen sich um, holen sich wieder das erste, legen es vor sich usw. So kommen Sie über den Fluss. Es sei denn, Sie treten ins Was-*

ser, dann sind Sie tot und fangen von vorne an. Bei all diesem Stress sollen Sie noch zeigen, was Sie gelernt haben. Immer wenn Sie einen Stein erreicht haben, stelle ich Ihnen eine Frage oder Aufgabe. Wenn Sie die Antwort wissen, können Sie Ihre Überquerung fortsetzen. Wenn nicht, geht es wieder einen Stein zurück. Viel Spaß und denken Sie an die hungrigen Krokos!«

Das Spiel ist beendet, wenn alle Fragen abgearbeitet sind. Die Fragen können Fakten betreffen (Erklären, Beispiele nennen, etwas berechnen und vieles Weitere mehr), aber auch als Minirollenspiel ablaufen. Im Diskussionstraining kann man zum Beispiel als Aufgabe ein Argument vortragen, auf das der Teilnehmer richtig reagieren soll (Kundeneinwände beim Verkaufstraining).

Chancen und Gefahren: Das Szenario, der Fluss, die Steine und die Krokodile sprechen das Rechtshirn an. Die verlangte Geschicklichkeit beim Überqueren aktiviert die Motorik. Beides sind gute Bedingungen dafür, dass die Inhalte, die man abfragt, intensiver geankert werden als bei einem Abfragen vom Sitzplatz aus.

Der Fluss sollte gerade so breit sein, dass man mit zwei bis drei Steinen hinüber kommt, also jeder Teilnehmer zwei bis drei Fragen zu beantworten hat.

Varianten: Man kann einen Fragenvorrat durch die Teilnehmer finden lassen, bevor das Spiel beginnt. Jeder schreibt dann in Einzelarbeit Fragen zum Lernstoff auf Pinnwandkarten.

Zukunftsspaziergang

Zeitbedarf: Ungefähr 60 Minuten.

Material: Notizblätter, Checkliste mit Fragen.

Situation: Transfer.

Kurzbeschreibung: Die Teilnehmer suchen in Gedanken oder tatsächlich (wenn das Seminar in der Firma stattfindet) nacheinander alle Räume ihres Arbeitsplatzes auf und stellen sich vor, was sich durch das Seminar ändert.

Beschreibung: Am Ende des Seminars regen Sie die Teilnehmer zu einer Fantasiereise an:

»Stellen Sie sich vor, Sie kehren nach dem Seminar an Ihren Arbeitsplatz zurück. Diesmal aber voll neuen Wissens und hochmotiviert, Anregungen und Vorsätze in die Wirklichkeit umzusetzen. Gehen Sie jetzt nacheinander in die Räume, in denen Sie während Ihrer Arbeit zu tun haben. Bleiben Sie in jedem Raum stehen und fragen sich:

- *Was wird sich bei mir hier nach dem Seminar ändern?*
- *Wie wird sich die Änderung auf mich, auf andere, auf meine Arbeit auswirken?*
- *Wie werde ich mich dabei fühlen?*
- *Was könnte schief gehen und wie kann ich das verhindern?*

Notieren Sie sich die Antworten zu jedem Raum. Das wird Ihnen helfen, sich auf die nächsten Tage in der Praxis zu freuen.«

Sie geben jedem Teilnehmer eine Checkliste mit Fragen, die in jedem Raum zu stellen sind. Findet das Training am Arbeitsort statt (Inhouse-Seminar), ist der Spaziergang real.

Chancen und Gefahren: Durch den Trick mit den Räumen wird der Transfer in die Praxis konkreter als bei mancher anderen Transfermethode. Die vertrauten Räume am Arbeitsplatz rufen authentische Bilder, Szenen, Stimmungen aus dem Alltag hervor.

Der Zukunftsspaziergang ist wegen dieser Konkretheit eine Aufgabe, die jeder Teilnehmer nur persönlich für sich durchführen kann. Trotzdem ist es eine gute Idee, dass jeder sich anschließend – wie bei anderen Transfermethoden auch – einen Partner sucht, mit dem man gegenseitig über die wichtigsten Erkenntnisse aus dieser Übung spricht. Dann vereinbart man, wie man sich gegenseitig bei der Umsetzung unterstützen kann: durch einen Erinnerungsanruf nach zwei Wochen, E-Mail-Berichte usw. Jeder wird zum »Kümmerer« für die Vorsätze des Partners.

Varianten: Den Spaziergang kann man auch zu Beginn des Trainings durchführen. Die Fragestellung in jedem Raum lautet dann:

- Was wäre eine gute Veränderung?
- Was wünsche ich mir von diesem Seminar dafür?

Bei dieser Variante sollten Sie als Trainer alle Notizen erfahren, um sich darauf einstellen zu können. Am besten ist es, wenn alle Notizen an eine »Hoffnungs-Pinnwand« geheftet und kurz von den Autoren kommentiert werden.

Ideengeber: Volkmar Abt (s. S. 323).

Lauscher an der Wand

Zeitbedarf: 5–10 Minuten.

Material: Zwei Pinnwände als »Wand« zwischen Lauscher und Sprechenden.

Situation: Feedback, Bearbeiten von Konflikten.

Kurzbeschreibung: Feedback – etwa zu einem Rollenspiel – teilen die Beobachter den Betroffenen nicht direkt mit. Stattdessen setzen sie sich hinter eine »Wand« aus zwei Pinnwänden und unterhalten sich dort über ihre Eindrücke. Der Feedbacknehmer lauscht, was hinter der Wand gesprochen wird.

Beschreibung: Beim üblichen mündlichen Feedback haben Feedbackgeber und Feedbackempfänger Blickkontakt. Bei der Methode »Lauscher an der Wand« sehen sich Geber und Empfänger nicht.

Beispiel: Eben hat ein Rollenspiel stattgefunden, in dem eine Beratungssituation simuliert wurde. Frau Kerner hat eine Erziehungsberaterin gespielt,

Herr Groot den Vater eines drogensüchtigen Sohnes. Fünf Teilnehmerinnen und Teilnehmer haben 20 Minuten aufmerksam zugehört und sich Notizen gemacht. Jetzt wartet Frau Kerner gespannt auf das Feedback.

Der Trainer teilt durch zwei nebeneinander gestellte Pinnwände den Raum ab. Frau Kerner und er setzen sich auf die eine Seite, das Beobachterteam und Herr Groot auf die andere. Sie beginnen ein zwangloses Gespräch über ihre Eindrücke, ganz so als ob sie sich ungestört in einem Café oder einem Büro getroffen hätten. Frau Kerner hat zuvor vom Trainer Pinnwandkarten bekommen und notiert hin und wieder etwas darauf.

Nach zehn Minuten verstummt das Gespräch hinter den Pinnwänden. Die Beobachter kommen wieder hervor und setzen sich mit Frau Kerner und dem Trainer in einen Stuhlkreis. Frau Kerner heftet ihre Pinnwandkarten an. Sie enthalten einige Fragen zu Äußerungen der Feedbackgruppe. Auf einer steht: »Gebt mir Tipps!« Das Feedbackteam geht auf die Fragen ein. Der Trainer moderiert und bittet Frau Kerner zum Schluss, zu sagen, was sie als besonders wichtig aus der Feedbackrunde mitnimmt und was sie wie umsetzen möchte.

Das ungewohnte Szenario hat zwei Merkmale, die psychologisch wirksam werden: Erstens gibt es keinen Blickkontakt, zweitens führen die Feedbackgeber ein Gespräch. Hier mögliche Auswirkungen:

- Die räumliche Trennung zwischen Feedbacknehmer und Gebern entlastet. Im Beispiel kann Frau Kerner in Ruhe zuhören und Notizen machen. Sie muss ihre Körpersprache nicht kontrollieren und wird nicht durch visuelle Wahrnehmungen abgelenkt. Die Erfahrung zeigt, dass die Feedbackgeber ebenfalls ungehemmter reden, weil sie »unter sich« sind.
- Dass das Feedbackteam ein Gespräch führt, hat ebenfalls Vorteile. Bei der üblichen Prozedur würde jeder Beobachter Frau Kerner seine Eindrücke einzeln face-to-face mitteilen. Dann käme der nächste an die Reihe. Der Feedbackgeber hat dann meistens nichts mehr beizutragen, was nicht schon gesagt wurde. Im Gespräch dagegen gibt es keine abgeschlossenen Statements hintereinander. Äußerungen werden sofort kommentiert, ergänzt oder korrigiert. Mancher Beobachter wird von den anderen angeregt, zu konkretisieren, was er meint. Es wird deutlich, wo sich das Team einig ist und wo nicht. Die Spontaneität lässt Gefühle und Stimmungen spüren, während die üblichen Einzelfeedbacks betont sachlich und steril daherkommen. Das alles macht das Gespräch viel interessanter anzuhören. Es ist zudem informativer.

Die Methode »Lauscher an der Wand« hat Ähnlichkeiten mit der Methode des »Reflecting Team« aus der systemischen Therapie und Supervision. Dessen Spielregeln können auch für das Team hinter der Wand hilfreich sein: Während das Team sich austauscht, bleibt der Feedbacknehmer stumm. Die Beobachter nehmen keinen Kontakt zum Feedbacknehmer auf. Es kommt darauf an, die Vielfalt der Sichtweisen deutlich zu machen und nicht darauf, eine Einigung zu erzielen.

Die Methode »Lauscher an der Wand« eignet sich für alle Feedbacks im Seminar. Also auch zum Tagesabschluss-Feedback (»Wie ging es uns heute?«), zum Trainer (»Wie erleben Tielnehmer die Arbeit des Trainers?«), zur Dynamik in der Lerngruppe.

Die Methode ist ebenso ein gutes Instrument zum Bearbeiten von aktuellen Konflikten und Störungen. Wenn zum Beispiel zwei Teilnehmer eskalierend aneinander geraten und die Arbeitsfähigkeit der ganzen Gruppe beeinträchtigen, kann der Trainer die Streithähne bitten, sich nebeneinander vor die »Wand« zu setzen und in Ruhe zu lauschen, wie einige Teilnehmer hinter der Wand ihre Sicht auf die Situation schildern. Die Distanzierung durch die Trennwand und durch das Schweigegebot für die Zuhörer trägt allein schon zu einem »Cooling down« bei. Die Kontrahenten hören zu. Sie müssen nicht reagieren wie in einem direkten Gespräch mit der Gruppe und erleben keine Konfrontation. Allerdings sollte der Trainer in solchen schwierigen Situationen eine Struktur vorgeben.

So kann er die Methode in zwei Runden durchführen. Eine erste Teilnehmergruppe unterhält sich hinter der Wand zum Thema »*Was hat sich ereignet? Wie haben wir es erlebt? Was ging vermutlich in den Kontrahenten vor?*« Dann folgt eine zweite Runde mit einem neuen Team zum Thema: »*Wie könnte es weitergehen? Wie können wir alle wieder arbeitsfähig werden?*« Danach folgt eine Pause zum Durchatmen und Verarbeiten. Dann können Trainer und Teilnehmer sich gemeinsam auf das weitere Vorgehen einigen.

Warum sollte sich der Trainer neben den Zuhörer setzen und nicht zu der Feedbackgruppe hinter die Wand? Diese Sitzordnung bildet die Realität ab. Auch der Trainer ist Zuhörer und weiß – ebenso wie der Feedbackempfänger – nicht, wie das Gespräch in der Gruppe verlaufen wird. Und er ist kein Teilnehmer, passt also auch nicht in das Feedbackteam. Schließlich fühlt sich der Feedbacknehmer nicht ganz so allein als »Lauscher an der Wand«.

Chancen und Gefahren: Es kann vorkommen, dass die »geschützte« Situation hinter der Trennwand einen einzelnen Teilnehmer oder die ganze Kleingruppe so enthemmt, dass man aggressiv vom Leder zieht oder herumalbert. Obwohl dieses Risiko nach meiner Erfahrung äußerst gering ist, sollten Sie sich zuvor zurechtlegen, was Sie tun wollen. Ich verzichte darauf, Benimmregeln der Gruppe vorher mitzugeben. Das bremst die Spontaneität und signalisiert Misstrauen. Sollte das Gespräch hinter der Wand aber wirklich einmal entgleisen, sage ich »Stopp« und erinnere die Gruppe freundlich daran, dass die Person auf der anderen Seite der Wand für alles dankbar ist, was sie weiterbringt. Tadeln der Gruppe oder Abbrechen des Feedbacks halte ich nicht für sinnvoll. Die Erinnerung an Anliegen und Situation des Zuhörers genügt.

Fantasie

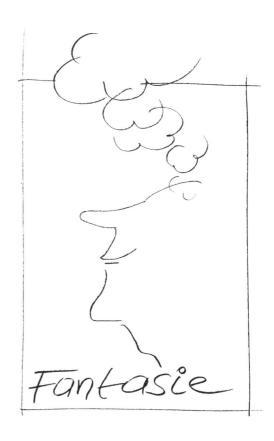

Das steht bereit:
- Geschichten
- Inszenierungen
- Tagträume
- erfundene Personen
- Rollenspiele
- Szenarien
- Rätselhaftes
- Stegreiftheater
- Metaphern und Analogien
- Fantasiereise

Das kann man damit anstellen:
- etwas ausdenken
- agieren
- träumen
- sich in eine Situation versetzen
- Gedanken und Erlebnisse mitteilen
- neue Alternativen erleben
- entspannen
- Ideen entwickeln
- neue Lösungen finden

Probieren Sie es aus!

Fantasie öffnet Türen im Kopf

In Trainings geht es die meiste Zeit um Wissen. Die Gehirne von Trainern und Teilnehmern sind auf Ratio geschaltet. Das heißt: Informieren und Verarbeiten von Informationen, Verstehen und Einprägen, Prüfen und Klären.

> Fantasie ist wichtiger als Wissen, denn Wissen ist begrenzt.
>
> *Albert Einstein*

Wenn Sie als Trainer Fantasien bei den Teilnehmern in Gang setzen, gehen Türen auf. Das »Kopfkino« beginnt. Man macht den Film und spielt zugleich selbst mit.

Beispiele für den Einsatz bei Active Training

Wenn Sie die folgenden Methoden einsetzen, werden Sie beobachten, dass manche Teilnehmer richtig »aufblühen«, während andere erst warm werden müssen. Fantasie und Kreativität sind nun einmal leider selten im Bildungssystem wie im Arbeitsleben.

- Die Teilnehmer schlüpfen in die Haut eines unbekannten Teilnehmers im Seminar (Methode »Der Fremde«, s. S. 270).
- Das Seminar bildet sich als Flusslauf auf dem Fußboden ab (Methode »Flusslauf«, s. S. 295).
- Man ist Diskussionsleiter seiner inneren Stimmen (Methode »Konferenz inneres Team«, s. S. 279).
- Eine Kettengeschichte dient als Egoismustest (Methode »Wortkarg«, s. S. 272).
- Die Gruppe wird zum Wasserfall (Methode »Typisch wir!«, s. S. 293).
- Im Kopfkino beamen sich die Teilnehmer aus dem Seminar (Methode »Schon daheim«, s. S. 289).
- Hellsehen klappt doch (Methode »Gedanken lesen«, s. S. 276)!
- Der eigene Name wird zum Orakel (Methode »Das Geheimnis der Namen«, s. S. 282).

Kopfkino und Gehirn

Wenn man einen Gegenstand in der Realität sieht, werden andere Gehirnbereiche aktiv als wenn man sich diesen Gegenstand vorstellt. Die Psychologin Gauthier von der Vanderbilt University hat herausgefunden, dass bei der Objekterkennung Areale im Schläfenlappen und im unteren Teil der Sehrinde aktiv werden. Wenn man sich einen Gegenstand in der Fantasie vorstellt, liegen die aktiven Areale im Scheitellappen und im oberen Teil der Sehrinde. Fantasie wird vor allem dem Rechtshirn zugeschrieben; rationales Denken, Lesen, Schreiben, Rechnen dem Linkshirn. Das Rechtshirn kommt im Arbeitsleben wie im Bildungssystem viel zu kurz. Wenn Sie im Training mit Übungen arbeiten, in denen Fantasie und Kreativität gefragt sind, nutzen die Teilnehmer beide Gehirnhälften und deren Potenziale.

Fantasie als Möglichkeitssinn

Der Schriftsteller Robert Musil schrieb: »Wenn es einen Wirklichkeitssinn gibt, muss es auch einen Möglichkeitssinn geben. Wer ihn besitzt, sagt beispielsweise nicht: Hier ist dies oder das geschehen, wird geschehen, muss geschehen, sondern er erfindet: Hier könnte, sollte oder müsste geschehen. So ließe sich der Möglichkeitssinn geradezu als die Fähigkeit definieren, alles was ebenso gut sein könnte, zu denken und das, was ist, nicht weniger zu nehmen als das, was nicht ist.«

Dieser Möglichkeitssinn ist unverzichtbar, wenn es in der Arbeit mit Teilnehmern um Veränderungen geht. Jemand, der ein Problem hat, neigt oft zu Resignation: »Da kann man sowieso nichts machen.« Oder: »Ich habe schon alles probiert, aber ich kriege das nicht hin.« Was diesen Menschen fehlt, ist eine klare Vorstellung davon, wie es sein könnte. Erst wenn man eine Vision hat, entsteht die Motivation, alles zu tun, dass die Fantasie zur Wirklichkeit wird. Je lebendiger und konkreter diese Vision ist, desto stärker ist die Zugkraft, die von ihr ausgeht.

Beispiel: Im Rhetoriktraining bekommt ein Teilnehmer das Feedback, er wirke unsicher, unentschlossen, ja unbeteiligt. Mit dem Trainer erarbeitet er daraufhin ein Wunschverhalten. Er stellt sich eine Situation vor, in der er dieses Wunschverhalten zeigt. Er erlebt, dass ihm das Thema seines Vortrags wichtig ist. Er weiß sich gut vorbereitet und sicher. Er spürt, wie es ihm Freude macht, darüber reden zu können. Er sieht, wie die Zuhörer dabei sind. Erst wenn dieses Wunschverhalten in der Fantasie detailreich und erlebnisintensiv geankert ist, entwickelt er einen Plan, wie er dahin kommen wird.

Bei der Variante zur Methode »Schon daheim« (s. S. 289) stellen sich die Teilnehmer vor, wie es ist, wenn sie einen Vorsatz in die Tat umsetzen. Sie nehmen in der Fantasie vorweg, dass ihre Verhaltensänderung ein Erfolg wird.

Fantasie und Ziele: »Wo will ich hin?«

Fantasie kann auch Probehandeln sein. Wenn Sie einen Teilnehmer bei der Lösung eines Problems beraten, werden Sie mit ihm zusammen Optionen entwickeln im Sinne von »Was könnten Sie denn alles tun?« Sind Möglichkeiten gesammelt, spielt der Teilnehmer sie in der Fantasie eine nach der anderen durch. »Was würde geschehen, wenn ich das tue? Wie würden andere Beteiligte reagieren? Was wäre die Folge?« Wieder dreht man also Filme im Kopfkino. Wenn alle Optionen durchgespielt sind, ist der Teilnehmer reif für die Entscheidung, welche Option er ausprobieren möchte.

Wenn die Entscheidung gefallen ist, können Sie die Fantasie des Teilnehmers ein letztes Mal einsetzen. Bitten Sie ihn, aufzustehen und markieren Sie in einiger Entfernung einen Zielpunkt durch einen Gegenstand oder eine Moderationskarte auf dem Fußboden. Gehen Sie in folgenden Etappen vor:

- *Gesichtspunkt auswählen:* der Teilnehmer macht sich klar, unter welchem Aspekt er die gewählte Option bewerten will. (Beispielsweise: Wohlbefinden, Problembeseitigung, psychische und andere Kosten, Risiko.)
- *Jetzt-Zustand:* Wie bewerte ich den bisherigen Zustand unter dem gewählten Aspekt?
- *Blick auf das Ziel* (der Teilnehmer schaut zum Zielpunkt): Wie wird es wohl sein, wenn ich die gewählte Option umgesetzt habe?
- *Weg dorthin* (der Teilnehmer geht langsam zum Zielpunkt): Wie sehe ich die Situation am Ziel unter dem gewählten Aspekt? Habe ich es mir vorher anders vorgestellt?
- *Weg zurück* (der Teilnehmer geht den Weg wieder zurück und achtet diesmal auf den Weg): Was würde ich aufgeben, wenn ich den Weg zum Ziel nicht gemacht hätte?
- *Noch einmal Startpunkt* (der Teilnehmer stellt sich erneut auf den Startpunkt und blickt wieder zum Ziel): Wie entschlossen bin ich jetzt? Wo brauche ich noch Unterstützung? Womit beginne ich meinen Weg zum Ziel?

Fantasie sichtbar machen

Fantasien kann man auf unterschiedliche Weise anderen mitteilen: durch Sprechen, durch Körpersprache, durch Bilder.

Eine beliebte Methode, Fantasie körpersprachlich zu kommunizieren, ist die bereits im Kapitel »Körper« erwähnte »Lebende Skulptur« (s. S. 211). Zu einem Thema (zum

Beispiel »Wie erleben wir unsere Gruppe?«, »So nehme ich meine Arbeit wahr« oder »So wird es uns am Ende des Seminars gehen«) formieren mehrere Teilnehmer eine Körperskulptur. Das muss natürlich vorher geplant und einmal ausprobiert sein. Denn die Skulptur muss einige Zeit unbeweglich stehen bleiben. Zu diesen Fragen kann man statt einer Skulptur ebenso gut auch Bilder malen lassen.

Beim Zeichnen und Malen von Bildern wird die Fantasie ebenfalls lebendig. Ein typisches Bildmotiv für eine Standortbestimmung zwischendurch ist zum Beispiel »Leuchtturm und Meer«.

Man sagt den Teilnehmern, sie sollen auf ein Pinnwandpapier eine Landschaft malen: eine Insel mit Leuchtturm, den Landabschnitt mit Schlick, der bei Ebbe frei liegt. Schließlich das tiefe Meer. Jetzt heften die Teilnehmer Karten mit Unterthemen oder Lernzielen des Seminars auf diese Landschaft. Ins offene Meer kommen Themen, zu denen sie sich noch ganz unsicher fühlen. Zum Leuchtturm Dinge, die sie sicher beherrschen und so weiter.

»Ich kann aber nicht zeichnen« ist die erste Bemerkung, die Sie zu hören bekommen. Sagen Sie den Teilnehmern, dass es keine Noten wie in der Schule gibt, sondern dass sie unbekümmert ausdrücken sollen, was sie ausdrücken möchten.

Spannend ist es, wenn die Bilder oder die Körperskulpturen von den anderen betrachtet werden. Sie teilen den Autoren mit, was die Werke in ihnen auslösen, welche Gedanken ihnen durch den Kopf gehen.

Gut ist es, bei solchen kreativen Tätigkeiten Musik laufen zu lassen.

Wem liegt Fantasie?

Mit dem nebenstehenden Test für Offenheit und Fantasie können Sie herausfinden, ob Ihnen Methoden liegen, die mit Fantasie arbeiten. Personen mit mehr als 30 Punkten mögen Fantasie.

Psychologen meinen, wer als Kind oft »tun wir so, als ob« spielt, entwickelt seine Fantasie und gebraucht sie auch im Erwachsenenalter häufiger. Wer gewohnt ist, kreativ zu denken, ist auch flexibler im Umgang mit dem Leben und seinen Anforderungen. Der bekannte Psychologe Jerome Singer bestätigt das in einem Interview: »Ein kleines Kind sitzt auf der Schaukel. Es freut sich über die Bewegung, und dann verwandelt sich die Schaukel in ein Raumschiff, das abhebt. Wer lernt, solche inneren Bil-

Einfach die Aussagen lesen und entscheiden, was für Sie zutrifft.

3 = stimmt
2 = stimmt manchmal
1 = stimmt überhaupt nicht

Je näher der Punkt an der Aussage, desto eher trifft diese für Sie zu.

	1	2	3	Das kann man damit anstellen:
1.				Für neue Aufgaben und Ziele kann ich mich sehr begeistern. Diese geben mir einen richtigen Aktivitätsschub.
2.				Ich habe oft Verbesserungsvorschläge und neue Ideen.
3.				Ich bin generell neugierig auf alles, was mir das Leben bietet.
4.				Etwas kreativ zu gestalten, macht mir Spaß.
5.				Ich kann gut den Überblick behalten, wenn viele unterschiedliche Aufgaben auf mich zukommen.
6.				Mir macht es Spaß, andere mit meinen neuen Ideen anzustecken und zu motivieren.
7.				Alles Unkonventionelle zieht mich magisch an.
8.				Bei Unterhaltungen gehe ich gerne in die Tiefe.
9.				Kunst, Psychologie und Philosophie interessieren mich sehr.
10.				Bevor ich an eine neue Aufgabe herangehe, male ich mir diese zunächst in der Fantasie aus.
11.				Schon als Kind hatte ich eine lebendige Vorstellungskraft.
12.				Menschen, die immer nur am Herkömmlichen festhalten, liegen mir nicht so.
13.				Ich verlasse mich oft auf meine Intuition, wenn ich ein Problem lösen muss.
14.				Wenn ich etwas erklären soll, benutze ich gerne bildhafte Vergleiche.
15.				Mich interessiert der große Zusammenhang mehr als das Detail.

© 2002 by PAL-Verlag Verlagsgesellschaft mbH, www.pal-verlag.de

der zu entwickeln, behält diese Fähigkeit ein ganzes Leben lang, er kann ein sehr kreativer Mensch werden. Lehrer sollten in der Schule nicht nur Fertigkeiten wie Lesen, Rechnen vermitteln, sondern die Imagination der Kinder bewusst herausfordern, in allen Fächern.«

Wenn die Lehrer es versäumen, tun Sie es doch in Ihren Trainings!

Der Fremde

Zeitbedarf: 30 Minuten.

Material: Flipchart.

Situation: Bewertung der Arbeit und des Gruppenprozesses.

Kurzbeschreibung: Die Teilnehmer sehen das Geschehen aus der Perspektive eines fremden Beobachters.

Beschreibung: Entwickeln Sie mit den Teilnehmern in der Fantasie die Persönlichkeit eines fremden Besuchers, der vom ersten Tag an als Gast am Seminar teilgenommen hat. Einigen Sie sich zum Beispiel auf Namen, Geschlecht, Nationalität, Alter, Beruf, Vorbildung, Wesenszüge und Anlass der Teilnahme dieser Person. Notieren Sie diese Merkmale auf einem Flipchart.

Dann versetzen sich alle in den Gast und stellen sich vor, sie hätten das Seminar mit seinen Sinnen und seiner Kompetenz verfolgt.

Wenn jeder lang genug darüber nachgedacht und Notizen gemacht hat, gehen Sie mit einem fiktiven Mikrofon herum (dicker Filzschreiber oder Limoflasche) und machen Interviews. Sprechen Sie die Teilnehmer immer mit dem Namen der fiktiven Person an. Nach den Interviews zieht man Bilanz: Was war gut? Was könnte besser werden? Wie kann es besser werden?

Bei der folgenden Auswertungsrunde können die Teilnehmer wieder aus ihrer eigenen Perspektive mitmachen. Es funktioniert aber auch, wenn sie bis zum Schluss in der Rolle dieses Gastes bleiben. Dann gibt der Gast Tipps für Veränderungen. Die sollten unbedingt am Flipchart notiert werden.

Je nach Zielrichtung kann man nachdenken über und im Interview fragen nach:

- Arbeit und Effektivität bisher im Training.
- Klima und Zusammenarbeit in der Gruppe.
- Mitarbeit und Verhalten der einzelnen Teilnehmer (hier denkt jeder nur darüber nach, wie der Fremde ihn als Teilnehmer erlebt hat und wird auch nur dazu interviewt).
- Brauchbarkeit der bisherigen Lernarbeit für die Praxis.

Der besondere Tipp: Beachten Sie, dass Sie die Person des Fremden so ausgestalten, dass er eine hohe Kompetenz für die geplanten Fragen besitzt. Wenn es also um Fragen zum Gruppenprozess geht, wäre ein erfahrener Coach ganz gut. Bei Fragen nach der Verwertbarkeit des Trainings für die Praxis sollte der fiktive Gast ein intimer Kenner dieser Praxis sein.

Chancen und Gefahren: Die Teilnehmer müssen die fiktive Person erst ganz konkret erleben, bevor sie sich in sie hineinversetzen. Lassen Sie sich also Zeit, bis die Person des Gastes »Gestalt annimmt« und die Teilnehmer sich mit ihr identifizieren.

Statt im Interview könnte man die Antworten auch durch eine Kartenabfrage verschriftlichen. Aber diese sonst so vorteilhafte Technik wäre hier fehl am Platze, weil sie die fiktive Situation beendet. (Der Gast schreibt ja keine Karten.) Der Charme dieser Methode liegt in dem Drehbuch »Ein fremder Gast hat uns beobachtet und packt jetzt aus.«

Erfahrungsgemäß nehmen die Teilnehmer die Methode gerne an. Das Ausdenken einer Person und der Umstände ihrer Teilnahme am Seminar macht Spaß. Das Entscheidende ist, dass die Teilnehmer spielerisch eine reife, distanzierte Position zum Geschehen einnehmen und beschreiben.

Varianten: Wenn die Übung einmal durchgeführt wurde, können Sie den Fremden bei Bedarf zwischendurch aus dem Stegreif wieder aktivieren. Wenn es zum Beispiel Spannungen zwischen Teilnehmern gibt oder Reaktionen der Gruppe, die Sie als Trainer nicht einordnen können, sagen Sie: »Hören wir doch mal, was Herr/Frau … dazu sagt« und interviewen spontan ein paar Teilnehmer als Stellvertreter des Gastes.

Methoden und Übungen

Wortkarg

Zeitbedarf: 5 Minuten.

Material: Sprache.

Situation: Kooperationsstörungen in der Gruppe. Man geht zu wenig aufeinander ein. Jeder denkt nur an sich.

Kurzbeschreibung: Der Reihe nach sagt jeder nur ein Wort. Nach und nach entwickelt sich eine Geschichte.

Beschreibung: Die Teilnehmer sitzen im Stuhlkreis. Es geht darum, gemeinsam eine Geschichte zu erzählen. Wer an der Reihe ist, darf jeweils nur ein Wort sagen. Legen Sie vorher sieben Minuten als Erzählzeit fest. Ein Teilnehmer beginnt und sagt das erste Wort. Dann setzt der Sitznachbar den Satz mit einem zweiten Wort fort. Dann folgt der dritte und so weiter. Nach sieben Minuten brechen Sie die Geschichte ab. In einem Blitzlicht sagt jeder Teilnehmer kurz, wie er als Erzähler vorgegangen ist. Zum Beispiel:

> Für den Verständigen genügt ein Wort.
> *Titus Maccius Plautus (250–84 v.Chr.)*

- War ihm die Story egal oder nicht?
- Wollte er es vielleicht seinem Nachbarn schwer machen?
- Hat er sich gelangweilt?
- Wollte er originell sein oder Lacher ernten?

Jetzt decken Sie auf, dass Sie diese Übung arrangiert haben, um das Thema »Wie arbeiten wir zusammen?« anzusprechen. Entwickeln Sie mit den Teilnehmern Merkmale einer voll motivierten und kooperativen Gruppe: Man geht aufeinander ein, man will Exzellentes leisten, man achtet auf die Gruppe anstatt nur auf sich.

Bitten Sie jetzt die Gruppe, sich auf einen zweiten Durchgang mit einer neuen Geschichte einzulassen, bei dem sie die Tugenden eines perfekten Teams zeigen, das eine erstklassige Geschichte produziert. Wieder gibt es sieben Minuten Zeit.

In der Schlussauswertung gibt es erneut ein Blitzlicht: Was wurde an sich und den anderen beobachtet? Hat sich etwas geändert? Wie war das Ergebnis?

Der besondere Tipp: Geben Sie die Übung zuerst als Kick aus. Obwohl Sie genau wissen, dass er ziemlich abgedroschen ist, tun Sie so, als sei er witzig und spannend. Ertragen Sie die gelangweilten Mienen mancher Teilnehmer sieben Minuten lang. Umso besser kommt der Aha-Effekt zur Geltung, wenn Sie aufdecken, dass Sie diesen »Kick« als hintergründige Übung zu einem heiklen Thema geadelt haben.

Chancen und Gefahren: Jeder Teilnehmer kennt dieses simple Erzählspiel. Manche Eltern spielen es mit ihren kleinen Kindern, wenn die eine lange Autofahrt nicht mehr aushalten oder beim Wandern streiken. Deshalb werden die Teilnehmer die Übung mit wenig Engagement angehen.

Wichtig ist, dass es Ihnen nach dem ersten Blitzlicht gelingt, das Kippen vom seichten Spiel in eine ernste, bedeutungshaltige Situation herüber zu bringen. Die Übung ist nur fruchtbar, wenn die Teilnehmer im zweiten Durchgang motiviert sind, als kooperatives Team aufzutreten. Weisen Sie darauf hin, dass es für die Geschichte am besten ist, wenn jeder sich auf das Gesagte einlässt als stur eine eigene Geschichte erzwingen zu wollen.

Je deutlicher die Änderung zum ersten Durchgang erlebt wird, desto eher nehmen alle diese Erfahrung positiv mit in die weitere Arbeit als Team.

Ideengeber: Zeitschrift »wirtschaft und weiterbildung«, Ausgabe April 2003, S. 29.

Die Fee

Zeitbedarf: 10 Minuten.

Material: Pro Teilnehmer 3 Pinnwandkarten, Stifte, Pinnwand mit Poster.

Situation: Anfangssituation, Einstellen auf die Seminarziele.

Kurzbeschreibung: Die Teilnehmer formulieren persönliche Wünsche zu den Seminarzielen.

Beschreibung: Sie können die Methode mit folgenden Worten einleiten:

> »Stellen Sie sich vor, die Tür geht auf und eine Seminarfee kommt herein. Sie sagt: ›Du bist hierher gekommen, um besser zu werden. Du weißt selbst, was dir zum Seminarthema fehlt. Ich kann dir maximal drei Wünsche erfüllen. Sag mir etwas, was du liebend gerne perfekt können oder wissen möchtest. Oder Fehler und Schwächen, die du los werden möchtest. Ich werde das Seminar so verzaubern, dass deine Wünsche in Erfüllung gehen.‹ Denken Sie darüber nach, was Sie sich von der Seminarfee wünschen. Schreiben Sie jeden Wunsch als Stichwort auf eine Karte. Damit die Fee Bescheid weiß, sollten Sie Ihre Initialen noch rechts oben in die Kartenecke schreiben.«

Wenn alle Teilnehmer mit dem Schreiben fertig sind, heften sie die Karten auf eine vorbereitete Pinnwand. Zuvor haben Sie ein passendes Symbol aus einem Flipchartbogen ausgeschnitten, mit Wachsmalkreiden koloriert und auf die Pinnwand geheftet. Etwa einen großen Apfel (als Symbol für Ernte). Jetzt schauen Sie die Karten an und fragen wenn nötig noch einmal bei den Autoren nach. Denn natürlich sind Sie die Seminarfee.

> Sagen Sie: »Ich kenne jetzt Wünsche, die Ihnen in diesem Seminar wichtig sind. Ich werde die Karten in der Pause thematisch ordnen und nach jedem Seminarabschnitt mit Ihnen zusammen prüfen, ob die passenden Wünsche erfüllt worden sind.«

Methoden und Übungen

So nicht!

Sitzen drei Männer auf einer einsamen Insel. Plötzlich taucht eine gute Fee auf und sagt: »Jeder von euch hat einen Wunsch frei.«
Sagt der erste: »Ich will nach Hause.« Zack, er ist zu Hause.
Sagt der zweite: »Ich will auch endlich heim.« Zack, auch er ist zu Hause.
Sagt der dritte: »Jetzt sitze ich so allein hier. Ich will, dass die beiden wieder kommen.«

Sie ordnen in der Pause die Karten entsprechend den Seminarthemen. Nach jedem Abschnitt holen Sie die Pinnwand und fragen die entsprechenden Teilnehmer, ob ihre Karten »erfüllt« wurden. Diese Karten werden markiert (zum Beispiel Ecke abknicken).

Chancen und Gefahren: Diese Methode ist eine überzeugende Alternative zu den üblichen Abfragen nach Erwartungen an das Seminar. »Erwartungen« haben etwas Unverbindliches. »Wünsche« drücken dagegen aus, was mir wichtig ist. Betonen Sie bei der Einleitung, dass die Teilnehmer nur solche Wünsche notieren, die ihnen wirklich ein Anliegen sind. Das können auch vermeintliche Kleinigkeiten sein.

> Beispielsweise kann es sein, dass ein Teilnehmer im Rhetorikseminar endlich sein nervöses Räuspern los werden möchte.

Pflicht ist für Sie, dass Sie konsequent nach jedem Seminarabschnitt (zumindest halbtags) die Karten prüfen und die Autoren fragen, ob ihre Wünsche erfüllt wurden. Sagt mal jemand »nein«, muss geklärt werden, wie damit umzugehen ist. Entweder Sie machen diesem Teilnehmer ein Angebot (»Privatstunde« abends, Zusatzmaterialien nach dem Seminar) oder Sie sagen, dass Sie in diesem Rahmen nicht mehr Zeit investieren können.

Im strikten Ernstnehmen der Karten liegt der Unterschied zu den üblichen Erwartungsabfragen.

> Seien Sie vorsichtig mit Ihren Wünschen.
> Wenn Sie Pech haben,
> gehen sie in Erfüllung!
>
> *(aus dem Film »Doc Hollywood«)*

Diese bleiben meistens folgenlos. Die Teilnehmer sehen sich dann nicht ernst genommen. Bei der Feen-Methode dagegen wird zweierlei deutlich: Dass die Teilnehmer Anliegen haben und dass der Trainer versucht, ihnen gerecht zu werden. Das ist die richtige Basis für Zusammenarbeit.

Varianten: Sie überlassen das Prüfen der Karten ganz den Teilnehmern. Sie stellen nach jedem größeren Abschnitt die Feen-Pinnwand in die Mitte und fragen: »Welche Karten sind in Erfüllung gegangen?«

Gedanken lesen

Zeitbedarf: 10 Minuten.

Material: Etwa 10 beliebige Gegenstände.

Situation: Kick zwischendurch.

Kurzbeschreibung: Der Hellseher findet den Gegenstand heraus, den die Gruppe zuvor ausgewählt hat.

Beschreibung: Sie behaupten, dass jeder die Fähigkeit zur Telepathie in sich hat. Es gäbe eine einfache Übung, mit der man diese Fähigkeiten bei den meisten Menschen aktivieren könne. Sie legen mehrere Gegenstände auf einen Tisch. Die Teilnehmer sollten um den Tisch herum stehen können.

Dann bitten Sie einen Freiwilligen als Medium, dessen telepathische Fähigkeiten Sie aktivieren wollen. Sie sagen: »Ich verlasse jetzt den Raum und trainiere das Medium. Vielleicht klappt es.« Draußen weihen Sie den Teilnehmer in den Trick ein.

Sie kommen zurück und bitten das Medium, sich mit dem Rücken zum Tisch weiter weg zu stellen und die Augen zu schließen. Jetzt vereinbaren Sie durch Zeichen mit der Gruppe, welchen Gegenstand das Medium herausfinden soll.

Das Medium darf an den Tisch kommen. Dann zeigen Sie nach und nach auf Gegenstände, zuerst auf einige falsche und fragen jedes Mal: »Richtig oder falsch?« Erst beim richtigen sagt das Medium »Richtig«.

Der Trick: Das Medium weiß, dass Sie den richtigen Gegenstand kurz berühren. Wichtig ist also, dass Sie schon vorher beim Zeigen mit der Hand relativ nahe an die Gegenstände herangehen.

Chancen und Gefahren: Natürlich weiß jeder, dass ein Trick im Spiel sein muss. Legen Sie deshalb einige falsche Fährten, indem Sie zwischendurch auffällige Bewegungen machen, beispielsweise sich am Kopf kratzen, vor dem Zeigen länger das Medium anschauen oder andere Möglichkeiten. Wenn die Teilnehmer noch einen Versuch wünschen, lassen Sie nur einen zweiten mit dem gleichen Medium zu.

Sie könnten diese Vorführung auch verwenden, um über Aufmerksamkeit, Körpersprache und anderes zu sprechen. Aber hier wäre das aufgesetzt. Die Hellseh-Vorführung ist einfach ein Kick, aber einer, der die Teilnehmer immer in Bann schlägt.

Varianten: Man stellt drei Stühle nebeneinander. Das Medium wird wieder vor die Tür geschickt, während die Gruppe und Sie einen Stuhl bestimmen. Dann kommt das Medium herein und versucht, durch Schnuppern den richtigen Stuhl herauszufinden. Die Lösung: Sie haben wieder einen Code mit dem Medium vereinbart. Er informiert das »Medium«, wenn Sie es hereinrufen. »Sie können kommen« bedeutet, es ist der linke Stuhl. »Kommen Sie herein« bedeutet: der mittlere Stuhl ist es. »Wir sind so weit« heißt: es ist der rechte Stuhl.

Diesmal sind Sie der Hellseher. Sie lassen beim Kaffee in der Pause oder beim Mittagessen mit vollem Ernst einfließen, dass Sie sich brennend für Hellsehen interessieren und öfter schon Tests aus der Telepathie-Forschung zu Hause nachgestellt hätten. Es hätte Sie beunruhigt, dass Sie überraschend oft Treffer erzielt hätten. Wenn die Gruppe neugierig wird, schlagen Sie vor: »Ich kann es ja mal probieren. Aber ohne Garantie.« Auf einen Tisch legen Sie neun gleiche Gegenstände (Münzen, Bierdeckel, Untertassen) in Dreierreihen, sodass der Umriss der Anordnung ein Quadrat bildet. Sie sagen der Gruppe, dass das in der Forschung häufig als Telepathie-Test verwendet wird, weil man so gut die Trefferwahrscheinlichkeit berechnen könnte. Dann verlassen Sie den Raum. Die Gruppe einigt sich auf einen der neun Gegenstände, den Sie herausfinden sollen. Sie kommen herein und finden – natürlich nach längerer Konzentrationsphase – tatsächlich den Gegenstand heraus. Auch beim zweiten und dritten Mal klappt es. Die Verblüffung ist riesengroß!

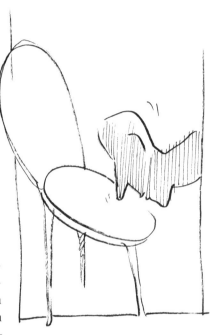

Die Lösung: Schon am Abend vorher weihen Sie einen Teilnehmer ein. Sie vereinbaren mit ihm einen Fingercode. Für jede Position der Gegenstände – immer aus der Sicht des Hellsehers! – wird ein Finger definiert.

Beispiel: Daumen links = linker Gegenstand obere Reihe, Zeigefinger links = Gegenstand Mitte obere Reihe, Mittelfinger links = Gegenstand rechts obere Reihe, Ringfinger links = linker Gegenstand mittlere Reihe und so weiter.

Sie können auch einen anderen Code ausmachen. Das muss aber geübt werden. Beim Versuch spreizt der »Helfer« einfach den zuständigen Finger etwas ab oder bewegt ihn, wenn der Hellseher herschaut. Sie sollten auch ein Signal vereinbaren, wenn die Erkennung nicht funktioniert hat (zum Beispiel ein Räuspern des

Hellsehers). Dann wiederholt der Helfer sein Fingersignal. Das fällt erst recht nicht auf, wenn die Teilnehmer beim Versuch um den Tisch herum stehen.

Sie sollten gleich zu Beginn den Fingercode Ihres Helfers zu lesen versuchen. Danach schauen Sie nie mehr zu den Teilnehmern, sondern lassen sich viel Zeit, um die Gegenstände zu untersuchen.

Auch bei dieser Variante lenken Sie die Aufmerksamkeit der Teilnehmer durch auffallende Bewegungen ab. Sie können auch einen Stift oder die Halskette einer Teilnehmerin als Pendel benutzen und über die verschiedenen Gegenstände halten. Erst beim richtigen beginnt das Pendel zu kreisen oder zu schwingen. Der Helfer zeigt sich natürlich ebenso irritiert wie die anderen Teilnehmer.

Diese Variante ist deshalb so verblüffend, weil Sie das Ganze nebenbei eingefädelt und Ihren Helfer tags zuvor eingeweiht haben.

> **Gedanken lesen im Alltag**
>
> *Sekretärin:* »Chef, können Sie eigentlich Gedanken lesen?«
> *Chef:* »Und ob!«
> *Sekretärin:* »Dann entschuldigen Sie bitte vielmals!«

Alles wirkt also völlig spontan und improvisiert. Ich habe noch nie erlebt, dass jemand den Trick entdeckt hat. Aber es ist schon vorgekommen, dass einige begonnen haben, an meine hellseherischen Fähigkeiten zu glauben.

Konferenz inneres Team

Zeitbedarf: 10–15 Minuten (ohne Auswertung).

Material: Keines.

Situation: Beratung eines Teilnehmers.

Kurzbeschreibung: Ein Teilnehmer, der Rat bei einer Entscheidung braucht, lässt seine inneren Stimmen zu Wort kommen.

Beschreibung: Schwierige Entscheidungen sind deshalb schwierig, weil man widerstrebende Tendenzen in sich spürt. Die Methode verfolgt das Ziel, diese Tendenzen deutlich zu machen, ja noch zusätzliche, bislang nicht wahrgenommene »innere Stimmen« aufzuspüren. Wenn alle inneren Stimmen erkannt sind, wird jede von einem anderen Teilnehmer stellvertretend übernommen. So werden die Stimmen konkret durch Personen vertreten, die sich im Raum aufstellen und die Stimme hörbar machen.

Der Anliegeninhaber wird zum Leiter und Moderator einer Konferenz seiner inneren Stimmen.

Sie als Trainer oder Coach achten wie ein Regisseur darauf, dass alle Beteiligten ihre Rolle möglichst echt spielen. Der zu Beratende wird zum Beispiel zum »Minister« dieser Konferenz und von Ihnen auch so angeredet. Sie helfen dem zu Beratenden dabei, jedem Mitglied des inneren Teams einen treffenden Namen zu geben. Beispielsweise können das sein: »Schwarzseher«, »Hans-Guck-in-die-Luft«, »Kämpfer«, »Optimist«. Der Ratsuchende gibt den Vertretern der Stimmen Hinweise für ihre Körperhaltung, Mimik, Stimme. Und er weist ihnen eine Position im Raum zu, bestimmt je nach Einfluss ihre Nähe oder Distanz zu sich. Die Akteure können sich auch setzen.

Methoden und Übungen

Dann eröffnet der »Minister«, also der Ratsuchende, die Konferenz, stellt Fragen an die Stimmen, moderiert (denn zwischen den Stimmen kann es Streit geben) und versucht, mit ihnen zu einer Entscheidung zu kommen. Das gelingt in der Regel nicht. Am Schluss trifft daher der »Minister« die Entscheidung und teilt sie dem Stimmenteam mit. – In der Auswertung sollte geklärt werden, ob die Entscheidung auch »steht«.

Chancen und Gefahren: Alle sollten sich bewusst sein, dass es nicht um Therapie geht, sondern um eine Klärungshilfe. Weder Sie als Trainer noch die anderen Teilnehmer dürfen Ratschläge geben, auch wenn der Ratsuchende dies möchte. Es wäre ebenso falsch, wenn Sie sich als Trainer zu sehr einmischten. Überlassen Sie das Geschehen – nach der Vorbereitungsphase – weitgehend dem Dialog zwischen dem Ratsuchenden und seinem Team.

Nach der Konferenz fragen Sie lediglich, was der Ratsuchende mitgenommen hat, was ihm geholfen hat, wo noch Zweifel sind. Eine weitere Beratung verbietet sich im Kontext eines Trainings.

Achten Sie auch darauf, dass die Teilnehmer nicht in eine Beratung einsteigen!

Variante: Die beteiligten Personen des inneren Teams werden nicht von realen Personen gespielt, sondern durch kleine Holz- oder Spielfiguren symbolisiert. Sie werden auf einem gestalteten Flipchart aufgestellt, auf dem die einzelnen (Problem-) Bereiche aufgezeichnet sind. Die Aussagen der inneren Stimmen werden in der Nähe der Spielfiguren mit kleinen Post-it-Sprechblasen (gibt es im Schreibwarenhandel) aufgeklebt. Durch Verschieben der Spielfiguren und/oder Ändern der Aussage wird das innere Team beeinflusst. Diese Variante ermöglicht mehr Distanz zum Geschehen (falls dies erwünscht ist, um zum Beispiel ein Abrutschen der Gruppe ins Hobbytherapieren zu vermeiden). Außerdem können alle Teilnehmer gleichzeitig oder in kleinen Teams an Problemen arbeiten. (Diese Variante stammt von Frank Busch, s. S. 324).

Ideengeberin: Gabriele Müller, »Systemisches Coaching im Management« (2003), S. 119ff.

Stimmen hören

Drei bis fünf Prozent aller Menschen hören oder hörten Stimmen, das heißt, sie hören ganz real gesprochene Worte, die kein anderer, nur sie selbst hören können. Über Ursachen, wie es dazu kommen kann, dass ein Mensch Stimmen hört, gibt es sehr unterschiedliche Theorien, eine allgemein akzeptierte Erklärung gibt es nicht.
Die Stimmen können unterschiedliche Lautstärke und verschiedene Charaktere haben. Sie können als störend empfunden werden und unter Umständen viel Leid hervorrufen. Sie können aber auch schützende Funktion haben und unter günstigen sozialen und individuellen Bedingungen zu einer Lebensbereicherung des Einzelnen führen.
Fast immer bedeutet das Auftauchen der Stimmen zu Anfang eine erhebliche Verunsicherung. Sachliche Informationen und Austausch mit unvoreingenommenen Gesprächspartnern, insbesondere mit anderen Stimmenhörer, können dieser Verunsicherung entgegenwirken.
Nicht das Hören von Stimmen muss zum Problem werden, sondern oft ist es die Unfähigkeit, mit den Stimmen umzugehen. Die meisten Stimmen hörenden Menschen trauen sich aber nicht, über ihre Erfahrungen zu reden. Sie empfinden es als bevormundend und nicht hilfreich, wenn Stimmenhören nur als krankhafte »Halluzination« bezeichnet und angenommen wird, dass ausschließlich die Psychiatrie dafür zuständig sei.
Um uns unter anderem gegen diese Bevormundung zu wehren, haben wir beschlossen, unser Netzwerk Stimmenhören zu gründen. Wir setzen in unserem Netzwerk auf eine gleichberechtigte Zusammenarbeit und Partnerschaft von Stimmen hörenden Menschen, deren Freund/innen, Angehörigen und in psychiatrischer oder psychotherapeutischer Praxis und Forschung Tätigen. Wir wollen unsere Erfahrungen austauschen mit dem Hauptziel, uns gegenseitig zu helfen und zu stützen und mehr Toleranz, Verständnis und Akzeptanz in der Gesellschaft für das Phänomen Stimmenhören zu erreichen.

(Netzwerk Stimmenhören e.V.)

Das Geheimnis der Namen

Zeitbedarf: 2–3 Minuten pro Teilnehmer.

Material: Flipchart.

Situation: Kennenlernen, Namen einprägen.

Kurzbeschreibung: Jeder Name wird mit Eigenschaften des Trägers verknüpft.

Beschreibung: Jeder Teilnehmer nennt zu jedem Buchstaben seines Namens ein Wort, das kennzeichnend für ihn ist. Das kann eine positive oder negative Eigenschaft sein, Name der Ehefrau, Hobby, ein wichtiges Ereignis aus dem Lebenslauf, der Titel des Lieblingssongs und vieles mehr.

Beispiel einer Teilnehmerin namens »Huber«:
- H wie »heiter«,
- U wie »Ungarn« (Ehemann ist Ungar),
- B wie »BMW« (leidenschaftlicher Motorradfan),
- E wie »eigensinnig«,
- R wie »Recklinghausen« (Geburtsort).

Die Teilnehmer bekommen zuvor drei Minuten Vorbereitungszeit.

Zur Einleitung können Sie sagen: »Jeder glaubt, dass Sie Ihren Namen einfach von Ihren Eltern bekommen haben. Jetzt können Sie endlich beweisen, dass das ein großer Irrtum ist. Jeder Buchstabe Ihres Namens hat nämlich etwas mit Ihrer Person und Ihrem Leben zu tun. Überlegen Sie, welches Geheimnis hinter jedem Buchstaben Ihres Namens steht. Sie werden das gleich den anderen aufdecken.«

Dann geht jeder nacheinander zum Flipchart und schreibt die Buchstaben seines Namens untereinander. Neben den ersten Buchstaben trägt er dann das erste Wort ein und erklärt es kurz, dann neben den zweiten Buchstaben das entsprechende Wort und so weiter. Die Anfangsbuchstaben sollten grün oder blau, die Wörter dazu mit schwarzem Filzstift geschrieben werden. Die Flipchartbogen werden danach aufgehängt.

Möglich ist, dass auch Sie als Trainer sich auf diese Weise Ihren Teilnehmern vorstellen. Sie sollten allerdings die Runde abschließen, um die Art und Weise, wie die Teilnehmer sich präsentieren, nicht zu beeinflussen.

Chancen und Gefahren: Man schlägt mit dieser Methode für Anfangssituationen zwei Fliegen mit einer Klappe: Die Teilnehmer lernen sich kennen und gleichzeitig prägen sie sich die Namen ein, weil sie mit inneren Bildern »geankert« werden. Weil anschließend die Namensposter an der Wand hängen, bleibt alles präsent.

Die Gefahr ist, dass einige Teilnehmer zu lange reden, entweder weil sie einen sehr langen Namen haben oder meinen, zu einem Schlüsselwort eine ganze Geschichte erzählen zu müssen. Dann sollte man als Trainer darauf hinweisen, dass noch andere Teilnehmer warten.

Varianten:

- Jeder holt sich so viele Pinnwandkarten, wie sein Name Buchstaben hat. Dann schreibt man auf jede Karte einen Buchstaben und auf die Rückseite das passende Wort. Dabei wird der erste Buchstaben des Wortes farbig hervorgehoben. Die Karten werden mit Klebestreifen so zu einem Kartenstreifen verbunden, dass die Buchstaben in der richtigen Reihenfolge untereinander hängen. Dann geht man mit dem Streifen vor dem Körper umher. Wenn man einen Partner trifft, kann man sich gegenseitig zeigen, was hinter den Buchstaben steht und sich darüber unterhalten. Dann wechselt man zum nächsten oder wird selbst angesprochen. Dazu passt leise Musik.
  Die Streifen mit den Wörtern werden nach der Übung aufgehängt. Weil die Anfangsbuchstaben farbig sind, erkennt man leicht den Namen wieder.
- Diese Methode lässt sich auch zum *Transfer* in Schlusssituationen einsetzen. Die Teilnehmer verbinden dann die Buchstaben ihres Namens mit Vorsätzen, die sie nach dem Seminar in der Praxis in die Tat umsetzen wollen. Wieder am Beispiel des Namens Huber nach einem Führungstraining:
  H wie »hören« (ich will besser hinhören und zuhören),
  U wie »überlegen« (mir mehr Zeit lassen, bevor ich eine Entscheidung treffe),
  B wie »beraten« (häufiger das Team einbeziehen),
  E wie »erst fragen, dann handeln«,
  R wie »Ruhe« (häufiger ausspannen).
  Hierbei müssen nicht alle Buchstaben des Namens verwendet werden.

Die Verbindung mit dem eigenen Namen verstärkt in dieser Situation psychologisch die Bedeutung der Vorsätze: »Das ist wichtig für mich!«

- Als *Feedback* nach zwei oder drei Tagen Seminar: Jeder zieht eine Karte mit dem Namen eines Teilnehmers. Er schreibt auf ein DIN-A4-Blatt dessen Buchstaben untereinander. Aus diesen formuliert er dann Wünsche an diesen Teilnehmer.
  Beispiel für Anton: Achtsam sein, nicht alles besser wissen, Toleranz, offen sein, nach dem Essen bei der Gruppe bleiben.
  Wenn alle fertig sind, werden die Blätter gemischt und auf einen Stapel gelegt. Jeder sucht sich das Blatt mit seinem Namen. Die Feedbacks sind anonym.
- In der *Anfangssituation* denkt jeder mit geschlossenen Augen über seinen Vornamen, dann über seinen Nachnamen nach und achtet auf Gefühle, Erinnerungen, Gedanken, die sich dabei einstellen. Bei kleineren Gruppen berichtet dann jeder im Stuhlkreis. Bei größeren Teilnehmerzahlen geschieht das in Untergruppen.
- Sie lassen jeden Teilnehmer zu den Anfangsbuchstaben des Wortes »Seminar« Bedeutungen finden. Eine originelle Variante zu den üblichen Seminarfeedbacks.
- Die Anfangsbuchstaben eines Wortes können auch als Variante für das übliche Brainstorming zum Finden neuer Ideen dienen. Man schreibt ein nicht zu kurzes Wort zum Thema des Brainstormings buchstabenweise untereinander. Jeder Buchstabe regt dann Assoziationen zur Lösungsfindung an.

Eine nette Variante zum Einprägen von Namen ist das *Namens-Scrabble*. Der Teilnehmer mit dem längsten Namen schreibt diesen in Druckbuchstaben auf ein kariertes Flipchartpapier. Der zweite – mit einem ebenfalls längeren Namen – versucht diesen mit dem ersten zu verbinden, indem er einen Buchstaben davon benutzt (wie beim Scrabble oder Kreuzworträtsel) und seinen Namen mit dem ersten kreuzt. Der dritte Teilnehmer setzt das Scrabble fort, indem er ebenfalls Buchstaben voriger Namen verwendet. Am Ende ist ein Wortgitter entstanden, in dem die Namen miteinander verwoben sind. Die Symbolik ist klar: Wir gehören zusammen.

> »Wenn man erst einen Namen hat, ist es ganz egal wie man heißt.«
> *Sean Connery*

Alles in einem Satz

Zeitbedarf: Ohne Auswertung ungefähr 5 Minuten.

Material: Pinnwand als Raumteiler.

Situation: Kick mit kommunikationspsychologischem Tiefgang.

Kurzbeschreibung: Ein Teilnehmer entwickelt mit einem anderen zusammen eine möglichst lange Geschichte in einem einzigen Satz.

Beschreibung: Zwei Freiwillige erklären sich zu diesem »Spiel« bereit. Ein dritter Teilnehmer protokolliert die entstehende Story auf einem Blatt Papier. Die beiden Geschichtenerzähler setzen sich vor und hinter eine Pinnwand. Der eine beginnt eine Geschichte, ohne den Satz zu beenden. Wenn er stoppt, führt der andere die Geschichte fort. Die Geschichte entwickelt sich auf diese Weise, bis einer der beiden nicht mehr weiter weiß und der Satz nicht sinnvoll fortgeführt werden kann. Beide achten stets darauf, dass alles in einem einzigen Satz bleibt. Lassen Sie zum Abschluss die Ein-Satz-Geschichte vom Protokollanten noch einmal komplett vorlesen. Lachen und Beifall.

Nun fragen Sie die beiden Akteure, wie sie das Spiel erlebt haben. Danach richten Sie an alle Teilnehmer die Frage, was für diese Kommunikation kennzeichnend war. Es kommen Antworten wie »es redete immer nur einer«, »man musste sich auf das Vorige einstellen« usw.

Decken Sie ein vorbereitetes Flipchartposter auf, das folgende Punkte aufzählt:

- Man wechselt einander ab. Niemand redet den anderen an die Wand.
- Beide haben die gleichen Rechte.
- Man arbeitet zusammen.
- Der eine führt fort, was der andere entwickelt hat.
- Der Ablauf ist wichtiger als ein bestimmtes Ergebnis.
- Es ist spannend. Jeder kann eine Fortsetzung wählen, die ihm gefällt.
- Man hört aktiv zu und versucht herauszufinden, in welche Richtung der andere denkt.
- Keiner verfolgt ein strategisches Ziel.
- Man will sich nicht beeinflussen oder in eine Richtung drängen.
- Man lässt sich überraschen und erfindet selbst Überraschendes.
- Es macht Spaß.
- (Sie können noch mehr Punkte hinzufügen.)

Fazit: So sollte Kommunikation immer sein!

Hängen Sie Ihr Poster und die Blätter mit der Geschichte im Seminarraum auf. Sollte es im Training zu Kommunikationsproblemen kommen, genügt ein Fingerzeig und die Teilnehmer erinnern sich wieder an die Merkmale gelungener Kommunikation.

Chancen und Risiken: Erstaunlich, wie diese Übung den Teilnehmern schlagartig klarmacht, was gute Kommunikation ausmacht.

Ein kleines Risiko besteht darin, dass ein Pärchen so ideenlos ist, dass sich keine Freude beim Erzählen und Zuhören einstellt. Deshalb sollten Sie zwei Freiwillige ausrufen, denen es Spaß macht, eine Geschichte zu entwickeln.

Varianten: Siehe Methode »Wortkarg«, S. 272.

Roboter und Chefs

Zeitbedarf: 10–15 Minuten.

Material: Keines.

Situation: Führungskräftetraining.

Kurzbeschreibung: Die Mehrzahl der Teilnehmer spielt Roboter, die nur geradeaus gehen können. Dazu gibt es Führungskräfte, die dafür sorgen, dass die Roboter laufen können.

Beschreibung: Es gibt Roboter und Führungskräfte. Die Roboter gehen langsam mit steifen Bewegungen stur geradeaus und rufen unentwegt: »tutuut«. Sobald sie nicht mehr weiterlaufen können, weil sie an eine Wand oder einen Tisch stoßen, bleiben sie stehen und murmeln »dödel-dödel-dödel«. Die Führungskräfte haben die Aufgabe, die Roboter am Arbeiten, das heißt am Gehen, zu halten. Sie drehen die blockierten Dödel-Roboter von der Wand weg in eine Richtung, dass sie wieder gehen können. Es  sollte je nach Gruppengröße ein bis zwei Manager geben. Die anderen Teilnehmer sind die Arbeitsroboter. Schon nach kurzer Zeit sind die Manager überfordert, weil immer wieder ein Roboter nicht weiter kann. Lassen Sie dieses Chaos einige Minuten weiter laufen, bis die Manager geschafft sind.

Tarnen Sie das Spiel als Kick zwischendurch. Erst danach decken Sie auf, dass es um das Thema »Führung« geht. In der Auswertung erarbeiten Sie mit den Teilnehmern Bezüge zu ihrer Praxis.

- Gibt es auch da Mitarbeiter, die dauernd die Vorgesetzten beanspruchen, weil sie wie die Roboter »einspurig« sind?
- Wie fühlten sich die Roboter im Spiel?
- Wie haben Sie die Manager wahrgenommen? Wie ging es ihnen? Haben sie Aggressionen entwickelt?
- Gibt es Parallelen zum Führungsstil in der Realität?
- Was kann man aus den Erfahrungen lernen?

Der besondere Tipp: Stellen Sie vor Beginn einen Beobachter ab. Damit die anderen nicht stutzig werden und ahnen, dass das Ganze doch mehr als ein lustiger Kick sein könnte, sagen Sie, er sei ein Sanitäter und würde die Gesundheit der Manager überwachen. Fordern Sie ihn auf, das Geschehen aufmerksam zu verfolgen. Dieser Beobachter kann bei der Auswertung schildern, was er gesehen hat.

Als Trainer am Rande können Sie mit der Digitalkamera schöne Nahaufnahmen machen oder das Geschehen mit der Videokamera aufnehmen und später bei der Auswertung Ausschnitte einstreuen. Oder Sie überlassen das dem Beobachter. In diesem Fall führen Sie ihn nicht als Sanitäter, sondern als Reporter ein.

Chancen und Gefahren: Die Übung ist emotional sehr intensiv. Komisches (Bewegungen, die Geräusche, das Herumhetzen der Manager) und Stressiges treffen aufeinander. Den Robotern macht ihre Rolle einen Riesenspaß, besonders das Hupen und Dödeln. Schadenfroh sehen sie, wie die Manager rotieren. Es kann vorkommen, dass ein Manager ausrastet, seine stecken gebliebenen Roboter immer grober anpackt und beschimpft. All das ist im Sinne der späteren Auswertung durchaus erwünscht. Allerdings sollten Sie darauf achten, dass die Manager in der Abschlussbesprechung nicht »nieder gemacht« werden. Auch andere Teilnehmer hätten sich in dieser Situation so verhalten. Sinn der Übung ist der Bezug zur beruflichen Praxis.

Ideengeberin: Christine Maurer (s. S. 327).

Schon daheim

Zeitbedarf: Pro Teilnehmer ungefähr drei Minuten.

Material: Keines.

Situation: Abschluss.

Kurzbeschreibung: Die Teilnehmer stellen sich vor, sie seien nach dem Seminar wieder zu Hause.

Beschreibung: Die Teilnehmer sitzen entspannt mit geschlossenen Augen. Sie sollen sich ganz plastisch und in aller Ruhe nacheinander zwei Situationen vorstellen.

- Erste Situation: Sie sind nach dem Seminar zu Hause angekommen. Sie erzählen dem Partner (oder einem Freund, der sie anruft und nach dem Seminar fragt), wie es war.
- Zweite Situation: Sie liegen im Bett. Vor dem Einschlafen ziehen Erinnerungen an das Seminar vorüber.

Wenn alle wieder aus der Fantasie zurückgekehrt sind, sagen Sie: »Wir sind noch nicht zu Hause, sondern alle noch hier. Wir können uns jetzt noch Dinge sagen, die wir sagen wollen. Hat die Fantasiereise Sie angeregt, weitere Dinge mitzuteilen, bevor wir auseinander gehen?«

Chancen und Gefahren: Die Methode ist eine sanfte Vorbereitung auf die bevorstehende Trennung der Teilnehmer und den Übergang in die »Welt da draußen«. Wichtig für das Gelingen ist, dass die Fantasiereise auch stattfindet. Dabei spielen Sie als Trainer eine wichtige Rolle: Sie leiten in beruhigender Sprache die Reise an und leiten die Teilnehmer. Reden Sie nicht zu viel. Das Ende der Fantasie muss langsam erfolgen.

Sagen Sie zum Beispiel: »*Jetzt blenden Sie das Bild langsam aus. Holen Sie ein paar Mal tief Luft. Strecken Sie die Glieder als ob Sie gerade aufwachen. Öffnen Sie die Augen.*«

Den Teilnehmern wird klar, dass es zu Hause zu spät ist, um anderen Teilnehmern oder Ihnen noch etwas zu sagen. Deshalb kommt es noch zu Äußerungen, die meistens etwas Wichtiges enthalten.

Varianten: Sie richten als Trainer die Fantasie der Teilnehmer auf die Umsetzung eines Vorsatzes in der Praxis. Die Teilnehmer drehen im Kopf einen Film, in dem sie ihren Vorsatz in der Realsituation erfolgreich praktizieren. Jeder spürt, wie gut er sich dabei fühlt, wie manches nun leicht fällt, was bisher ein Problem war.

Weitere Variante: Sie lassen die Teilnehmer einen Katastrophenfilm drehen: »Sie wollen Ihre Vorsätze umsetzen, aber dann passiert …«. Wenn sich alle ihre Katastrophe ausgemalt haben, trägt jeder seinen Gau vor. Nun übernimmt jeder die Aufgabe, für einen Katastrophenfall eines anderen Teilnehmers Lösungen zu finden. Die werden dann wieder vorgetragen.

Batterie aufladen

Zeitbedarf: 5–10 Minuten.

Material: Keines.

Situation: Teilnehmer sind gestresst, es gab eine schwierige Situation, die Stimmung ist schlecht.

Kurzbeschreibung: Die Teilnehmer erinnern sich an ein schönes Erlebnis.

Beschreibung: Die Teilnehmer nehmen eine entspannte Haltung ein und schließen die Augen.

> Sagen Sie beispielsweise*: »Unsere Batterien sind ziemlich verbraucht. Laden wir sie auf. Konzentrieren Sie sich zuerst auf das Ein- und Ausatmen. Erleben Sie, wie die Luft einzieht und Ihre Lungen füllt. Achten Sie darauf, wie sie wieder ausströmt. Erinnern Sie sich jetzt an ein schönes Erlebnis, das Sie ganz glücklich gemacht hat. Heben Sie die Hand, wenn Sie eines gefunden haben. Ich warte, bis jeder so weit ist. Sehen Sie sich jetzt in dieser Situation wie in einem Film. Wie ist Ihre Körperhaltung, Ihre Kleidung? Was tun Sie? Was ist schön oder beglückend in dieser Situation? Sind noch andere Personen dabei? Was tun Sie? Was sagen Sie? Schauen Sie sich in der Umgebung dieser Situation um. Was entdecken Sie? Spüren Sie wieder das schöne Gefühl. Lassen Sie dieses Gefühl in Ihrem Körper ausbreiten, bis in die Finger- und Fußspitzen.«*

Wie bei allen Fantasiereisen ist leise ruhige Musik genau richtig. – Nach einiger Zeit folgt die Lösungsphase:

> *»Verlassen Sie jetzt diese Situation wieder. Nehmen Sie das schöne Gefühl aber mit. Konzentrieren Sie sich wieder ganz auf Ihren Atem. (Nach einer Minute:) Öffnen Sie jetzt die Augen. Schütteln Sie Arme und Beine locker.«*

Chancen und Gefahren: Diese einfache Methode kann Wunder wirken. Teilnehmer, die vorher angestrengt oder aggressiv waren, sind nun entspannt und zufrieden. Sie können anschließend mit den Teilnehmern Tipps sammeln, wie man aus einer schlechten Stimmung herauskommt. Zum Beispiel: Drei Dinge aufschreiben, die heute oder gestern passiert sind und für die man dankbar ist. Auch hier ist der psychologische Mechanismus der gleiche: man richtet die Aufmerksamkeit auf Positives.

Zur Methode Fantasiereise

Eine Fantasiereise setzt sich aus unterschiedlichen Phasen zusammen.
Einen angemessenen Rahmen schaffen: Voraussetzung ist ein störungsfreier, geschützter und vertrauter Rahmen. Es empfiehlt sich, zum Beispiel ein Schild an die Türe des Raumes anzubringen (Bitte nicht stören!).
Heranführung und Entspannung: Die Teilnehmerinnen und Teilnehmer müssen in einen Zustand der seelischen und körperlichen Entspannung versetzt werden. Nur so lösen sie sich von vorangegangenen Ereignissen, schalten den Alltag ab und sind bereit zuzuhören. Dazu können Elemente aus dem Autogenen Training eingesetzt werden. Meditative Musik kann unterstützend wirken.
Die Methode kann sowohl im Sitzen als auch im Liegen durchgeführt werden. Letzteres ist aber vorzuziehen. *Im Sitzen:* Die Teilnehmerinnen und Teilnehmer sitzen entspannt. Die Füße stehen fest mit der ganzen Sohle auf dem Boden, die Knie zeigen etwas nach außen. Die Hände werden locker in den Schoß gelegt. *Im Liegen:* Die Teilnehmerinnen und Teilnehmer liegen auf dem Boden (Decken). Die Beine sind leicht gespreizt, die Fußspitzen zeigen etwas nach außen. Die Arme liegen leicht angewinkelt neben dem Körper, die Handflächen zeigen nach oben.
Besonders wichtig ist die Atmung. Ausgehend von einigen kräftigen Atemzügen sollte die Atmung schließlich ruhig und gleichmäßig werden. – Schließlich werden die Augen geschlossen.
Die Reise beginnt: Die Moderation führt die Teilnehmerinnen und Teilnehmer mithilfe einer Erzählung in eine Fantasiewelt. Wichtig ist, dass sie ein Tor (oder eine andere Art von Grenze) durchschreiten. Am Tor kann jeder entscheiden, ob er weitergehen möchte. Zudem ist durch dieses Überschreiten einer »Grenze« gesichert, dass Fantasiewelt und Realität deutlich voneinander getrennt wahrgenommen werden können. Bei der Rückkehr wird dieses Tor wieder überschritten. So bleiben mögliche negative Erfahrungen in der Fantasiewelt und stellen keine Gefahr mehr dar.
Wenn die Reisenden in der Fantasiewelt angekommen sind, fordert die Reiseleitung sie auf, sich umzusehen. Dann kehrt für ungefähr zwei Minuten Stille ein.
Rückkehr/Zurückholen der Teilnehmerinnen und Teilnehmer: Die Phase der Rückführung in die Realität ist wichtig und muss behutsam erfolgen. Die Moderation sollte vorsichtig die Stimme anheben. Es muss sichergestellt sein, dass alle Teilnehmerinnen und Teilnehmer die Fantasieebene verlassen, ansonsten können zum Teil auch ernste Auswirkungen folgen. Es kann notwendig sein, einzelnen Teilnehmern einen leichten Schubs zu geben, damit sie zurückkehren. Bei der Rückkehr wird das »Tor« wieder fest verschlossen. Die Teilnehmerinnen und Teilnehmer atmen tief durch, strecken sich ausgiebig und öffnen schließlich die Augen. Nun richten sie sich »vorsichtig« auf.
Auswertung und Dokumentation: Die Eindrücke, Gefühle und Erlebnisse sollten unbedingt verarbeitet oder zum Ausdruck gebracht werden können. Aber auch hier gilt das Prinzip der Freiwilligkeit. Die Möglichkeiten des Ausdrucks sind vielseitig: malen und zeichnen, erzählen, aufschreiben, szenische Darstellung.
Zum **Schluss** sollten die Darstellungen vorgestellt und die Erfahrungen reflektiert werden.

(nach Zamyat Klein: Kreative Seminarmethoden. 100 kreative Ideen für erfolgreiche Seminare. Offenbach 2003)

Typisch wir!

Zeitbedarf: Ungefähr 60 Minuten.

Material: Pinnwandkarten, Pinnwand.

Situation: Bestandsaufnahme des Gruppenprozesses.

Kurzbeschreibung: Die Teilnehmer suchen eine Metapher, die zu ihrer Gruppe am besten passt.

Beschreibung: Die Teilnehmer sollen eine perfekte Metapher für die gesamte Gruppe finden. Beispiel: »Wasserfall, weil alles in Bewegung ist, viel Lärm herrscht, aber die Richtung nur nach unten geht.«

Metapher (fem.)

Verwendung eines oder mehrerer Wörter nicht in eigentlicher, sondern übertragener Bedeutung; das eigentlich gemeinte Wort wird durch ein anderes aus einem anderen Vorstellungsbereich ersetzt, wobei beiden eine sachliche oder gedankliche Ähnlichkeit beziehungsweise Bildstruktur gemeinsam ist. Die Übertragung erfolgt von einem Lebewesen auf ein anderes (Bsp.: »Rabenvater«), vom Leblosen auf Lebloses (Bsp.: »Flussbett«), vom Belebten auf Lebloses und umgekehrt (Bsp.: »Holzkopf«), vom Konkreten auf Geistiges (Bsp.: »glühende Liebe«) und umgekehrt. In ihrer einfachsten Form kann die Metapher als verkürzter Vergleich, d.h. als Vergleich ohne Vergleichspartikel, verstanden werden (Bsp.: »das Gold ihrer Haare« = ihr Haar ist wie Gold), das beiden Bereichen Gemeinsame (Tertium comparationis) ist zumeist eindeutig zu bestimmen (im Bsp. ist die goldene Farbe Haaren wie Gold gemeinsam).
Die so genannte absolute Metapher kommt ohne Tertium comperationis und konkrete Anschauung beziehungsweise Anschaulichkeit aus, sie wirkt dunkel und vieldeutig (Bsp.: »herzschriftgekrümelte Sichtinsel«, Paul Celan), weswegen sie besonders im Manierismus, Surrealismus und in der modernen hermetischen Lyrik häufig verwendet wird.
Anders als die konventionelle oder verblasste Metapher (Bsp.: »Tischbein«) kann die dichterische Metapher als sprachliches Bild die (lyrische) Rede verzieren und erhöhen, v.a. aber zeigt, beschwört oder stiftet sie (Sinn-) Zusammenhänge hinter den Dingen oder aber die Widersprüche in diesen.

(www.literaturnetz.com)

Die Suche nach der besten Metapher erfolgt in Stufen: Zuerst erarbeiten Zweiergruppen ihre Lieblingsmetapher, dann finden sich je zwei Zweiergruppen zusammen und einigen sich auf die beste Metapher. Im dritten Durchgang verdoppeln sich die Gruppen wieder und einigen sich auf eine Metapher. Zuletzt wählt das Plenum die endgültige Metapher.

Alle Metaphern werden auf Pinnwandkarten geschrieben und an die Pinnwand geheftet: Die Metaphern der ersten Runde nebeneinander in die unterste Reihe, darüber die »Sieger« der zweiten Runde (Karte noch mal schreiben).

Ich würde die Auswertung als kurzes Blitzlicht organisieren: Jeder sagt reihum, was ihm bei dieser Übung über die Gruppe klar geworden ist. Achten Sie darauf, wie oft statische und wie oft dynamische Metaphern gewählt wurden.

Chancen und Gefahren: Es kann albern werden (das genannte Beispiel ist gerade so auf der Kippe). Nun ist eine Metapher mit humoriger Note keineswegs zu verdammen. Vor allem wenn sie Kritisches aussagt und der Humor alles leichter verdaulich macht. Wichtig ist, dass die Teilnehmer die Aufgabe ernst nehmen, also einen Sinn sehen. Deshalb sollten Sie mit der Aufgabenstellung deutlich machen, wo der Gewinn für die Gruppe liegen wird: »Im Suchen nach der besten Metapher erfahren wir viel darüber, wie jeder von uns die Gruppe wahrnimmt und erlebt. Das kann uns weiterbringen.«

Ein Vorteil dieser Methode ist ja, dass man über Dinge spricht, die sonst verborgen bleiben. Die Metapher macht das Ansprechen heikler Themen leichter.

Zur Vorbereitung empfehle ich Ihnen einen kurzen Input zur Rolle von Metaphern und Symbolen in Organisationen (Literaturtipp: Gareth Morgan »Images of Organization«, Sage Publications 1997). Zeigen Sie, dass Metaphern in vielen Organisationen unbewusst benutzt werden: »Wir sind eine Familie« oder »Bei uns funktioniert die Auftragsabwicklung wie ein Uhrwerk«. Zeigen Sie Chancen und Gefahren der jeweiligen Metapher. Zum Beispiel, welche Aspekte in den Vordergrund gerückt werden, welche ganz fehlen. So vorbereitet ist die Gefahr gering, dass die Übung zu leicht genommen wird.

Flusslauf

Zeitbedarf: 30–60 Minuten.

Material: Tesakrepp, diverse Gegenstände, Papier und Stifte.

Situation: Analyse eines Prozesses (Gruppe, Projekt, Seminar).

Kurzbeschreibung: Ein Prozess wird als Flusslauf auf dem Boden abgebildet.

Beschreibung: Kleingruppen verteilen sich im Raum oder im Freien. Sie markieren (zum Beispiel mit Tesakrepp oder draußen mit Steinen oder Zweigen) einen Flusslauf. Er steht für den Verlauf eines Gruppenprozesses, eines Projektes usw. Die Teams bilden wichtige Stationen, Dynamiken, Ereignisse dieses Prozesses mithilfe von Objekten ab, die sie in oder um den Fluss anordnen. Sie können Hindernisse darstellen, Überschwemmungen und Trockenzeiten, Staudämme. Man kann auch mit Beschriftungen arbeiten. Die Gegenstände können aus der Natur stammen, aus dem Fundus der Teilnehmer oder des Seminarraumes (Schlüssel, Taschen, Stifte, Stühle).

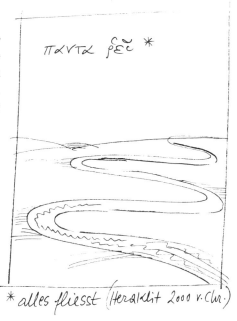

Wenn die Zeit um ist, werden die Flussläufe gemeinsam besichtigt. Die anderen Gruppen können Fragen an die Baumeister stellen. Abschließend zieht man ein Fazit und entwickelt Vereinbarungen für den kommenden Verlauf.

Chancen und Gefahren: Die Übung ist immer dann am Platze, wenn es wichtig ist, dass die Teilnehmer sich mit einem Prozess intensiv auseinander setzen, um sich ein Geschehen bewusst zu machen und den weiteren Verlauf positiv zu gestalten.

Die Fluss-Metapher passt sehr gut. Wie die Arbeit an einem Prozess ist ein Fluss in Bewegung, hat Kraft und Dynamik. Es gibt unerwartete Ereignisse von außen (zum Beispiel ein schweres Unwetter mit Hochwasser oder eine Trockenheit) und solche, die man beeinflussen kann. Einmal stellen sich Hindernisse in den Weg, an anderen Stellen kann der Fluss frei strömen. Die Anwohner des Flusses können ebenso einbezogen sein, wie es bei Projekten auch Personen gibt, die vom Verlauf betroffen sind oder aktiv eingreifen. Bei der Einstimmung der Gruppen sollten Sie die Fluss-Metapher – mithilfe der Teilnehmer – plastisch ausmalen, um die Fantasie anzuregen. Dann wird auch deutlich, dass die Arbeit mit dieser Metapher Potenzial hat.

Typisch ist, dass sich in den Teams nach einer etwas zögerlichen Aufwärmphase schnell ein wahrer Feuereifer entzündet. Es wird lebhaft diskutiert und arrangiert. Am Ende sind alle stolz auf das gemeinsame Werk.

Interessant ist dann der Vergleich der Ergebnisse. Mehr als drei Gruppen sollten Sie nicht bilden, weil die sorgfältige Auswertung jedes Flusses nicht nur Zeit, sondern auch Konzentration verlangt.

Ideengeberin: Gabriele zu Hohenlohe (s. S. 326).

Schutzengel

Zeitbedarf: Je nach Gruppenarbeit.

Material: Pinnwandkarten, Stifte.

Situation: Umfangreichere Gruppenarbeit in größeren Teams (ab 8 Teilnehmer).

Kurzbeschreibung: Jeder Teilnehmer unterstützt einen anderen, ohne dass dieser das weiß.

Beschreibung: Vor einer umfangreicheren Gruppenarbeit (mindestens eine Stunde) schreibt jeder seinen Namen auf eine Karte. Der Stapel wird gemischt. Dann zieht jeder Teilnehmer des Teams verdeckt eine Namenskarte. (Wenn es die eigene ist, wird sie in den Stapel zurückgelegt und untergemischt.) Der gezogene Name bezeichnet nun das Teammitglied, dessen Schutzengel man während der Gruppenarbeit sein wird.

Als Schutzengel versucht man, die betroffene Person zu unterstützen und möglicherweise negatives Verhalten auszubügeln.

Beispiel: Man entwickelt zu einem Vorschlag des »Schützlings« noch weitere überzeugende Argumente oder holt ihn wieder ins Boot, wenn er sich zurückzieht. Als Schutzengel wird man Schaden begrenzen, wenn der Schützling sich daneben benimmt oder sich autoritär gibt.

Da diese Rolle für die Teilnehmer völlig neu ist, empfiehlt sich eine Auswertung der persönlichen Erfahrungen als Schutzengel und als Beschützter.

Chancen und Gefahren: Diese Übung ist ein exzellentes Training in Teamfähigkeit. Man denkt nicht nur an sich, sondern achtet aufmerksam darauf, wie es anderen ergeht und was man zu einem gruppendienlichen Verhalten beitragen kann. Die Gefahr besteht darin, dass sich die Aufmerksamkeit zu sehr auf den anderen konzentriert und darüber die Gruppenarbeit vernachlässigt wird. Wenn Sie dieses Risiko minimieren möchten, können Sie die Teilnehmer in Ihrer Instruktion zum Schutzengelspiel darauf aufmerksam machen.

Geschichten

Das steht bereit:
- Märchen
- Anekdoten
- Kurzgeschichten
- Stegreiferzählungen
- Erlebnisberichte
- Rätselgeschichten
- Geschichten zum Lachen
- Gedichte

Das kann man damit anstellen:
- vorlesen
- als Handout verteilen
- nacherzählen
- improvisieren
- lachen
- staunen
- mitfiebern
- nachdenken
- träumen
- darüber sprechen
- fortsetzen
- umschreiben
- deuten
- nachspielen
- mit Musik begleiten

Probieren Sie es aus!

Geschichten

Auf einer Tagung zum Thema »Wirtschaftsethik« hielten ein Manager und eine Wissenschaftlerin die Eröffnungsvorträge. Der Manager war ein perfekt geschulter Redner und zog alle Register seines Könnens. Nach ihm sprach die Wissenschaftlerin, eine Expertin in ihrem Fach, aber alles andere als eloquent. Doch dann erzählte sie mit leiser Stimme und schlichter Sprache eine Geschichte.

> Sie handelte von einem Dorf mit 100 Bauern. Die hatten untereinander abgesprochen, dass jeder Bauer morgens immer nur eine Kuh auf die Weide schicken durfte, weil die Wiese nicht mehr Futter hergab. Eines Morgens beobachtete ein Bauer zu seiner Überraschung, wie sein Nachbar heimlich zwei Kühe in die vorbei ziehende Herde schob. Am nächsten Tag sah er die gleiche Szenerie. Zuerst regte er sich furchtbar auf. Dann aber sagte er sich: »Was bei meinem Nachbarn klappt, wird bei mir auch klappen.« Am nächsten Tag weideten zwei seiner Kühe auf der Almwiese. Mit der Zeit vergrößerte sich die Zahl der Kühe immer weiter. Fazit der Wissenschaftlerin: »Ethik ist ganz einfach. Nicht die vielen Kühe haben die Wiese ruiniert, sondern die 101ste Kuh. Ein Einzelner, der das System aus Vertrauen und Ehrlichkeit unterwandert hat, brachte es zum Einstürzen.« In den nächsten Tagen sprach niemand mehr vom Vortrag des Managers, sondern nur noch von der 101sten Kuh. (Nach: Detlev Blenk (2006), siehe Abschnitt »Wie finde ich gute Geschichten?«)

Warum hinterlässt eine gute Geschichte einen so nachhaltigen Eindruck? Geschichten lösen Bilder im Kopf aus. Vermutlich ist unser »Bilderhirn« entwicklungsgeschichtlich viel älter als das »Sprachhirn«. Vielleicht sind Videos, Filme und Fernsehen deswegen beliebter als Bücher. Ein Zweites kommt hinzu. Geschichten beschreiben in der Regel natürliche Ereignisse in natürlicher Reihenfolge. Das macht sie leicht verständlich, denn die Zuhörer können ihnen mit ihrem Alltagswissen ohne Mühe folgen. Und schließlich sind die Geschichten, die man gerne erzählt oder vorliest, spannend. Sie haben eine wirkungsvolle Dramaturgie. Damit spielen sie mit den Emotionen der Zuhörer, setzen sie einem Wechselbad aus von Spannung und Entspannung, Sorge und Hoffnung, Bedrohungen und Happy End. Andere Geschichten beziehen ihren Reiz aus einer überraschenden Pointe, einem Aha-Erleben oder einem befreienden Lachen. Für Seminare darf man die leisen Geschichten oder schlichten Gedichte nicht übersehen. Sie sind manchmal kurz und entfalten sich erst, wenn man sie länger wirken lässt und darüber spricht. So die folgenden Geschichten.

Geschichten zum Nachdenken

Auf der Durchreise
Ein junger Mann reist durch Polen und besucht einen Rabbi, der für seine große Weisheit berühmt ist. Dieser lebt in einer bescheidenen Hütte, die nur aus einem einzigen Raum besteht. Außer vielen Büchern, einem Tisch und einer Bank besitzt er keine Möbel.
Der junge Mann fragt: »Sag Rabbi, wo sind deine Möbel?«
»Wo sind denn deine?«, fragt der Rabbi zurück.
»Meine?«, fragt der junge Mann überrascht. »Aber ich bin doch nur auf der Durchreise!«
»Ich auch,« antwortet der Rabbi, »ich auch.«

Geschichte des Wunderrabbi Meir
»Wenn der Herr mich im Jenseits fragen wird: Meir, warum bis du nicht Moses geworden? – so werde ich sagen: Herr, weil ich nur Meir bin. Und wenn er mich weiter fragen wird: Meir, warum bis du nicht Ben Akiba geworden? – so werde ich gleichfalls sagen: Herr, weil ich nur Meir bin. Wenn er aber fragt, Meir, warum bist du nicht Meir geworden? – was werde ich dann antworten?« (Martin Buber)

Ertrinken
Der Meister macht mit seinen jungen Schülern einen Ausflug.
Zur Rast setzen sie sich an das sehr steile Ufer eines Flusses.
Einer der Schüler fragt: »Sag Herr, wenn ich nun abrutsche und in den Fluss falle, muss ich dann ertrinken?«
»Nein«, antwortete der Meister »Du ertrinkst nicht, wenn du in den Fluss fällst. Du ertrinkst nur, wenn du drin bleibst.«

Das Geheimnis
Ein wissbegieriger Schüler kommt zum Meister. Er bedrängt ihn mit der Frage: »Meister, verrate mir, was das Geheimnis des Lebens ist!«
Der Meister fragt den Schüler: »Kannst du ein Geheimnis für dich behalten?«
Voller Erwartung nickt der Schüler: »Ja, natürlich kann ich das.«
Der Meister schickt sich an, den Raum zu verlassen. In der Tür dreht er sich noch einmal um und sagt: »Siehst du, ich auch.«

Der Wettstreit
Wind und Sonne gerieten eines Tages in Streit, wer es schneller schaffen würde, den Wanderer dazu zu bringen, seine Jacke auszuziehen. »Ok,« sagte der Wind. »lass uns einen Wettkampf machen.«
Der Wind begann. Er blies so fest er nur konnte und wollte dem Mann die Jacke mit Gewalt vom Leib reißen. Aber der Wanderer zog seine Jacke immer fester um sich und hielt sie mit beiden Händen fest. Nach einer ganzen Weile gab der Wind auf.
Dann war die Sonne an der Reihe. Liebevoll sandte sie dem Wanderer ihre warmen Strahlen. Es dauerte nicht lange, bis er die Jacke aufknöpfte und sie dann auszog.

(*nach einer Fabel von Aesop*)

Geschichten wie diese sind noch nicht zu Ende, wenn man glaubt, die »Moral« erfasst zu haben. Sie warten darauf, dass sich eigene Erfahrungen einstellen. Sie wollen hin- und hergewendet sein. Sie enthalten Anregungen für das weitere Leben.

Geschichten brauchen Zeit

Manche Trainer sind der Meinung, sie seien schlechte Vorleser und katastrophale Erzähler. Dabei ist alles ganz einfach: Lassen Sie sich Zeit: Zeit mit dem Vorlesen oder Erzählen und Zeit danach.

Geschichten darf man nicht schnell herunterlesen oder hastig erzählen. Die Zuhörer verlieren dann den Anschluss. Ein Erzählstrom soll sich einstellen, bei dem alle sich mittreiben lassen. Jedes Wort hat es verdient, mit Achtung vor dem Text ausgesprochen zu werden. Machen Sie an wichtigen Stellen Pausen. Dann stellt sich die Wirkung von selbst ein. Nach der Geschichte sollte jeder in Ruhe alles wirken lassen, bevor man beginnt, darüber zu reden.

Diese Vorgaben haben Konsequenzen:

- Wählen Sie eher kurze Geschichten aus (maximal zehn Minuten), damit Sie sich mit dem Vortrag Zeit lassen können.
- Planen Sie mindestens zehn Minuten für das Wirkenlassen und Reden ein.

Mit »Reden« ist kein Zerreden gemeint. Dazu kommt es nur, wenn jemand Recht haben will, wenn man die eine »richtige« Deutung sucht. Es muss nach der Geschichte auch nicht unbedingt zum Reden kommen. Aber als Trainer können Sie den Teilnehmern mitteilen, dass Sie Raum für das Reden nach der Geschichte lassen. Es ist eine Einladung. Auch dabei muss man warten können. Schauen Sie ruhig in die Runde und spitzen die Ohren. Meistens beginnt nach einer Weile jemand. Dann folgen andere. Es ist spannend, was eine kurze Geschichte bei den Teilnehmern lebendig werden lässt. Manchmal folgen der vorgelesenen Geschichte erlebte Geschichten von Teilnehmern. Sie sind authentisch und werden spontan erzählt. Lassen Sie das Geschehen laufen. Greifen Sie nur ein, wenn Sie merken, dass die Aufmerksamkeit nachlässt. Pädagogisieren Sie nicht. Sie haben die Geschichte wie einen Stein ins Wasser geworfen. Jetzt schauen Sie zu, was die Teilnehmer damit machen.

Atmosphäre

Die Entfaltung einer Geschichte im Nachhinein sollte ganz anders verlaufen als die Lösung einer Aufgabe im Seminar. Die Teilnehmer müssen spüren, dass jetzt ein anderes Drehbuch gilt. Die Phase »Jetzt hören wir eine Geschichte« muss etwas Besonderes im Seminaralltag sein. Das können Sie mit wenig Aufwand deutlich machen:

- Alle verlassen für die Geschichte den Seminarraum (die Geschichte wird auf einer Wiese im Freien vorgelesen).
- Sie wählen eine Zeit, in der sonst nicht gearbeitet wird.
- Sie verändern die Umgebung im Seminarraum (Kerzen statt elektrisches Licht, Sitzen auf dem Boden statt auf den Stühlen).

Wie finde ich gute Geschichten?

Es gibt Geschichtensammlungen im Buchhandel. Speziell für Trainings hat Detlev Blenk Geschichtensammlungen durchforstet und daraus eine Auswahl zusammengestellt (»Inhalte auf den Punkt gebracht. 125 Kurzgeschichten für Seminare und Trainings«, s. Literaturverzeichnis, S. 322). Wie immer ist auch das Internet eine Fundgrube. (Vier Geschichten im Kasten oben stammen zum Beispiel aus einer Sammlung bei www.zeitzuleben.de.)

Gute Geschichten sind spannend, machen neugierig, sind mit farbigen Details erzählt, überraschen, wirken nach. Wählen Sie nur solche Geschichten aus, von denen Sie hundertprozentig überzeugt sind. Die Geschichte ist dann gut, wenn Sie es kaum erwarten können, sie vorzulesen oder zu erzählen. Das spüren Ihre Zuhörer sofort. Langweilig wirken solche Geschichten, die den Vortragenden selbst nicht involvieren.

Wenn Sie von der Geschichte überzeugt sind, vertrauen Sie ihr auch. Sie werden dann nicht in den Fehler verfallen, die Geschichte durch viel Zutun »aufzupeppen«: durch Theatralik, übertriebene Stimmenwechsel, exaltierte Gestik, starke Schwankungen in der Lautstärke. Natürlich darf das Erzählen oder Lesen nicht monoton sein, aber wenn Sie an die Geschichte glauben, machen Sie zwar nur wenig, aber es wirkt natürlich.

Story Telling

Das Genre »Geschichten« eignet sich sehr gut dazu, aktuellen Situationen und Problemen in Unternehmen oder anderen Organisationen eine Form zu geben, die es leichter macht, sie konstruktiv zu bearbeiten.

Ich habe an mehreren Trainingsveranstaltungen mit Teilnehmerzahlen zwischen 100 und 150 teilgenommen, bei denen das Unternehmen professionelle Storyteller engagierte. Sie interviewten tagsüber Teilnehmer und Trainer. Wichtige Erkenntnisse bauten sie dann mehr oder weniger verschlüsselt in eine Geschichte ein. Für die mehrtägige Veranstaltung hatten sie eine Rahmenhandlung und eine Rahmendramaturgie vorbereitet. Die Tagesgeschichte war jeweils Fortsetzungsgeschichte der Rahmenhandlung. Jeden Abend versammelten sich dann alle Parallelgruppen im Plenum und hör-

> **Story Telling im Unternehmen**
>
> Die Methode Story Telling deckt in der Unternehmenskultur verhaftete Normen und Werte auf und kommuniziert sie im gesamten Unternehmen. Story Telling bedeutet, alle Beteiligten an einem herausragenden Ereignis (zum Beispiel ein besonders gut oder schlecht gelaufenes Projekt) hinsichtlich ihrer Erlebnisse und Beobachtungen zu interviewen, daraus eine provokante Erfahrungsgeschichte zu entwickeln und diese in Workshops mit Beteiligten und anderen Organisationsmitgliedern zu reflektieren.
>
> *(NARRATA Consult)*

ten die Geschichte. Es gab passende Livemusik dazu. Die Teilnehmer wurden – wie in einem Ferienclub – zum Mitmachen animiert. Auf Kommando der Storyteller spielten sie synchron bestimmte Szenen, bevor die Erzählung weiterging. Alles war sehr aktiv und originell.

Unternehmenstheater

Eine verwandte narrative Methode ist das Unternehmenstheater. Auf der Bühne zeigen Schauspieler, wo in einer Firma die Konflikte liegen. Nach der Aufführung sollen die Mitarbeiter dann über das »Stück« sprechen und damit auch über den realen Ärger im Unternehmen.

Unternehmenstheater

Einem »normalen« Theaterbesuch vergleichbar, erleben Zuschauer ein professionell inszeniertes Stück auf der Bühne, das bei ihnen bestimmte Reaktionen hervorrufen soll. Anders als bei herkömmlichen Theaterproduktionen sind Zeit und Ort der Aufführung sowie das Publikum beim Unternehmenstheater jedoch nicht beliebig. Im Gegenteil: auf Basis einer gründlichen Recherche vor Ort im Unternehmen wird ein genau auf die Unternehmenssituation zugeschnittenes Theaterstück verfasst und vor einem zuvor festgelegten Publikum, meistens den Mitarbeitern, von professionellen Schauspielern aufgeführt. Spielerisch spricht der »Narr« auf der Bühne für sie Unaussprechliches aus, hält Organisation und Mitarbeitern den Spiegel vor.

(www.karriereführer.de)

Seminargeschichten

Zeitbedarf: 5 Minuten.

Material: Geschichten, Fabeln, Märchen zum Nachdenken und Anwenden. Eine Fundgrube sind die 115 Kurzgeschichten für Seminare und Trainings, die Detlev Blenk (2003) zusammengestellt hat. Aus diesem Buch stammen die beiden folgenden Beispiele und die Bemerkungen dazu.

Situation: Anfang und Schluss von Themenblöcken oder Seminaren beziehungsweise einzelnen Seminartagen; Ruhepunkte, schwierige Situationen.

Kurzbeschreibung: Trainer oder ein Teilnehmer liest eine Geschichte vor.

Beschreibung: Eine Geschichte wird vorgelesen oder erzählt. Wie es weitergeht, hängt von der Situation ab, für welche die Geschichte ausgewählt wurde. Bei einer Geschichte als Ruhepunkt muss gar nicht darüber geredet werden. In besonderen Situationen (zum Beispiel Anfang, Schluss, schwierige Situationen und andere) können Sie nach einer Pause, in der die Geschichte nachwirken soll, fragen: »Hat Ihnen die Geschichte etwas über unsere/Ihre Situation gesagt?«

Der Traum des Sultan

Ein Sultan hatte geträumt, er verliere alle Zähne. Gleich nach dem Erwachen fragte er einen Traumdeuter nach dem Sinn des Traumes. »Ach welch ein Unglück, Herr!«, rief dieser aus. »Jeder verlorene Zahn bedeutet den Verlust eines Angehörigen!« – »Was, du frecher Kerl«, schrie ihn der Sultan wütend an, »was wagst du mir zu sagen? Fort mit dir!« Und er gab den Befehl: »Fünfzig Stockschläge für den Unverschämten!« Ein anderer Traumdeuter wurde gerufen und vor den Sultan geführt. Als er den Traum erfahren hatte, rief er: »Welch ein Glück! Welch ein großes Glück! Unser Herr wird all die Seinen überleben!« Da heiterte sich des Sultans Gesicht auf, und er sagte: »Ich danke dir, mein Freund. Gehe sogleich zum Schatzmeister und lasse dir fünfzig Goldstücke geben!« Auf dem Weg sagte der Schatzmeister zu ihm: »Du hast den Traum des Sultans doch nicht anders gedeutet als der erste Traumdeuter.« Mit schlauem Lächeln erwiderte der kluge Mann: »Merke dir, man kann vieles sagen, es kommt nur darauf an, wie man es sagt!«

(Pierre Levevre)

Fragen für die Auswertung:
Wie genau achten wir auf das, was wir sagen?
Wie oft kommt das, was wir sagen, ganz anders an als wir das wollten?
Wann achten wir genau auf unsere Worte, wann weniger oder gar nicht?

Mögliche Situationen:
Kommunikationstraining, Feedback, Veränderung der Wahrnehmung einer belastenden Situation (Reframing), schlechtes Kommunikationsklima im Seminar wegen unbedachter Äußerungen.

»Mag sein«

Vor langer Zeit lebte in einem kleinen Dorf ein alter Mann. Eines Tages brach ein großer Sturm über das Land herein, der sein Pferd so sehr erschreckte, dass es sich losriss und davonlief. Am nächsten Tag kamen seine Nachbarn und beklagten den alten Mann. »Du armer Mann. Das Pferd war ja alles, was du hattest und nun ist es fort.« Der alte Mann antwortete ruhig: »Mag sein.«
Einige Tage später kam das Pferd zu seinem alten Herrn zurück und hatte ein weiteres Pferd bei sich. Da kamen erneut die Nachbarn und riefen: »Du Glücklicher, erst läuft dein Pferd weg und nun hast du sogar zwei. Du bist wirklich vom Glück gesegnet.« Der alte Mann antwortete ruhig: »Mag sein.« Am anderen Tag, als sein einziger Sohn das neue Pferd zureiten wollte, wurde er abgeworfen und brach sich beide Beine. Wieder kamen die Nachbarn zum alten Mann gelaufen und sprachen: »O du unglückseliger Mann. Dein einziger Sohn liegt mit gebrochenen Beinen im Krankenhaus. Du hast schon wirklich großes Pech!« Der alte Mann antwortete ruhig: »Mag sein.« Tags drauf brach im Land ein großer Krieg aus und die Rekrutierungskommandos zogen durch die Dörfer und Städte, um die jungen Männer für den Krieg zu holen. Da der Sohn des alten Mannes aber beide Beine gebrochen hatte, blieb er verschont. So kamen die Nachbarn erneut gelaufen und riefen: »Du bist ja so ein glücklicher Mann. Dein Sohn wurde verschont und musste nicht in den Krieg ziehen. Du bist wirklich ein vom Glück beschenkter Mann.« Der alte Mann antwortete ruhig: »Mag sein.«

Fragen für die Auswertung:
Wie würden Sie die Botschaft der Geschichte formulieren?
Wird das Leben irgendwann leichter?
Was unterscheidet den alten Mann von seinen Nachbarn?
Ist seine Lebensphilosophie für Sie erstrebenswert?

Mögliche Situation:
Detlev Blenk schildert in seinem Buch (s. S. 226f.), wie er die Geschichte für eine Seminargruppe aussuchte, die ganz besonders pessimistisch war und am ersten Tag fast zu jedem Angebot des Trainers Bedenken anmeldete. Er hängte am Morgen des zweiten Tages mehrere Blätter mit dem Satz »Mag sein« im Raum auf. Als die Teilnehmer eintraten, waren sie erst einmal erstaunt. Dann stieg Blenk ohne Vorrede mit der Geschichte ein. Nach einer kleinen Pause fragte er: »Warum wollte ich mit dieser Geschichte den Tag beginnen?« Nach einer Weile sagte eine Teilnehmerin: »Wir waren gestern wohl zu kritisch, oder?« Daraus entspann sich ein Gespräch mit der Gruppe über Wirkungen von Pessimismus und Abwehr im Training. Die Blätter mit dem »Mag sein« blieben weiter an den Wänden. Es kam dazu, dass die Teilnehmer immer wieder auf den Spruch zeigten, wenn jemand negatives Denken an den Tag legte.

Chancen und Gefahren: Eine Geschichte eignet sich für das Seminar, wenn sie

- zur Situation passt,
- Raum für Fantasie, eigene Erinnerungen und persönliche Deutungen lässt,
- Gefühle anspricht (betroffen macht oder zum Lachen bringt),
- zum Reden einlädt,
- den Blick für die aktuelle Situation und die beteiligten Personen öffnet.

Eine Geschichte eignet sich nicht für das Seminar, wenn sie

- zu lange dauert,
- schon bekannt oder leicht vorhersagbar ist,
- keine Brücke zur aktuellen Situation schlägt,
- andere verletzen oder schockieren könnte.

Für die Auswertung gilt: neugierig sein, was die Geschichte bei einem selbst und bei anderen ausgelöst hat und genau hinhören. Nicht die Geschichte zerreden!

Variante: Sie können zu einem bestimmten Thema die Teilnehmer fragen: »Haben Sie zu diesem Thema eine Geschichte erlebt, die Sie uns erzählen können?«

Mini-Mysteries

Zeitbedarf: 15–20 Minuten.

Material: Rätselgeschichten.

Situation: Kick, Kommunikationstraining.

Kurzbeschreibung: Man versucht, eine rätselhafte Geschichte zu verstehen.

Beschreibung: Die Teilnehmer hören eine kurze rätselhafte Erzählung. Sie sollen durch Fragen die Geschichte aufklären. Es sind nur Fragen gestattet, auf die es drei Antworten gibt: »ja«, »nein« oder »weiter fragen«.
Eine Auswahl:

- »Romeo kommt ins Zimmer und greift sich Julia. Er tötet sie genüsslich.«
Lösung: Romeo ist ein Kater, der sich den Zierfisch Julia aus dem Aquarium fängt und mit Genuss frisst.
- »Hans und Herta liegen nackt und tot zwischen Glassplittern auf dem nassen Teppich. Das Fenster steht offen.«
Lösung: Beide sind Fische. Das Aquarium ist ausgelaufen, weil eine Bö das Fenster gegen das Aquarium geknallt hat.
- »Im Wald liegt ein toter Mann mit Taucherbrille.«
Lösung: Ein Löschflugzeug hat beim Wassertanken im Meer einen Taucher mit erfasst und über dem Waldbrand abgeworfen.
- »Ein Mann wählt eine Telefonnummer. Als sich der Angerufene meldet, legt er beruhigt auf.«
Lösung: Im Nachbarzimmer eines Hotelgastes ist das Schnarchen unerträglich. Mit dem Anruf weckt er den Schnarcher.
- »Ein Mann erhält ein Paket. Darin befindet sich ein menschlicher Arm. Der Mann freut sich.«
Lösung: Nach einem Schiffbruch konnte er sich mit einem anderen Passagier in ein kleines Boot retten. Um nicht zu verhungern, wurde ausgeknobelt, wer als erster einen Körperteil stiften muss. So verlor der Paketempfänger seinen Arm, bevor beide gerettet wurden. Der Arm im Paket ist das Einlösen eines Versprechens.
- »Ein Bauer war gerade auf seinem Feld, als ein Pferd auf ihn zukam. Sekunden später war er spurlos verschwunden. Wie ist das möglich?
Lösung: Beim Schach schlägt Pferd einen Bauern.

Methoden und Übungen

- »Ein Bahnpassagier erschießt sich im Tunnel. Wäre er im Raucherabteil gefahren, würde er noch leben.«
  Lösung: Der Mann war blind und befand sich auf der Heimfahrt von einer erfolgreichen Augenoperation. Er schlief ein und erwachte, als der Zug durch einen Tunnel fuhr. Das Licht war ausgefallen. Also dachte er, er sei wieder erblindet. In einem Raucherabteil hätte er die Zigaretten glühen gesehen.
- »Ein Mann wohnt in einem Hochhaus im 78sten Stock. Immer wenn er heimkommt, steigt er schon im 58sten Stock aus und geht den Rest zu Fuß.«
  Lösung: Er ist kleinwüchsig und erreicht nicht den Knopf zum 78sten Stockwerk.

Chancen und Gefahren: Das Besondere an diesen Geschichten ist ihre Absurdität. Sie sind schamlos konstruiert. Aber die Teilnehmer verzeihen das, weil es die Raterei so schön verlängert.

Sie könnten das Raten zum Anlass nehmen, um über Fragetechniken, vorschnelle Festlegungen und aufmerksames Zuhören zu reflektieren. Aber diese Geschichten sind meiner Meinung nach zu schön kurios, um für pädagogische Zwecke eingespannt zu werden.

Brainjogging

Zeitbedarf: 5–10 Minuten.

Material: Rätselgeschichten.

Situation: Kick, Konzentration wecken, zum Beispiel vor einem neuen Lernabschnitt.

Kurzbeschreibung: Man versucht, ein Rätsel zu knacken.

Beschreibung: Die Teilnehmer hören eine kurze Knobelgeschichte und versuchen, allein oder in Teams die Lösung zu finden.

Es gibt unzählige Denksportaufgaben. Im Training setze ich nur solche ein, die ohne lange Rechnerei und logische Kettenkombinationen auskommen. Dazu haben die Teilnehmer keine Lust. Viel lieber machen sie Brainjogging mit Aufgaben, bei deren Lösung sie erstaunt ausrufen: »Das war ja so einfach! Warum habe ich das nicht gleich herausgefunden?«

Solche Knobelgeschichten können Sie als Kick zwischendurch einsetzen. Noch besser passen sie, wenn Sie von den Teilnehmern im darauf folgenden Seminarabschnitt Aufmerksamkeit, Konzentration und Kreativität verlangen. Dann wirken diese Geschichten auf das Gehirn wie das Stretching vor dem Wettkampf auf die Muskeln.

- *Das Kamelrennen.* Ein weiser Mann wandert durch die Wüste und trifft auf zwei Beduinen, die mit ihren Kamelen regungslos auf einem Hügel stehen. Auf seine Frage, warum sie denn in der brennenden Sonne warten, antwortet einer der beiden: »Dort unten in der Ebene liegt ein großer Goldklumpen, man kann sein Leuchten von hier aus sehen. Wir möchten den Klumpen beide gerne haben. Aber damit wir nicht in Streit geraten, haben wir uns gegenseitig den Eid geleistet, dass derjenige den Goldklumpen haben soll, dessen Kamel als letztes bei ihm ankommt. Nun stehen wir hier und keiner von uns wagt es, loszureiten.« Der weise Mann lächelt und sagt: »Ich weiß einen Rat, der euch aus eurem Dilemma erlöst, ohne dass ihr euren Schwur ändern oder missachten müsst!« Kurz darauf hetzen die beiden Beduinen auf den Kamelen dem Goldklumpen entgegen. Was hat der weise Mann den beiden geraten?
  Lösung: Der Weise hat geraten, die Kamele zu tauschen. Jetzt bekommt das Gold, wer mit dem fremden Kamel zuerst den Goldklumpen erreicht, da sein Kamel als letztes ankommt.

- *Drei Kleider.* Frau Blau, Frau Rot und Frau Grün treffen sich. Die eine in einem blauen, die zweite in einem roten, die dritte in einem grünen Kleid. »Sonderbar«, meint die Dame im grünen Kleid, »dass keine von uns die Farbe trägt, die ihrem Namen entspricht.« – »Tatsächlich, da haben Sie Recht«, antwortet Frau Rot. Wer trägt das grüne Kleid?
Lösung: Frau Blau trägt das grüne Kleid. Frau Grün kann es nicht sein, da keine der Damen die Farbe trägt, die ihrem Namen entspricht! Und Frau Rot scheidet aus, da sie der Dame im grünen Kleid antwortet!

- *Der verschwundene Euro.* Drei Herren speisen in einem Lokal. Die Rechnung für ihren Tisch beträgt 30 Euro. Sie teilen brüderlich und jeder gibt dem Kellner 10 Euro.
Da bemerkt der Wirt, dass die Rechnung nur 25 Euro betragen hätte und sagt dem Kellner, er soll die 5 Euro zurückgeben. Der Kellner denkt sich, 5 ist nicht durch 3 teilbar und gibt jedem Herren einen Euro zurück. Zwei Euro steckt er ein.
Nun hat also jeder der drei Herren 9 Euro bezahlt und 2 Euro hat der Kellner eingesteckt. Das gibt zusammen 29 Euro und nicht 30!
Lösung: Die drei Herren bezahlen 30 Euro und bekommen 3 zurück. Sie haben also 27 Euro bezahlt und der Kellner hat auch 27 Euro im Geldbeutel.

- *Die merkwürdigen Söhne.* Eine Frau hat zwei Söhne, die zur selben Stunde, am selben Tag und im selben Jahr geboren sind! Die beiden sind aber keine Zwillinge!
Lösung: Es sind Drillinge.

- *Die zwei Pfähle.* Zwischen zwei Pfählen ist eine zehn Meter lange Leine so aufgehängt, dass sie in der Mitte 5m durchhängt. Welchen Abstand haben die Pfähle?
Lösung: Sie haben keinen Abstand.

- *Was ist das?* Was wurde mir gegeben, gehört mir, ich leihe es nicht aus und es wird aber von allen Menschen benutzt, die mich kennen?
Lösung: Mein Name.

- *Die Kuckucksuhren.* In einem Regal stehen Uhren nebeneinander. Es sind weniger als 16. Zwei davon sind Kuckucksuhren. Eine Kuckucksuhr ist die sechste Uhr von links, die andere ist die achte Uhr von rechts! Zwischen den beiden Kuckucksuhren stehen drei andere Uhren. Wie viele Uhren stehen im Regal?
Lösung: Im Regal stehen neun Uhren!

	K				K			
1	2	3	4	5	6	7	8	9

- *Schach.* Zwei Turnierspieler spielen sieben Partien Schach. Jeder von ihnen gewinnt und verliert die gleiche Anzahl von Partien. Keine der Partien endet Remis. Wie ist das möglich?
Lösung: Sie spielen nicht am gleichen Brett gegeneinander.

- *Vater und Sohn.* Zwei Väter und zwei Söhne gehen gemeinsam auf die Jagd. Sie bringen drei Hasen nach Hause. Jeder von ihnen hat einen Hasen geschossen. Wie ist das möglich?
  Lösung: Es waren Großvater, Vater und Sohn.
- *Hotelgäste.* Zwei Gäste treten in eine Hotelhalle und fragen nach einem Zimmer. Der Portier ist gerade abwesend, und der Hotelboy, der die beiden Gäste von früheren Aufenthalten her kennt, bittet die beiden zu warten, da er erst den Chef fragen muss.
  Der Chef will wissen, wer die beiden sind. Der Hotelboy, immer zu einem Scherz aufgelegt, antwortet: »Der eine Gast ist der Vater der Tochter des anderen Gastes.« Der Chef stutzt. In welchem Verwandtschaftsverhältnis stehen die beiden Gäste zueinander?
  Lösung: Es sind Vater und Mutter der Tochter.
- *Pech gehabt.* Im Mittelalter hatten die Städte aus Angst vor Überfällen ein Burgtor samt Torwächter. Jeder, der Einlass begehrte, musste ihm einen richtigen Passiercode nennen. Ein leichtes Spiel, dachte sich ein berüchtigter Dieb und legte sich in einem Gebüsch neben dem Stadttor auf die Lauer. Schon kam ein Bauer mit seinem Karren gefahren, um den wöchentlichen Markt zu besuchen. Der Wächter sagte »16«. Nachdem der Bauer »8« erwiderte, durfte er passieren. Als nächstes erschien ein dicker Mönch. Der Torwächter sagte: »28«. Der Mönch wusste mit »14« den richtigen Code und trollte sich Richtung Kirche. Auch ein junges Mädchen durfte durch das Tor gehen, nachdem der Wächter »8« sagte und sie mit »4« antwortete. Der Dieb dachte: »Das ist ja leichter als ich glaubte!« Lässig schritt er zum Tor und bekam vom Wächter »12« zu hören. Er antwortete »6« . Sofort wurde er verhaftet. Was war falsch?
  Lösung: Er hätte 5 sagen müssen, weil das Wort »zwölf« 5 Buchstaben hat. Wie bei den anderen Zahlen war die Anzahl der Buchstaben anzugeben und nicht die Hälfte der Zahl.
- *Der fehlerhafte Satz.* Lesen Sie diesen Satz aufmerksam: »Dieser Satz endhält zwei Fehler!«
  Wie viele und welche Fehler sind es?
  Lösung: Zwei Fehler, a) »endhält«, b) die Aussage stimmt nicht (es ist nur ein Fehler).
- *Kein Unfall.* Ein vollkommen schwarz gekleideter Mann steht mitten auf der Straße. Die Straßenbeleuchtung ist dunkel. Ein Auto rast direkt auf den Mann zu, weicht aber noch rechtzeitig aus und verletzt den Mann nicht. Die Lichter des Autos waren auch nicht an. Wieso konnte das Auto noch ausweichen?
  Lösung: Es war Tag.

- *Kannibalen.* Ein Weißer wurde von Kannibalen gefangen genommen. Die Kannibalen ließen ihn wählen, wie er getötet werden sollte. Sie sagten zu ihm: »Wenn du eine Lüge sagst, wirst du gekocht, wenn du die Wahrheit sagst, wirst du gebraten.« Er durfte nur eine Aussage machen. Er sagte einen Satz und blieb am Leben. Was sagte er?
  Lösung: »Ihr werdet mich kochen.«
- *Das perfekte Ehepaar.* Es waren einmal ein perfekter Mann und eine perfekte Frau. An einem verschneiten, stürmischen Weihnachtsabend fuhr das perfekte Paar eine kurvenreiche Straße entlang, als sie am Straßenrand jemanden bemerkten, der offenbar eine Panne hatte. Da sie das perfekte Paar waren, hielten sie an, um zu helfen. Es war der Weihnachtsmann mit einem riesigen Sack voller Geschenke. Da sie die vielen Kinder am Weihnachtsabend nicht enttäuschen wollten, lud das perfekte Paar ihn in ihr Auto. Unglücklicherweise verschlechterte sich der Schneesturm immer mehr und sie hatten einen Unfall. Nur einer der drei überlebte. Wer war es?
  Lösung: Die perfekte Frau. Sie war die einzige, die überhaupt existiert hatte. Jeder weiß, dass es keinen Weihnachtsmann gibt. Und erst recht keinen perfekten Mann.
- *Der Mann in der Wildnis.* Ein Mann sitzt nachts in der einsamen Wildnis, eine neue Zigarette in der Hand, eine noch nicht brennende Kerze neben sich. Er hat nur noch ein einziges Zündholz. – Was sollte er vernünftigerweise zuerst anzünden?
  Lösung: Natürlich das Streichholz.

Rätselwitze

Zum Aufheitern von Teilnehmern, die beim Rätsellösen keinen Erfolg hatten.

Die Tochter sitzt im Zimmer und versucht ein Kreuzworträtsel zu lösen. Plötzlich stockt sie und fragt ihren Vater: »Papi, Lebensende mit drei Buchstaben?« Vater: »Ehe«.

Noch rätselt eine Gruppe Wissenschaftler über die Herkunft »Ötzis«. Österreicher kann er nicht sein, man hat Hirn gefunden. Italiener kann er auch keiner sein, er hatte Werkzeug dabei. Vielleicht ist er ein Schweizer, weil er vom Gletscher überholt wurde. Aber wahrscheinlich ist er Deutscher, denn wer geht sonst mit Sandalen ins Hochgebirge.

Ein alter Jude wird vor der Kirche überfahren. Der Pfarrer rennt zu ihm und flüstert ihm ins Ohr: »Glaubst du an den Vater, den Sohn und den heiligen Geist?« Der Jude verdreht die Augen: »Ich sterbe – und der da gibt mir Rätsel auf!«

Der Bücherwurm

Zeitbedarf: 5 Minuten.

Material: Für jeden Teilnehmer Papier und Stift.

Situation: Teilnehmer lernen, wie wichtig Visualisierungen sind.

Kurzbeschreibung: Die Teilnehmer sollen eine Aufgabe lösen und übersehen dabei Wesentliches.

Beschreibung: Die Teilnehmer bekommen folgende Aufgabe: In einer Bibliothek steht ein mehrbändiges Lexikon. Die Seiten jedes Bandes sind zwei Zentimeter dick, die Deckeldicke beträgt jeweils drei Millimeter. Jetzt frisst sich ein Bücherwurm durch die nebeneinander stehenden Bände eins und zwei. Heute beginnt er bei Band eins auf Seite eins und kommt bis zur letzten Seite von Band zwei. Wie lang ist die Strecke, die er heute zurückgelegt hat? Sie haben maximal zwei Minuten Zeit.«

Jeder Teilnehmer rechnet für sich eine Lösung aus. Alle verhindern, dass ein Nachbar die Lösung sehen kann. Gespräche sind streng verboten! Wer fertig ist, dreht sein Blatt um. Wenn niemand mehr schreibt, sammeln Sie die Blätter ein und ordnen sie nach Lösungen. Die häufigste Lösung ist vier Zentimeter und sechs Millimeter. Die meisten Teilnehmer stellen sich die Lexikonbände nebeneinander so vor, wie diese auf der nebenstehenden Abbildung zu sehen sind. Doch diese Lösung ist falsch.

Die richtige Lösung: Zwischen Seite 1 des ersten Bandes und der letzten Seite des zweiten Bandes sind, wenn sie nebeneinander in der Reihe stehen, nur die beiden Buchdeckel zu durchfressen. Die Verblüffung ist groß. – Sie fragen: »Warum ist niemand auf die Lösung gekommen?«

Jetzt wird das Problem visualisiert. Die Rücken der Bücher erhalten die Bandnummern. Schon ist alles klar.

Chancen und Gefahren: In vielen Berufen ist es wichtig, dass man es sich zur Gewohnheit macht, in Gesprächen Visualisierungen einzusetzen. Das gilt auch, wenn man lernt oder ein Problem allein löst. Mit dieser Übung, die immer großes Erstaunen auslöst, wird diese Botschaft den Teilnehmern nachhaltig vermittelt.

Ideengeber: Martin Hartmann (s. S. 325).

Hinterher

Wann fangen Sie an?

Wenn Sie alle Methoden in diesem Buch gelesen haben, müsste es mit dem Teufel zugehen, wenn Sie nicht Lust bekommen hätten, die eine oder andere in Ihrem nächsten Training auszuprobieren. Jetzt gibt es zwei mögliche Fortsetzungen. Die eine: Sie setzen diese Methoden tatsächlich ein. Die andere: Es bleibt beim guten Vorsatz. Das erste wäre eine feine Sache. Das Lesen hätte sich für Sie gelohnt. Ihr Training würde (noch) mehr Leben bekommen. Die zweite Fortsetzung wäre schade oder ärgerlich. Denn Sie hätten mit der Lektüre nur Zeit verschwendet. Ihre Seminare würden sich nicht in Richtung Active Training verändern. Wer daran Schuld hat, ist bekannt. Es ist Ihr innerer Schweinehund.

Der innere Schweinehund

Seit einigen Jahren wissen wir alles über die Eigenheiten dieser zähen Hunderasse. Marco Freiherr von Münchhausen hat die Spezies »innerer Schweinehund« intensiv erforscht und seine Erkenntnisse in einem informativen Buch mit dem Titel »So zähmen Sie Ihren inneren Schweinehund!« (Campus 2002) veröffentlicht. Es enthält

> **Wieso »Schweinehund«?**
>
> Mit dem Ausdruck innerer Schweinehund bezeichnet der Volksmund Faulheit oder Trägheit, die einem den Mut nehmen. Die Redensart entstammt dem Landserdeutsch aus dem Zweiten Weltkrieg.
>
> Sie besagt, wider besseres Wissen führe man eine gebotene Tätigkeit nicht aus, weil man sich nicht dazu aufraffen kann, zum Beispiel, wenn man sich nicht dazu durchringt, zum wöchentlichen Sporttraining zu gehen, obwohl man weiß, dass man Kameraden im Stich lässt, es gesundheitsfördernd ist und man dabei schlanker wird.
>
> Das Bild vom inneren Schweinehund hat zwei interessante Aspekte:
>
> - Die eigene Faulheit wird personifiziert.
> - Diese Personifizierung (und die damit verbundene Nennung in der drittenPerson) erlaubt, sich von seinen negativen Seiten (= dem Schweinehund) zu distanzieren.
>
> Insofern entspricht das Verantwortlichmachen des inneren Schweinehundes für eigene Defizite einer Art bewussten und momentanen Zwiespalts.
>
> (www.wikipedia.org)

schlaue Strategien, um mit diesem Tier friedlich zusammenleben zu können. Der Schweinehund-Experte hält überhaupt nichts von Ratgebern, die vorschlagen, man solle den Schweinehund einsperren oder gar umbringen. Denn einerseits ist der innere Schweinehund viel zu schlau, um sich einsperren oder töten zu lassen. Andererseits – und das klingt überraschend – hat er nur unser Bestes im Sinn. Er ist nicht Feind, sondern Beschützer. Der Schweinehund wacht über unsere Komfortzone. Er möchte uns schützen, vor Überforderung, Energieverlust, Plackerei, Niederlagen und anderen Gefahren für unser Wohlbefinden.

Sie können also getrost davon ausgehen, dass Ihr innerer Schweinehund nur Ihr Bestes will, wenn er Sie davon abhält, in Ihren Veranstaltungen Active-Training-Methoden einzusetzen. Das Tier hat Fantasie und warnt Sie mit Hundegebell oder Schweinegrunzen:

- Die Methode geht schief und du bist blamiert.
- Deine Teilnehmer finden es albern, wenn du mit diesen Spielchen ankommst.
- Das passt nicht zu deinem Stil.
- Fange jetzt bloß nicht an, an deinem Seminar herum zu experimentieren. Es ist perfekt.
- Auch wenn du jetzt nicht sofort das eine oder andere ausprobierst, hat sich das Lesen gelohnt. Du kannst die Methoden sicher irgendwann mal brauchen.

Schweinehund in Dichtermund

Der Schriftsteller Oscar Wilde war seinem inneren Schweinehund völlig verfallen, wie die folgenden Aphorismen beweisen:

- Allem kann ich widerstehen, nur der Versuchung nicht.
- Das einzig Konsequente an mir ist meine Inkonsequenz.
- Versuchungen sollte man nachgeben. Wer weiß, ob sie wiederkommen!
- Jeder Erfolg, den man erzielt, schafft uns einen Feind. Man muss mittelmäßig sein, wenn man beliebt sein will.
- Gute Vorsätze sind nutzlose Versuche, die Naturgesetze außer Kraft zu setzen.

Sollten Sie sich nun doch einen Ruck geben und Methoden aus diesem Buch verwenden, gibt Ihr Haustier sofort wieder Laut:

- War es wirklich so toll wie du erwartet hast?
- Okay, jetzt hast du es mal ausprobiert. Aber die Teilnehmer hat das nicht vom Stuhl gerissen.
- Da ist ja wohl einiges schief gelaufen. Ich habe dich gewarnt.
- Du hast dir ganz schön Mühe gegeben. Aber es zeigt sich mal wieder, dass kein Mensch das honoriert. Der Aufwand lohnt sich einfach nicht.
- Na ja, diesmal ging es noch gut. Aber das waren auch besonders aufgeschlossene Teilnehmer. Glück gehabt!

Wie Sie sehen, hat der innere Schweinehund alle Eigenschaften, die ein scharfer Wachhund braucht:

- Er wittert jede Gefahr schon von weitem.
- Er warnt so früh wie möglich.
- Er rechnet immer mit dem Schlimmsten.
- Er traut Ihnen nicht viel zu. Er ist überzeugt, dass Sie ohne ihn untergehen würden.
- Was ihn in Alarmstimmung versetzt, sind unbekannte und ungewohnte Dinge.

Das Letztere wird zum Problem, wenn Sie etwas verändern wollen. Dann steht der innere Schweinehund mit gefletschten Zähnen vor Ihnen und versperrt den Weg. Auch jetzt meint er es natürlich nur gut und will Sie vor Risiken schützen.

Wie können Sie sich mit Ihrem inneren Schweinehund einigen?

Es ist klar geworden, dass der innere Schweinehund im Grunde seine Herzens ein Angsthase ist. Er hat Angst davor, dass

- die ganze Anstrengung, etwas zu ändern, nichts bringt.
- der Versuch schief geht und alles schlimmer ist als zuvor.
- ein Erfolg Ihre Sinne vernebelt und Sie leichtsinnig macht.
- es nie mehr so schön wird wie es vorher war.

Diesen Angsthasen zu beruhigen ist so schwierig wie Suppe mit der Gabel essen. Der innere Schweinehund ist Spezialist für negative Fantasie. Wenn in der Therapie ein Klient starke Ängste loswerden will, arbeiten Psychologen mit einer Desensibilisierung in kleinen Schritten. Das ist auch ein Modell zur Therapie des inneren Schweinehunds. Man darf ihn nicht überfordern. Er muss in kleinen Schritten die Erfahrung machen, dass das Neue gar nicht so schlecht ist wie befürchtet.

Für das Umsetzen von Methoden des Active Training hieße das: Ich suche mir im ersten Schritt nur eine Methode aus, die ich ausprobieren möchte. Ich wähle dafür eine Methode,

- die mir schon vertraut ist, weil ich sie als Teilnehmer erlebt habe.
- die eine Variante zu einer mir bereits bekannten Methode darstellt.
- die mir als sehr einfach und risikolos erscheint.
- auf die ich mich freue, weil ich sicher bin, dass sie ein Erfolg wird.

Wenn es dann geklappt hat, kommt es darauf an, die miesepetrigen Abwertungsversuche des inneren Schweinehundes durch positive Botschaften zu ersetzen: »Hast du gesehen, wie engagiert die Teilnehmer mitgemacht haben? Wie sich die Stimmung im Training verbessert hat? Wie zufrieden ich als Trainer jetzt bin?« Geben Sie Ihren Ressourcen, Ihren Stärken auch eine Stimme und lassen Sie sie mit Ihrem inneren Schweinehund reden (siehe Methode »Konferenz inneres Team« im Kapitel »Fantasie«, S. 243). Probieren Sie es aus. Es geht!

In den Trainings und Büchern zum Thema »Entscheidungsmanagement« gibt es noch weitere Tipps:

- Wenn Sie die Entscheidung zu einer Veränderung getroffen haben, halten Sie sie schriftlich fest.
- Präzisieren Sie, wann, wo, mit wem, zu welcher Zeit Sie was genau tun wollen.
- Nehmen Sie sich kleine Schritte vor.
- Belohnen Sie sich nach jedem Schritt.
  Der Schweinehund will gestreichelt werden, wenn man ihm etwas zugemutet hat. Die Belohnung darf aber nur für Schritte in die richtige Richtung erfolgen!

> **Schluss damit!**
>
> Eigentlich bin ich ganz anders, nur komme ich so selten dazu.
>
> *Ödön von Horvath*

Nachdem Sie die Psyche des inneren Schweinehunds kennen, werden Sie verstehen, warum diese Tipps Sinn machen. Sie lösen die Ängste des inneren Schweinehundes auf und machen ihm gleichzeitig klar, dass Sie sich nicht davon abhalten lassen, Ihren Weg zu gehen. Was ihm gefallen wird, ist die Tatsache, dass Sie sich Mühe geben, ihn zu verstehen und es ihm leichter zu machen.

Literaturverzeichnis

Blenk, D. (1999): Kreative Ideen zur Seminar- und Unterrichtsgestaltung. Deutscher Sparkassen Verlag.

Blenk, D. (^{2}2006): Inhalte auf den Punkt gebracht. 125 Kurzgeschichten für Seminare und Trainings. Weinheim und Basel: Beltz.

De Bono, E. (2004): Six thinking hats. London: Penguin Books.

Dürrschmidt, P./Koblitz, J./Mencke, M. (2005): Methodensammlung für Trainer und Trainerinnen. Bonn: managerSeminare.

Hennig, H.-J. (2001): Immer locker bleiben! 70 Wohlfühl-Übungen für Büro, Seminar und Schule. Weinheim und Basel: Beltz.

Klein, Z.M. (2003): Kreative Seminarmethoden. 100 kreative Ideen für erfolgreiche Seminare. Offenbach: Gabal.

Lipp, U./Will, H. (^{8}2008): Das große Workshop-Buch. Weinheim und Basel: Beltz.

Meier, D. (2004): Accelerated Learning. Das Handbuch zum schnellen und effektiven Lernen in Gruppen. Bonn: managerSeminare.

Müller, G. (^{2}2006): Systemisches Coaching im Management. Weinheim und Basel: Beltz.

von Münchhausen, M. (2004): So zähmen Sie Ihren inneren Schweinehund. München: Piper.

Rachow, A. (Hrsg.) (2002): Spielbar II. 66 Trainer präsentieren 88 Top-Spiele aus ihrer Seminarpraxis. Bonn: managerSeminare.

Rauen, C. (Hrsg.) (2005): Coaching Tools. Bonn: managerSeminare.

Yalom, I.D. (2003): Theorie und Praxis der Gruppenpsychotherapie. Stuttgart: Klett-Cotta.

Die Ideengeber

Die folgenden Angaben stammen jeweils von den Ideengebern.

Volkmar Abt

Diplom-Sozialpädagoge, Systemischer Supervisor (DGSF) und Supervisor (DBSH), Systemischer Therapeut/Familientherapeut (DGSF), seit 1997 selbstständiger Berater, Coach und Trainer, Leiter des »Systemischen Instituts Volkmar Abt« in Diedorf bei Augsburg. Lehrtrainer und Supervisor im zertifizierten Ausbildungscurriculum »Systemische/r Berater/in (DGSF)«.

Tätigkeitsfelder bzw. Themengebiete: Beratung, Supervision, Coaching, Training und Fortbildung sowie Organisationsentwicklung für Teams, Gruppen, Einrichtungen und Organisationen im Profit- und Nonprofitbereich auf der Basis systemisch-lösungsorientierter Konzepte. Systemisches Einzelcoaching für Unternehmer und Führungskräfte.

Kontakt: Volkmar Abt – Systemisches Institut Volkmar Abt
Am Ziegelgraben 6 · 86420 Diedorf/Schwaben · Tel.: 08238/5335
info@systemisches-institut.de · www.systemisches-institut.de

Detlev Blenk

Betriebspädagoge, Coach und Trainer.

Schwerpunkte: Innere Einstellung und innere Blockaden im Berufsalltag, Berufliche Zufriedenheit, Coaching für Trainer.

Kontakt: Detlev Blenk · Harleßstraße 5 · 40239 Düsseldorf · Tel.: 0211/66967232
d.blenk@handmail.com
www.zufriedenheit-foerdern.de / www.coaching-fuer-trainer.de

Karin Bramstedt

Diplom-Sozialwissenschaftlerin. Firma: Berufliches Trainingszentrum Rhein-Neckar gGmbH Reha-Einrichtung. Tätigkeit: Berufspädagogik/Arbeitstherapie.

Schwerpunkte: Bewerbertraining, Zeit- und Selbstmanagement, Training und Coaching.

Kontakt: Berufliches Trainingszentrum Rhein-Neckar gGmbH
Lempenseite 46 · 69168 Wiesloch · Tel.: 06222/9207-0
karin.bramstedt@btz.srh.de · www.srh.de

Freiberuflich: JobExpress: Personalberatung, Executive Research
Schwerpunkt: Stellenakquise, Vermittlung von Fach- und Führungskräften
Tel.: 0175-4643493
karin.bramstedt@jobexpress.de

Frank Busch

Managing Partner bei Mind & More Consulting, einem Team von weltweit tätigen Trainern und Beratern.

Schwerpunkte: Human Resource Beratung, Change Management, Trainer- und Beraterausbildung, Projektmanagement.

Kontakt: Mind & More Consulting
Seeweg 1 · 82343 Possenhofen · Tel.: 08157/9963963
frank.busch@mind-and-more.com
www.mind-and-more.de

Ute Goerendt

Name des Unternehmens: »horizont-e« (wobei das »horizont« für meinen eigenen steht und das »-e« für die Horizonte der anderen)

Angebote: Coaching, Mediation, Training.

Schwerpunkte: Coaching/Konfliktberatung, Improvisations-/Kreativtraining als Konfliktprävention für kommende und angekommene Führungskräfte

Kontakt: Ute Goerendt · Am Lindenberg 6 · 28759 Bremen · Tel.: 0421/9884743
Fax: 0421/9884744 · info@horizont-e.de · www.horizont-e.de

Dr. Martin Hartmann

Nach Studium und Hochschultätigkeit Projektleiter in der Medienforschung und -beratung; zwei Jahre als Journalist und Fotograf in London tätig. Bei der Firma train als Berater, Coach und Trainer.

Schwerpunkte: Präsentation, Moderation, Krisenkommunikation, Interviewtechniken, Presse und Publikationen.

Kontakt: Train, Gesellschaft für Organisationsentwicklung und Weiterbildung mbH
Venusbergweg 48 · 53115 Bonn · Tel.: 0228/243900
train.bonn@train.de · www.train.de

Claus-Dieter Hildenbrand

Diplom-Supervisor, Systemischer Organisationsberater MSc., Gründer und Inhaber des Berater-Netzwerks cct, cooperate competence team. Seit 1984 selbstständiger Berater, Coach und Trainer im In- und Ausland. Mitglied und zertifiziert im BDU, Senior Coach im Deutschen Bundesverband Coaching DBVC.

Tätigkeitsfelder bzw. Themengebiete: Unternehmensstrategie, Corporate Identity Management, Unternehmer-Coaching. Systemische Organisationsberatung, Veränderungsprojekte, Prozessbegleitung. Management- und Personalentwicklung, Integratives Coaching, Potenzial-Analysen. Strategisches Marketing.

Kontakt: Claus-Dieter Hildenbrand · c/o cct cooperate competence team
Franz-Schiele-Straße 22 · 78132 Hornberg/Schwarzwald
Tel.: 07833/9558831 · cdh@cct-info.de, www.cct-info.de

Gabriele zu Hohenlohe, M.A.

Schwerpunkte: Coaching, Organisationsberatung, Moderation von Workshops, Kommunikations- und Verhaltenstraining.

Themengebiete: Mitarbeiterführung und Führungskräfte-Entwicklung, Teamarbeit/Teamentwicklung, Projektmanagement, Kundenorientierung/Verkauf, Kommunikation/Gesprächsführung, Verhandlung/Moderation, Train the Trainer/Train the Coach.

Kontakt: Gabriele zu Hohenlohe, M.A. · Liliensteinstraße 3a · 01277 Dresden
Tel./Fax: 0351/2527416 · GzHohenlohe@t-online.de · www.GzHohenlohe.de

Eduard Kaan

Spitzname KreaKaan, früherer Leiter von BrainTrain in Salzburg, Lehrauftrag FH Salzburg für Kreativität und Innovation, Mitglied der Gesellschaft für Kreativität e.V. und European Association for Creativity an Innovation (E.A.C.I.).

Themengebiete: Kreativitätstraining und Kreativitätsangebote für Marketing, Verkauf, Forschung und Entwicklung kontinuierlicher Verbesserungsprozesse.

Kontakt: Eduard G. Kaan (KreaKaan) · Siebenstaedterstraße 66 · A-5020 Salzburg
Tel.: 0043-662/872859 · Fax: 0043-662/420478
kreakaan@krealand.com · www.krealand.com

Matthias Mantz

Diplom-Pädagoge, freiberuflicher Trainer, Berater und Coach seit 1987 Senior-Partner bei der CONTRAIN GmbH, Hanau

Schwerpunkte: Individual- und Teamcoaching, Coach-Ausbildung, Entwicklungsprogramme für Führungskräfte, Prozessbegleiter-Qualifizierung, Organisationsaufstellungen.

Kontakt: Matthias Mantz · An der Oberhecke 45 · 55270 Sörgenloch bei Mainz
Tel.: 06136/924378 · mantz@contrain.com · www.contrain.com

Christine Maurer

Betriebswirtschaftliche Weiterbildung: (Industriefachwirtin), Train-the-Trainer-Ausbildung inkl. Moderatorenausbildung, Weiterbildung in verschiedenen Richtungen der Humanistischen Psychologie (TA, TZI, NLP), Fortbildung in systemischer Beratung, Gestalttherapeutin (DVG), Supervisorin (DVG), Mitglied im DVG (Deutsche Vereinigung für Gestalttherapie e.V.) und in Trainernetzwerken (Trainertreffen, T.O.C., GABAL, tempra-Akademie, copenet) sowie Berufsverbänden (bsb).

Themengebiete: Optimierung von Arbeits- und Kommunikationsprozessen durch Methoden aus dem Bereich Arbeitsorganisation und Zeitmanagement, Einsatz von Kommunikations- und Konflikttrainings, Verbessern der Emotionalen Intelligenz, Teamentwicklung zum Klären der Arbeitsprozesse, Moderation von Veränderungsprozessen, Coaching von Teams, Projekten oder Einzelpersonen.

Fachthemen: Projektmanagement für Einsteiger, Betriebswirtschaftslehre für Nicht-Betriebswirte, Trainings für die Zielgruppe Chef/Sekretärin

Kontakt: Christine Maurer · cope OHG · Postfach 1282 · 64630 Heppenheim
Tel.: 06252/795336 · info@copenet.de · www.copenet.de

Ute Pelzer

uP Training Beratung Coaching

Schwerpunkte: Kommunikation: Gesprächsführung, Kundenorientierung, Körpersprache. Konfliktlösung, Präsentation & (Besprechungs-) Moderation. Führung: Persönliche Kompetenz und Methodische Kompetenz, Persönlichkeitsentwicklung, Potenzialanalysen, Motivation. Wandel: Teamentwicklung, Coaching, Systemische Struktur- und Organisationsberatung.

Kontakt: Dipl.-Päd. Ute Pelzer · uP Training Beratung Coaching
Gut Keferloh 1d · 85630 Grasbrunn · Tel.: 089/4307767 · Fax: 089/43749630
Mobil: 0170/6165300 · up@utepelzer.com · www.utepelzer.com

Unternehmensgruppe Simmerl

Schwerpunkte: Training und Coaching. Ausbildungs- und Weiterbildungsgänge wie z. B. Trainer-Handwerks-Lehre, NLP-Ausbildungen, Ausbildung zum Coach. Verkauf von Materialien für lebendiges, wirksames Lernen und Trainieren. Entwicklung neuer, kreativer Trainingsideen. EDV-Dienstleistungen für Trainer. Unterstützung bei Projektsteuerung und Projektmanagement. Messung und Verbesserung der Kundenzufriedenheit. Ermittlung und Nutzung relevanter Kennzahlen

Kontakt: Unternehmensgruppe Simmerl · Vandaliastraße 7 · 96215 Lichtenfels
Tel.: 09571/4333 · Fax: 09571/4303
kontakt@unternehmensgruppe-simmerl.de · www. Unternehmensgruppe-simmerl.de